张伟利 / 编著

基于真实情境的高中地理

JIYU ZHENSHI QINGJING DE GAOZHONG DILI
JIAOXUE SHEJI

教学设计

重庆大学出版社

内容提要

本书内容以基于真实情境的地理教学为核心,分为上、下两篇。上篇为理论基础与方法篇,梳理高中地理教学理念的发展演变,论证将真实情境融入地理教学的必要性与可行性,并凝练出基于真实情境的高中地理教学设计范式。下篇为案例设计与实践篇,以《普通高中地理课程标准(2017年版2020年修订)》中划分的高中地理课程结构为主线,精选各模块最具代表性的课程案例,从课程标准解读、教材分析与学情分析、区域资源整合、课程设计、课程实施、课程评价和课后反思等各个要素与环节全景呈现,基于真实情境进行高中地理教学与地理实践活动设计与探索,为一线师生提供通俗易懂、可迁移应用的教学参考。

图书在版编目(CIP)数据

基于真实情境的高中地理教学设计 / 张伟利编著 .
重庆 : 重庆大学出版社, 2024. 10. -- ISBN 978-7
-5689-4670-4

Ⅰ . G633.552

中国国家版本馆 CIP 数据核字第 2024J3Q137 号

基于真实情境的高中地理教学设计

张伟利 编著

策划编辑:秦旖旎

责任编辑:姜 凤 版式设计:秦旖旎

责任校对:邹 忌 责任印制:张 策

*

重庆大学出版社出版发行

出版人:陈晓阳

社址:重庆市沙坪坝区大学城西路 21 号

邮编:401331

电话:(023)88617190 88617185(中小学)

传真:(023)88617186 88617166

网址:http:// www.cqup.com.cn

邮箱:fxk@cqup.com.cn(营销中心)

全国新华书店经销

重庆长虹印务有限公司印刷

*

开本:787mm×1092mm 1/16 印张:18.5 字数:419千

2024年10月第1版 2024年10月第1次印刷

ISBN 978-7-5689-4670-4 定价:78.00元

编委会名单

前　言

什么才是你心目中理想的课堂?

是教师个人的独角戏,还是师生共情的情景剧?

是知识的碎片化呈现,还是能力的结构化建构?

是教材中内容的简单罗列,还是教材与现实的有机融合?

是泾渭分明的单学科独奏,还是浑然天成的多学科合奏?

怎样才能将理想的课堂变为现实?

"我对某种情境总体上的机体感觉比我的理智更加值得信赖",心理学家罗杰斯指出了情境对认知的作用,并提出情境认知理论。"生活即教育,社会即学校,教学做合一",陶行知先生指明了真情境对真教育的意义。"以生活展示情境,以实物演示情境,以图画再现情境,以音乐渲染情境,以表演体会情境,以语言描绘情境",我国情境教育创始人李吉林给出了情境教学的创设途径。

基于真实情境的教学,通过将学生生活世界的真情境,以真案例与教材和知识有机融合,以真问题引导学生思考和探究,以真活动激发师生互动合作,最终构建知识,发展思维,提升能力,形成素养。

基于真实情境的教学,将生涩抽象的知识变得鲜活具体,内容固定的教材变得生生不息,学生由"置身事外"的接受者变为"身临其境"的践行者,教师由课程的传递和执行者变为课程的创生和开发者,师生、生知由陌生变为亲切,知能情意行、和谐共发展。

本书分为上、下两篇:上篇为理论基础与方法篇,详细阐述了高中地理教学理念的发展演变、实施基于真实情境的地理教学的必要性与可行性、基于真实情境的高中地理教学设计范式。下篇为案例设计与实践篇,分必修课程、选择性必修课程两类,共汇编了29个基于真实情境的教学案例。所有案例均来自一线教师,实操性强。每个案例包括课程标准内容要求及解读、核心概念知识地图、教材与学情分析、教学设计思路、教学设计方案、教学反思、专家点评、参考文献共8个模块。其中,教学设计方案包括学习目标、情境导入、教学过程、课堂小结、板书设计、自主探究等。教学过程由多个环节组成,每个环节分别由情境素材、任务、评价、设计意图4个部分构成。

假如你是一名一线地理教师,希望在这里你能"山重水复疑无路,柳暗花明又一村"。

假如你是一名地理师范生或准教师,希望在这里你能"众里寻他千百度,蓦然回首,那人却在,灯火阑珊处"。

假如你是一名地理教育研究者,希望能收到你"横看成岭侧成峰,远近高低各不同"的宝贵意见。

编　者

2024年1月

目　录

上篇　理论基础与方法

下篇　案例设计与实践

上篇 理论基础与方法

第1章 地理教学理念的发展演变

基于真实情境的教学(Teaching Based on Authentic Contexts)是一种以学生为中心的教学方法,它强调在教学过程中创设与现实生活紧密相关的情境,让学生在这些情境中探究、思考和解决问题。近年来,伴随着地理教学理念的不断发展演变,基于真实情境的地理教学开始受到关注。基于真实情境的地理教学强调将抽象的地理概念和原理置于真实世界的情境中,以学生为主体探究和解决实际问题,在此过程中,学习和体验地理知识,并及时展开反思与评价。基于真实情境的地理教学不仅能够提高学生的学习兴趣和动机,还能够帮助学生更好地理解地理知识的实际应用,培养学生的综合思维和实践能力,有助于学生自主学习能力的发展。为了更好地认识基于真实情境的教学,首先需要对近年来地理教学理念的发展演变进行一个简单的回顾。

1.1 从知识本位到素养本位

知识本位教学观是一种以知识传授和掌握为核心目标的教育观念,它强调教育的主要目的是让学生获取和积累知识。知识本位教学观下的教学活动高度关注将知识从教师传递给学生并通过测试来评估学生对知识的掌握程度问题。知识是教学活动开展的前提,教学活动决不能脱离知识而独立存在,但知识的传授并非教育目标的全部,因此,知识本位教学观存在一定的局限性。在过去,知识本位教学观长期占据主导思想地位,导致了许多问题:

1)教学内容忽视学生的全面发展

知识本位教学观以知识作为教学活动的中心,忽略了学生情感、态度、价值观等非认知方面的发展,对学生道德修养层面的培养出现空缺;同时长期反复识记和练习固化的教学方法导致学生缺乏创新精神和批判性思维,最终导致部分学生出现"有才无德""高分低能"等现象。

2)评价方式忽视学生的客观发展

知识本位教学观以学生对知识的掌握程度作为评价学生的唯一指标,以大量的标准化考试评估学生的记忆和重复能力。以考试成绩"一刀切"评价学生优劣,忽视了学生之间的差异和个别需求,也无法反映学生在学习过程中的努力和进步,更无法真实地反映学生解决实际问题的能力。

3）教学方法忽视学生的能力培养

在知识本位教学观下，教师在教学中倾向于传统的讲授法，并安排大量的机械重复性学习任务，在教学过程中缺乏互动和讨论，不利于学生主动学习和深入理解，因此学生在学习过程中往往处于被动接受状态，缺乏探究和实践的机会，最终导致学生难以将所学知识应用于现实问题的解决。

4）教学活动忽视了师生关系的良性发展

在知识本位教学观下，教师是知识的占有者和教学活动的主导者，而非学习的引导者和促进者，学生只能处于被管理、控制和改造的地位。这一方面限制了教师在教学中的创造性和灵活性，另一方面容易让学生逐渐失去对教学活动的兴趣和对教师的认同，容易造成师生关系的紧张和对立，同时也限制了师生双方的发展。

近年来，我国社会经济的快速发展对人才的质量提出了新的要求，创新型、应用型、复合型人才的培养成为关键，这对传统的知识本位教学观提出了质疑和挑战。在这个背景下，素养本位教学观应运而生。素养本位教学观强调教育的核心目标是培养学生的综合素养，而不仅仅是传授知识和技能。素养本位教学观认为，学生应该在认知、情感、社会和道德等方面得到发展，强调对学生批判性思维、创新能力、沟通协作能力、自主学习能力、终身学习能力等关键能力的培养，以便培养能够适应复杂多变的现代社会和工作环境的新型人才。在教学方法上，素养本位教学观认为课堂应当以学生为中心，关注学生的个性化需求和潜能发展，鼓励学生在真实情境中主动学习和探究，使学生能够将所学知识应用于实际问题，并用形成性评价了解学生的学习成果和取得的进步。

从知识本位到素养本位的教学观念转变，对教师的教学实践提出了新的要求。除了主动学习、更新教育理念，教师在教学过程中要重视开发区域资源，以学生为教学活动的中心，引导学生在解决真实情境中的问题的过程中通过探究、讨论和实践等方式学习知识和技能，并通过多元化、多形式的综合性评价对教学活动进行调整。

1.2 从"教教材"到"用教材教"

"用教材教"是新课程改革中针对教师与教材关系倡导的一个重要理念，是对传统"教教材"行为的纠正，是对教学活动与教材关系认识的提高。"教教材"是指教师在教学过程中，主要依据教材内容进行教学，教材被视为教学活动的中心和教学内容的唯一来源。在这种教学模式下，教师通常忠实地按照教材的结构和顺序来组织课堂活动，教材中的观点和信息被直接传授给学生并被反复识记。在"教教材"的过程中,教师的角色更多的是知识的传递者,而学生的学习则倾向于接受和记忆教材中的信息。在21世纪初,已经有学者认识到了"教教材"模式的危害,具体体现在以下3个方面:

1)忽视学生主体地位

在"教教材"模式中,学生是知识的被动接受者而非主动建构者,这导致学生缺乏参与感和学习动机。同时在"教教材"模式中对教材的研读和讲授是教学活动的中心,"照本宣科"的学习方式抑制了学生的创造性思维和问题解决能力的发展。

2)与学生实际生活脱节

教材内容往往高度理论化和抽象化,距离学生的实际生活经验较远;教材内容往往更新速度较慢,与日新月异的经济社会发展脱节,无法追踪学生感兴趣的热点;同时教材中的内容难以顾及各地乡土资源和校本资源。因此,"教教材"模式下的教学难以激发学生的学习兴趣和提升学生应用知识的能力,不利于培养学生的主动学习能力和探究能力。

3)抑制师生能力发展

在"教教材"模式中,教师往往会过分依赖教材,从而缺乏对教学内容的深入思考和对教学活动的个性化设计,这限制了教师在教学实践中的专业发展和创新能力。教师过分依赖教材则进一步导致课堂缺乏教材以外的教学资源、课外拓展知识和实践活动,限制了学生视野的拓展和能力的提升。

"用教材教"则强调教师在教学过程中不能仅仅忠实地传授教材内容,而要以学生为中心,更加灵活地围绕教材组织教学资源。在"用教材教"模式下,教材被视为一种工具、媒介或是"学材",教师要根据学生的具体情况、学习需求和课程目标,对教材内容进行选择、调整、补充和拓展。"用教材教"模式鼓励教师对教材进行深入研究和创新性设计,积极开发利用教材以外的教学资源,将学生的需求和兴趣放在首位,设计多样化的教学活动,鼓励学生主动探究和实践,为不同特点的学生提供个性化的学习支持。

从"教教材"到"用教材教"的教学观念转变,对教师开发教学资源、组织课堂活动的能力提出了新的要求。要做到"用教材教",教师首先要对教材内容有深刻的理解,才能在深入理解课程标准的基础上灵活运用教材。为了克服"教教材"模式的弊端,教师应主动开发基于真实情境的教学资源,用"典、新、热、近"的真实情境与教材资源形成互补,更好地培养学生的学科核心素养。

1.3 从碎片化教学到大单元教学

大单元教学是一种以较大的、跨课时甚至跨学期的教学单元为基础的教学设计方法。大单元教学强调围绕一个中心主题或概念,整合和组织教学内容和活动,以促进学生对知识的深入理解和应用,而不必拘泥于课时数量和知识跨度。与大单元教学相对应的是传统的碎片化教学模式,碎片化教学模式将课程分割成独立的小单元或更加细小的课时,在每个课时均设定了独立的教学目标,关注特定的知识点或技能。课时之间缺乏紧密的联系和整体的连贯性是碎片化教学模式下的"单元"与大单元教学模式下的"单元"之间最本质的区别。相较于大单元教学,碎片化教学在以下4个方面存在不足:

1)不利于完整知识体系的构建

由于碎片化教学模式下课时设计的教学目标之间联系不够紧密,缺乏长期目标,每个课时的内容与其他课时的内容缺乏逻辑联系或整合,导致学生学到的知识片段化,因此难以构建系统的知识体系,进而影响学生对概念之间联系的理解,降低学习效率。

2)不利于深度学习的发生

碎片化教学模式下一节课的教学目标通常集中在某一课时的学习任务,而非面向长期的学习目标或大概念的理解。同时由于每个课时的时间有限,不利于深入探讨复杂的概念或进行深入的探究活动。因此,碎片化教学模式下难以扩展学生活动的深度和广度,而让学习停留在浅显的表面上。

3)不符合学生认知规律

在碎片化教学模式下,课时之间的相对独立性和差异性,将导致课时之间的连贯性不足,学生在学习过程中时常有"跳跃感",进而产生畏难或挫败等情绪。同时,在碎片化教学模式下,教学过程中不同课时常常需要重复部分知识,容易让学生感到枯燥。碎片化教学的评价也侧重于针对知识与技能的测试,而不是学生的整体学习进展和能力发展,容易打击学生的学习兴趣和动机。

4)不利于学生综合能力的培养

与碎片化教学模式相匹配的往往是基础性的知识和技能,在碎片化教学模式下,师生的关注点在于如何高效地利用课堂时间展开记忆和重复练习,而不是批判性思维、创造性思维和自主学习等高阶认知技能的发展。由于课时所限,碎片化教学模式中难以出现复杂的真实情境让学生展开探究,缺乏情境化的探究学习经验,导致学生难以将知识迁移到新的情境中,从而影响实际应用能力。

相较于碎片化教学模式,大单元教学模式近年来受到关注和推崇。相较于碎片化的教学模式,大单元教学将相互关联的知识、技能和价值观念等围绕一个中心主题进行整合,形成一个有内在逻辑联系的学习单元,不同课时和单元之间的教学内容形成一个有机整体,构建连续的学习路径。大单元教学往往围绕某一现实问题或某一真实情境展开,通过一系列探究活动引导学生在解决问题中获得可迁移、可运用的知识和技能,并落实综合素养的培养。大单元教学通过为学生提供解决现实问题的连贯、综合、有意义的学习体验,从而能够更好地适应未来社会和职业生涯的挑战。

从碎片化教学到大单元教学的教学观念转变,对教师开发教学资源、组织教学内容的能力提出了更高的要求。现阶段,部分教师存在打着大单元教学的旗号做传统的碎片化教学的情况。要实现真正的大单元教学,必然离不开真实情境,真实情境中的真实问题的解决是大单元教学的中心,也是学生经过学习后核心素养的体现。教师应当积极开发基于真实情境的教学资源,整合相关内容并组织教学活动,以大单元教学理念将分散的课时串联成课程,从而落实核心素养能力的培养。

1.4 从单学科到跨学科教学

在外国教育思想发展史上,17世纪著名教育家夸美纽斯提出建立分科教学法,而我国北宋时期教育理论家胡安定就开始分"经义"和"治事"开展教育。分科教学将知识按照学科进行划分,每个学科独立教学,它的出现是教育史上的重大进步,直至今日仍是传统教育体系中最常见的教学方式。时至今日,分科教学法开始面临若干问题和挑战:

1)不利于学生实践能力的培养

伴随着生产力的快速发展和社会的进步,人类在生产和生活中面对的问题会越来越多、越来越复杂,而这些真实世界中问题的解决通常不可能只涉及单个学科,学生只有具备了跨学科知识和能力才能在现代社会中游刃有余地实现自我价值。

2)不利于学科科研人才培养

在知识高度丰富的今天,学科融合所形成的交叉学科是学科发展的重要突破口。不具备跨学科知识和能力的学生在未来的科研中会经常面临困难,甚至犯下在其他学科看来非常低级的重大错误。

3)不利于学生综合思维能力的培养

在分科教学模式下,学生在各个学科学习的过程中所形成的是若干个互相独立的学科知识体系。学生对学科之间的内在联系和整体性缺乏认识,不利于学生综合思维能力的培养,更影响其达到更高的水平层次。

相较于单学科教学,跨学科教学(Interdisciplinary Teaching)强调在教学过程中应整合多个学科的知识和技能,面向现实世界中的复杂问题,鼓励学生通过实践、讨论和合作等方式在不同学科领域之间建立联系,发展综合思维和解决问题的能力。相较于单学科教学,跨学科教学有利于培养学生的综合思维能力和实践应用能力,增强学生在未来终身发展中的适应能力,而教师在跨学科教学实践中也得到了能力上的发展。

在20世纪末,我国教育界就出现了跨学科教学的声音,即便当前跨学科教学也是教育界的热点话题。但在教育实践中,跨学科教学还存在许多问题。从外部来讲,学校组织架构、教育制度及政策缺乏支持;从内部来讲,教师跨学科知识水平和学生认知水平还有待提高,更重要的是,部分教师对跨学科教学的认识还存在误区:忽视学科教学的基础地位、在学科教学中盲目引入其他学科知识形成所谓的"跨学科知识"、盲目追求跨学科的广度而忽视学习的深度……

因此,在高中教学中开展跨学科教学,教师应先对本学科的核心价值、学科素养、关键能力和必备知识具有扎实的功底和透彻的认识,在此基础上以本学科为核心,基于真实情境开发教学资源,从真实情境中问题的跨学科复杂性出发,有机组织多学科知识与技能,围绕真实问题的解决设计教学活动,从而真正落实对学生综合思维和实践能力的培养。

1.5 从教师主体到学生主体

我国拥有历史悠久的尊师重道传统,这一传统有力地促进了知识和文化的传承,推动了我国现代化教育体系的前进,是值得大力发扬的中华优秀传统文化之一。但在这一传统文化的影响下,也存在忽视教学活动中学生主体性的文化习惯,过去在基础教育中存在的体罚、教师"一言堂"等现象就是这种文化习惯的表现。自20世纪80年代起,呼吁学生在教学活动中的主体地位就已出现。伴随着教育事业的发展,教师主体存在的问题也不断出现:

1)忽视学生发展需求

在教师中心主义下,教师居于权威地位,在教学活动中扮演的角色是知识的传递者,因此教师常常会基于自己的经验和个人认知安排教学活动,教师传授的是"教师认为学生需要的"而非"学生真正需要的"知识,这种错位导致学生实现自我发展的需求无法得到满足,同时容易出现教学内容与真实生活割裂、落后于时代甚至出现错误等问题。

2)不利于学生能力培养

在教师居于教学活动主体地位时,教师在教学方法的选择上以讲授法为主,倾向于对学生进行"灌输式"教育,教学过程重预设轻生成、重控制轻对话。教学过程中教师严格按照自己预设的教案控制教学过程,学生只是按部就班地接受知识,最终导致学生缺少理解问题、分析问题和解决问题的能力。

3)学习效率低下

在学生居于教学活动被领导地位时,教学活动自然就成了教师学科知识能力体系向学生的"复制粘贴"。在实际教学过程中,由于学生认知能力发展水平等因素,这种"复制粘贴"会因"忘记了""听不懂"等理由失灵,导致重复学习,从而降低学习效率。

4)抑制师生主观能动性

在教师主体观念下,教师是整节课的中心和掌舵人,需要对整堂课的所有细节加以把控,这对于教师来说是一种压力,由此导致部分教师故步自封、安于守旧。同时,学生作为教学活动的被领导者,只能在教学活动中努力追赶教师的脚步,当遭遇挫折时容易丧失对学习的兴趣和信心。

学生主体则将学生作为学习活动的中心,强调学生在学习过程中不仅是知识的接受者,而且是学习活动的主体,能够主动探索、提出问题和解决问题,并在这一过程中发展自己的能力和个性。在学生主体下,学生在学习中具有高度的自主性,鼓励学生主动发现问题并尝试解决问题,在解决问题的过程中获得素养的提升。但需要注意的是,教师应在教学活动中居于主导地位,引导学生自主探究的方向。

可以看到,学生主体的课堂关键在于学生要主动探索,通过生疑和释疑的反复推动核心素养的提升。因此,对于教师而言,如何在课堂上创造学生主动探索的空间,对于将主体地位交给学生至关重要。教师应积极开发来源于现实生活的真实情境教学资源,让学生能够在真实情境中经由教师的引导主动探索,在提出问题和解决问题的过程中实现认知水平的提升。

1.6 从课堂讲授到地理实践

新课程改革中在总体育人目标方面强调了学生的实践探索能力的培养,各个学科都要求将学科实践探究作为重要的育人方式,让学生在真实情境中运用学科知识解决现实问题,从而实现学生综合素养的提升。地理学科作为对学生实践能力极为重视的一门学科,有着强烈的从课堂讲授转向地理实践的需求。主要原因在于:

1)综合思维素养的培养需要提高学生思考的深度

在传统的课堂讲授模式中,学生往往处于被动接受教师给出信息的状态,过多记忆结论而缺乏足够的自主思考过程,因此学生在学习过程中只是被动地识记地理事物之间的联系,最终综合思维的培养被简化成对一系列"答题模板"或"思维导图"的背记,当学生面对真实世界的复杂问题时便无所适从。

2)区域认知素养的培养需要提高学生的课堂参与度

在传统的课堂讲授模式中,学生在教师面向全体学生预设问题的指引下按部就班地前进,缺乏足够的自主探究过程和师生互动,因此学生在课堂讲授中缺乏对区域的自主认识和对区域认知工具的运用,也缺乏对区域决策进行评价的经验,最终区域认知素养的培养被简化成为"记地图",当学生真正面对不同尺度下真实区域的复杂问题时便无从下手。

3)人地协调观素养的培养需要提高教学情境的真实性

在传统的课堂讲授模式中,教师试图通过展示数据、宣讲口号和"点题升华"等方式将环境保护意识或社会责任感直接传达给学生,但这种传授是一种低效的、不真实的表演。学生只有在地理实践过程中通过自主探究切实认识到人与自然环境关系的复杂性,并尝试认识和解决真实的人地关系问题,才能够真正树立人地协调观。

4)地理实践力素养的培养需要增加学生的实践机会

在传统的课堂传授模式中,学生长时间处于被动接受状态,缺乏在实践中运用知识解决问题的机会,而地理实践力的培养旨在要求学生具备在真实地理问题中展开实践的经验与能力,地理实践是地理课程发展的主要方向。

地理实践需要学生通过实地考察、观测记录、地理实验、社会调查等活动,将理论知识与真实情境相结合来开展,其本质是让学生在真实情境中主动探索和学习,从而加深对地理知识的理解,提高解决实际问题的能力,培养科学态度和创新精神,将地理知识与现实世界建立联系。但在现实中,由于教学资源开发、教学管理能力、教师能力水平等多重因素所限,实地考察、观测记录、地理实验、社会调查等方式在教学活动中的占比仍然处于较低的水平。

因此,为了实现新课程改革、落实核心素养的培养,教师应积极尝试在课堂中让学生能够动起来进行实践,让学生走进现实生活,在真实情境中发现问题、解决问题,通过真实践、真探究切实锻炼学生的实践探索思维和实践探索能力,从而落实学科育人目标,培养学生核心素养。

综上所述,伴随着我国社会主义现代化教育事业的快速发展,地理教学理念已经发生了巨大改变,这些改变都指向在真实情境中落实对学生地理学科核心素养的培养,要求地理教师重视对基于真实情境的教学方式的研究和尝试。

第2章 实施基于真实情境地理教学的必要性与可行性

地理是一门既具有理论性又具有实践性的学科,其中理论知识是了解地球现象和过程的基础,而实践能力则是将这些理论知识应用到实际情境中解决问题的关键。通过真实情境教学,学生不仅能够学习到地理学的理论知识,还能够在实地考察、实验探究中将这些知识转化为实际应用能力。

真实情境是那些贴近实际,能够真实地反映地理现象和事物的场景。当这样的情境融入地理课堂时,学生仿佛置身于一个充满探索与发现的新世界,地理知识不再是书本上死板的文字,而是变得鲜活起来。这种教学方式不仅能够加深学生对地理知识的理解和记忆,还能够培养他们的观察能力、分析能力和解决问题的能力,使他们真正成为具备地理素养的全面发展的人才。

2.1 实施基于真实情境地理教学的必要性

1)符合新课程改革要求

随着教育改革的不断深化,我们见证了新课程改革在各学科教学中的巨大影响。这一改革浪潮对于传统的教学方式提出了挑战,同时也为学科教学的创新提供了契机。地理,作为一门承载着丰富的自然与人文知识的学科,其教学方式同样需要与时俱进,响应新课程改革的号召。

在此背景下,基于真实情境的地理教学逐渐崭露头角。它摒弃了传统地理教学中孤立、抽象的知识传授方式,转而强调在真实、具体、贴近学生日常生活的情境中进行地理教学。这种教学方式的出现,不仅让地理知识变得更加鲜活、立体,也极大地提升了学生的学习兴趣和参与度。通过与真实情境相结合,学生能够更深入地理解地理概念,更广泛地探索地理现象,从而在学习过程中体验到更多的乐趣和成就感。同时,这种教学方式也促进了学生的实践能力、创新思维和团队协作精神的培养,为未来的学习和发展奠定了坚实的基础。

基于真实情境的地理教学是新课程改革背景下的一种创新教学方式。它以真实情境为载体,以学生的实践探究为核心,旨在培养学生的地理学科素养和综合能力。尽管在实践中还会遇到诸多挑战和困难,但我们有理由相信,随着教学实践的深入和教育改革的推进,这种教学方式将变得越来越完善、越来越成熟,为地理教育的创新和发展注入新的活力和动力。

2)促进学生全面发展

地理教学肩负着培育学生全面素质的重任。这种教学并非简单地灌输知识,而是致力于引导学生探索、理解和应用地理知识,进而培养他们的综合能力。其中,基于真实情境的地理教学尤为重要,它如同一把钥匙,打开了学生通往地理世界的大门,激发了他们对未知领域的渴望和好奇心。

真实情境的地理教学有助于培养学生的观察能力。在真实情境中,学生需要运用自己的感官去捕捉地理现象,通过观察和分析来揭示其背后的规律。这种观察能力的培养,不仅有助于提高学生的地理学科素养,还能为他们在其他领域的学习和生活提供有力的支持。

真实情境的地理教学能有效地锻炼学生的思维能力。在面对复杂的地理问题时,学生需要调动自己的知识储备,进行深入的思考和分析。这种思考过程不仅有助于培养学生的逻辑思维和创造性思维,还能帮助他们形成独立解决问题的能力。

真实情境的地理教学有助于提高学生的实践能力。在这种教学模式下,学生有机会亲身参与各种地理实践活动,例如野外考察、社会调查等活动。通过这些实践活动,学生可以将所学知识应用于实际问题的解决,从而提高自己的实践能力和社会适应能力。

真实情境的地理教学能有效地激发学生的创新能力。在探索未知领域的过程中,学生需要不断地突破自己的认知边界,尝试新的思路和方法。这种创新精神的培养对于学生的未来发展具有重要意义,它将成为推动学生不断进步和发展的强大动力。

真实情境的地理教学还能帮助学生建立更加全面的世界观,培养学生的环保意识和社会责任感。

综上所述,基于真实情境的地理教学在培养学生的全面素质方面具有显著优势。它不仅能够激发学生对地理知识的兴趣和探究欲望,还能在实践活动中锤炼学生的多元能力。这种教学方法培养的学生将成为具有观察力、思维力、实践力和创新力的优秀人才,能够为未来的社会发展和进步贡献自己的力量。

3)弥补传统地理教学的不足

随着时间的推移,传统地理教学已经经历了多年的沉淀,其在知识传授和培养应试技能方面作出的贡献毋庸置疑。然而,随着时代的演变和教育理念的更新,传统地理教学的弊端也逐渐显现出来。这种教学方式往往过于偏重理论知识的灌输和应试技能的培养,却忽视了学生实践能力和创新思维的培育。因此,学生们常常发现自己在课堂上学到的地理知识与实际生活脱节,无法真正体会到地理学的魅力和实用价值。

以真实情境为基础的地理教学为我们开启了一扇全新的大门。这种教学方式将地理课堂与实际生活融为一体,使学生得以在真实情境中亲身感受、体验和探索地理的奥妙。在这种教学模式下,地理知识不再是单调乏味的理论堆砌,反而呈现出生动有趣的特质,与每个学生的日常生活紧密相连。这种体验式学习方式不仅能够激发学生的兴趣,还能够培养其观察力、思考力以及解决问题的能力,为他们未来的发展奠定坚实的基础。

想象一下,当学生们走出教室,融入自然环境中,他们用自己的眼睛去观察起伏的地形,用自己的双手去感受粗糙的土壤和坚硬的岩石。有了这样的体验,他们对地理的理解和感悟必然会更加深刻。这种亲身参与的教学方式不仅能够加深学生对地理知识的记忆和理解,更能够培养他们运用地理知识解决实际问题的能力。通过与自然的亲密接触,学生们不仅从书本上获取知识,更能在实践中感知地理的真实意义,并将其运用到日常生活和社会实践中。

基于真实情境的地理教学不仅是一种教学方法的改革,更是一种教育理念的革新。它弥补了传统地理教学的不足,为学生提供了更多的实践机会和创新空间。通过将地理知识与实际生活紧密联系,学生能够更深入地理解和掌握知识,培养解决问题的能力和创新思维。这种教学方式赋予了地理教育新的活力和生机,激发了学生的学习兴趣,提升了教学效果。同时,它也促进了教师的教学方法的创新和教育理念的更新,推动了整个地理教育领域的发展与进步。

2.2 基于真实情境的地理教学的可行性

1)教学资源丰富多样

基于真实情境的地理教学的核心理念在于充分利用丰富多样的教学资源,为学生构建一个立体、生动的学习环境。其中,地理环境的各种资源,无论是壮丽的自然景观、精心规划的城市布局,还是错综复杂的交通网络,都能成为我们教学的宝贵素材。

当学生们置身于广袤的大自然中,观察河流的走向、山脉的起伏,或是城市中高楼大厦的分布,他们能够更加直观地理解地理知识的实际应用。这种教学方式不仅丰富了视觉体验,更能激发学生的好奇心和探索欲,使他们在亲身体验中感受地理学的魅力。

我们不能忽视社会文化资源在地理教学中的重要作用。每一地区都有各自独特的社会文化背景,这些背景往往与地理环境紧密相连。通过引入当地的历史、民俗、经济等元素,我们可以使地理教学更加贴近现实生活,让学生在了解地理知识的同时也能感受到文化的熏陶。这样的教学方式不仅能增强学生的综合分析能力,更能培养他们的跨文化意识和社会责任感。

基于真实情境的地理教学可以充分利用丰富多样的教学资源,为学生提供直观、生动的学习体验;它强调社会文化资源的重要性,使地理教学更加贴近现实生活;它实现学科之间的有机融合,拓宽学生的视野。

2)教师专业素养的提升

在探讨基于真实情境的地理教学的可行性时,我们不能忽视教师专业素养的重要性。教师在实施真实情境的地理教学中扮演着举足轻重的角色,他们的成长与发展成为推动这一教学模式向前迈进的关键力量。

教育理念的更新是实施真实情境地理教学的前提。在现代教育背景下,教师需要不断地审视和更新自己的教育理念,以更好地适应时代和学生的发展需求。基于真实情境的地理教学强调将地理知识与现实生活紧密结合,让学生在解决实际问题的过程中掌握知识和技能。教师需要认识并珍视真实情境在地理教学中的价值,将其作为教学方法持续创新的重要方向。

教师知识结构的完善是实施真实情境地理教学的基础。地理学科本身具有综合性和跨学科性的特点,要求教师具备广博的知识储备。在真实情境地理教学中,教师需要运用地理学科以及其他相关学科的知识来引导学生分析问题、解决问题。教师需要不断地完善自己的知识结构,包括地理学科本身的知识以及与之相关的其他学科知识,以便能够在丰富多样的真实情境中为学生提供有效的指导。

教学技能的提高是实施真实情境地理教学的保障。教学技能是教师专业素养的重要组成部分,直接影响教学效果。在真实情境地理教学中,教师需要掌握情境创设、问题设计、课堂组织引导等一系列教学技能,以激发学生的学习兴趣,提高他们的学习主动性。通过创设生动有趣的情境,教师可以将学生引入一个充满探索和挑战的学习环境中;通过设计具有层次性和针对性的问题,教师可以引导学生逐步深入思考问题的本质;通过巧妙的课堂组织引导,教师可以让每个学生都积极参与到课堂中来,形成良好的师生互动和生生互动。

教师专业素养的提升是基于真实情境的地理教学可行性的核心要素。只有通过不断地更新教育理念、完善知识结构、提高教学技能,并积极探索新的教学方法和技术手段,才能更好地实施真实情境的地理教学,培养具备地理素养、实践能力和创新精神的学生。

3)信息技术支持有力

基于真实情境的教学不仅令地理学习更加贴近现实,更借助了信息技术的强大推动力,使学习过程越发富有吸引力和效率。无须再依赖传统的平面地图和抽象概念,数字地图与虚拟现实技术的结合为学生们展现了一个三维的、可互动的地理世界。在这样的学习环境中,学生们仿佛身临其境,能够直观地感知山川的起伏、河流的蜿蜒,从而更加深刻地理解地理现象与空间关系。

随着信息技术的日益发展,网络资源与社交平台成为地理教学中不可或缺的元素。它们不仅提供了海量的学习资料,还为学生们构建了一个无边界的交流平台。在这里,学生们可以分享彼此的见解、合作完成研究项目,甚至与全球的同龄人进行跨国界无障碍沟通与交流。这种学习方式不仅激发了学生们的学习热情,更培养了他们的团队协作能力和全球视野。

在地理数据的处理与分析方面,现代技术同样展示了无与伦比的优势。通过数据处理与可视化技术,复杂的地理数据被转化为直观的图表和动态模型,有利于学生们更加容易捕捉其中的规律和趋势。这样的教学方式不仅提高了学生的数据分析能力,更在潜移默化中培养了他们的逻辑思维和学科能力。

随着科技的进步和教育理念的不断更新,真实情境的地理教学也将迎来更多的发展机遇。例如,利用虚拟现实、增强现实等先进技术,为学生打造更加逼真、生动的学习环境,让他们仿佛置身于真实的地理场景中。这样的教学方式不仅能够激发学生的学习兴趣和好奇心,还能帮助他们更好地理解和掌握地理知识。

第3章 基于真实情境的高中地理教学设计范式

《普通高中地理课程标准(2017年版)》明确要求高中地理课程"要创新培育地理学科核心素养的学习方式""在自然、社会等真实情境中开展丰富多样的地理实践活动"[1]。在国家课程标准的统领下,围绕学科大主题,依托区域资源,创设真实情境,将抽象的知识原理具象化,开展室内文本研读与野外实践考察相结合的深度学习,连通书本知识与真实世界,唤起学生内心深处的家国情怀。

3.1 基于真实情境的高中地理教学设计原则

将区域资源融入高中地理课程,生成真情境下的教学内容,进行大主题引领下的学科大概念教学,有利于学生知识体系的结构化和应用迁移,有利于培养学生处理复杂真实情境的必备品格和关键能力,是实现体验式教育和研究性学习、提升学生素养的主要途径。这也同陶行知先生的"生活即教育,社会即学校,教学做合一"生活教育理念相契合。课程设计与实施过程需注意以下原则:

1)课程资源的典型性和可达性

课程资源的典型性是指选取的区域资源应能够将课程标准中的核心概念及其外延较完整地例证,能够提供独立的、关联的、整合的等诸多问题情境。课程资源的可达性是指所选区域资源应在空间上距离学校较近,而且资源本身所处的环境安全,利于学生在教师的带领下身临其境,在现实世界中对照书本原理,解决真实问题。

2)课程设计的实践性和融合性

课程设计的实践性是指在解决真实情境中的真问题时,学生的学习活动是在真实场域中发生的,而非纸上谈兵。课程设计的融合性是指将学科基础知识、基本原理融于区域资源,将室内讲授与户外考察相结合,体现"学之科学性",彰显"游之趣味性",将知识世界与生活世界相连。

3)课程实施的开放性和生成性

真实情境的复杂性决定了学生在情境中总能发现既定任务之外的新问题。因此,课程实施不同于传统的教师主导、学生被动接受式教学,而是结合区域资源,在给定的学习主题下,留下部分"空白",引导学生自主设计学习任务,在真实情境中发现问题、提出问题。通过沉浸式体验,解决真实情境中发现的问题,在问题解决过程中得到技能的提升与知识的丰盈。

4)课程评价的多元化和激励性

课程评价不同于传统的以分数和等级裁定学生,而是以完成任务时表现出来的理念、态度、能力、知识等作为表现性评价,以摄影、绘画、表演、书写等不同形式学习成果的展示来展现学生多元智能,注重发散思维、创新思维等方面的个别差异,根据学习成果对学习主题的回应质量进行综合评价。

3.2 基于真实情境的高中地理教学设计思路

基于真实情境的高中地理教学设计,按照以下思路进行:解读课程标准,提取学科核心概念,构建核心概念知识地图;教材分析与学情分析;调查区域资源,创设问题情境,设计教学思路;开展教学实践,进行多元学习评价。具体教学设计流程如图1所示。

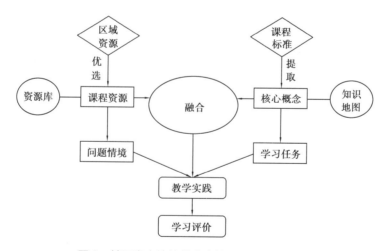

图1 基于真实情境的高中地理教学路径

下面以基于郑州市"圃田泽"生成的真实情境教学课例"水循环–圃田泽的前世今生"为例,说明基于真实情境的高中地理教学设计步骤与实施要点。

3.3 基于真实情境的高中地理教学设计步骤与实施要点

1)解读课程标准,提取学科核心概念

依据《普通高中地理课程标准(2017年版)》必修地理1内容要求1.7节"运用示意图,说明水循环的过程及其地理意义"和选择性必修1内容要求1.6节"绘制示意图,解释各类陆地水体之间的相互影响"[1],提取核心概念"水循环"。

水循环是指大自然的水通过蒸发、蒸腾、水汽输送、降水、地表径流、下渗、地下径流等环节,在水圈、大气圈、岩石圈、生物圈等圈层进行连续运动的过程。这些环节因水循环发生的空间不同而不同,同时这些环节关联了各种水体的互相补给关系。正是因为水循环的过程,使全球水文、地貌、气候、植被等地理环境要素都发生了深刻的变化。因此,水循环对全球物质迁移和能量转换意义重大。

2)构建核心概念知识地图

将核心概念"水循环"进一步细化为"水循环的概念""水循环的类型""水循环的环节"和"水循环的地理意义"4个次级概念,构建核心概念知识地图,深化概念内涵,扩展概念外延,如图2所示。

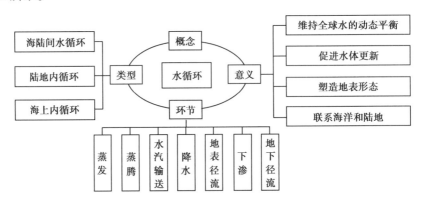

图2 核心概念"水循环"知识地图

3)教材分析和学情分析

人教版高中地理教科书通过水循环示意图,呈现了水循环发生的不同空间,明确了不同领域水循环的主要环节。教材图文内容精练,在"活动"栏中给出了一个案例"认识沙田影响的水循环环节",为教师进行相关课程资源开发和案例分析提供了很好的范式。对于成长在黄河之滨的学生,若引入黄河流域区域资源,将更有助于增强学生对水循环原理的理解,从而提高运用水循环原理解决实际问题的能力。

4）调查区域资源，创设问题情境

河南地处黄河中下游交界处，秦岭东支向华北平原的过渡地带，在西起三门峡、东至开封的黄河沿线，地貌、水文、植被、土壤等自然景观多样。河南也是中华文明的主要发祥地之一，古往今来的自然环境演化和人类文明的传承，造就了丰富多彩的自然风物、工程设施、历史遗迹、工农业活动等资源，关于郑州及其周边地区的古自然环境也有丰富的文献资料记载。

通过文献调查、实地考察与走访，优选出了郑州附近区域自然风光、文化历史、建筑工程、产业发展等资源，建立课程资源库（表1）。

表1　郑州附近区域资源调查表（部分）

资源名称	地理位置	资源简介
桃花峪黄河中下游界碑	郑州惠济区	黄河中游与下游的分界处，可观察黄河水文、水系特征
花园口水文站、黄河大堤	郑州惠济区	黄河上第一座数字化的水文站，其水文数据是黄河防洪、水资源调度和治理开发的重要依据；从"决口"灾难、黄泛区到如今的"鱼米之乡"，书写了黄河治理的历史
荥阳广武山	郑州荥阳市	黄河南岸，郑州城的天然拱卫，有楚汉之争的历史遗存，也有黄土地貌
邙山提灌站	郑州惠济区	黄河文化公园内，将黄河水引入星海湖初沉淀后，扬水翻越邙山，进入郑州城区
郑新黄河桥	郑州惠济区	连接郑州市惠济区和新乡市原阳县的公铁两用黄河大桥
郑州黄河文化公园	郑州惠济区	此处是黄土高原的终点，华北大平原的起点，融大河风光与黄河文化于一体，包含炎黄二帝塑像、中华百位历史名人像、黄河碑林、万里黄河第一桥等景观
古柏渡飞黄旅游区	郑州荥阳市	黄河岸边古渡口，东接飞龙顶，西连虎牢关，北对黄河，南倚邙山，见证楚汉争霸、三国征战、隋唐群雄逐鹿等千百年的历史
古圃田泽	郑州中牟县	古代黄河流域著名的九大湖泊之一，曾对黄河起着重要的调蓄作用，后因黄河改道、开垦种植而消失，现经政府规划重塑
河阴石榴种植园	郑州荥阳市	荥阳北沿邙岭15 km的石榴产业带，现代城郊观光农业、农业产业化的典范

5）设计教学思路

（1）针对核心概念"水循环"，融入"古圃田泽"，制订学习总任务。

通过查找资料、实地考察，了解圃田泽的古貌、变迁和新颜，观察并思考不同水体的补给关系，说明古圃田泽消失的原因，分析圃田新泽的再现对郑州地理环境产生的影响，理解水循环过程及其地理意义。

（2）根据学习总任务，以"水循环-圃田泽的前世今生"（图3）为情境故事线，设计学习任务群。

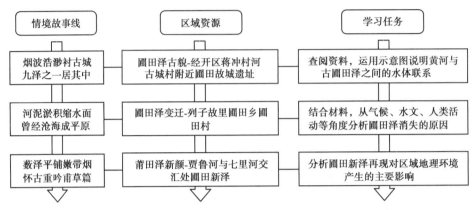

图3 "水循环-圃田泽的前世今生"教学设计[3]

6）开展教学实践

将"圃田泽的前世今生"贯穿课程全过程，开展教学实践。

（1）学习目标

①通过古圃田泽与黄河的相互联系，说明河流与湖泊的相互补给原理。

②结合史料，利用水循环示意图，说出古圃田泽消失过程中水循环环节的变化。

③运用水循环原理，说明圃田新泽再现对郑州的地理环境产生的影响。

（2）学习过程

①情境导入。

在广袤的华北平原上，水域的欠缺使城市失去了几分灵气。但彼时的中原大地也曾湖泽广布，郑州更是名副其实的湖滨城市。守护在郑州侧畔的便是历史文明的中原大泽——圃田泽。

圃田泽调节着中原的气候，也涵养了郑国的灵动气韵。唐代圃田泽依然东西宽50里（1里=500米），南北长26里，规模是今日杭州西湖的近四十倍。但是今天圃田泽已彻底消失，只留下圃田镇的地名引人畅想追思。

②学习主题一——相互联系的水体。

第一幕：烟波浩渺衬古城，九泽之一居其中——圃田泽古貌

实地场景：贾鲁河上、下游河湖交汇处

图文材料：圃田泽是古代黄河流域著名的九大湖泊之一，位于郑州和中牟之间，水域面积曾超过300 km²，约相当于40个杭州西湖。战国时期，梁惠王加宽并向西延伸漕渠河道，北通黄河，如图4所示。此后，圃田泽"水盛则北注，渠溢则南播"。

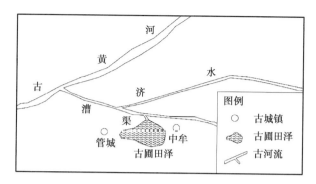

图4 古圃田泽与周围水体示意图

学习任务:

a.判断不同季节黄河和圃田泽之间的水体流动方向,并在图中绘制出来。

b.通过漕渠的沟通,古圃田泽在洪水期可以影响黄河下游的流量。请用语言描述或画图表示黄河在漕渠以上和以下游河段洪水期流量的差异。

c.解释河流和湖泊之间的水体相互补给原理。

③学习主题二——水循环的过程。

第二幕:河泥淤积缩水面,曾经沧海成平原——圃田泽变迁

实地场景:列子故里圃田乡圃田村

图文材料:宋、金以后,圃田泽不断淤积。到了清朝初期,面积缩小,已成为真正的沼泽。清朝以后,圃田泽逐渐被开垦为农田。随着近现代郑州城区的扩大,圃田泽彻底消失。近现代黄河下游河床日渐宽坦,泥沙大量淤积,河床高出两岸地面4~5 m以上,成为地上河。为防止河水外泄,两侧大堤不断加高(图5)。

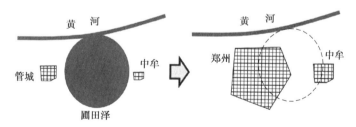

图5 古圃田泽水域变化示意图

学习任务:

a.结合材料,从气候、水文、人类活动等方面分析圃田泽消失的原因。

b.结合水循环示意图(图6),说出古圃田泽消失过程中水循环环节的变化。

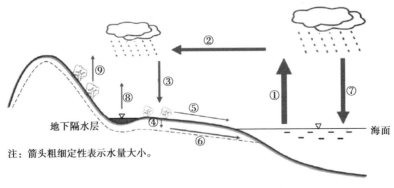

注：箭头粗细定性表示水量大小。

图6 水循环示意图

④学习主题三——水循环的意义。

第三幕：薮泽平铺嫩带烟，怀古重吟甫草篇——圃田泽新颜

实地场景：中牟贾鲁河圃田新泽附近

图文材料：2016年，郑州市提出"再造圃田泽"项目，贾鲁河与七里河的交汇处已出现了一个占地八百多亩的湖泊，虽远不及昔日大泽，但已让周边的人感受到了湖滨的惬意。这就是古圃田泽的"新颜"。

圃田泽的沧桑巨变见证了中原大地自然环境和人文精神的蜕变，圃田泽的消失和再造对郑州的地理环境产生了哪些影响？追古思今，对郑州现存的水域该如何善加利用？放眼神州，满目湖泽，又该如何使他们更好地造福人类呢？

学习任务：

a.运用水循环原理，说明圃田新泽再现对郑州的地理环境产生的影响。

b.通过该案例的学习，你认为应如何合理开发利用现有河流和湖泊？

7)结合课标，设计分层级的学习评价(表2)

表2 《水循环-圃田泽的前世今生》学习评价表

任务		水平1	水平2	水平3
学习主题一	任务①	能够判断黄河不同季节的流量	能够判断黄河不同季节的流量，并能够判断黄河和圃田泽之间的水体流向	

续表

任务		水平1	水平2	水平3
学习主题一	任务②	能够简单描述或绘制黄河在漕渠以上河段洪水期的流量	能够简单描述或绘制黄河在漕渠以上河段洪水期的流量,并能说明漕渠对洪水的分流作用	能够准确描述漕渠对黄河洪水的分流作用,并绘图说明黄河在漕渠以上、以下河段洪水期的流量差异
	任务③	能够指图说明河流和湖泊之间的相互补给原理	能够绘图并准确说明河流和湖泊之间的相互补给原理	
学习主题二	任务①	能够简要分析某一个要素对圃田泽消失的影响	能够准确分析至少两个要素对圃田泽消失的影响	能够用专业的地理语言,清楚、完善地分析各要素对圃田泽消失的影响
	任务②	能够指图说出1~2个环节的变化	能够指图说出3~4个环节的变化	
学习主题三	任务①	能够指图说明对某一地理要素的影响	能够说明对2个以上地理要素的影响	能够用自然地理环境、整体性原理准确说明圃田新泽再现对郑州地理环境的影响
	任务②	能够简要提出1~2条合理建议	能够详细阐述2条以上的建议	能够结合当地实例,详细说明合理开发河流、湖泊的措施与步骤

8)课堂小结

结合本土资源,创设真实情境,详细探讨自然界的水循环,了解水循环过程与区域环境演化的相互作用。通过这堂课,大家应能够说出水循环的各个环节,结合图示说明蒸发、蒸腾、凝结、降水、径流和下渗等过程,以及这些过程是如何相互联系、构成一个完整的水循环系统。将所学知识应用到日常生活中,观察和思考身边的水循环现象。

水循环这种自然现象还直接影响着我们的环境和生活。应该珍惜和保护水资源,关注水环境问题,为可持续发展贡献自己的力量。

9)自主探究

研究你家乡的某条河流或某处湖泊,通过查阅资料、实地考察等方式,分析其不同季节水循环环节的变化,说明其发展演化对当地地理环境及人类活动的影响。

【参考文献】

[1] 中华人民共和国教育部.普通高中地理课程标准(2017年版2020年修订)[S].北京:人民教育出版社,2020.

[2] 人民教育出版社,课程教材研究所,地理课程教材研究开发中心.普通高中教科书 地理 必修 第一册[M].北京:人民教育出版社,2019.

[3] 赵丽霞,董英豪,杨青华,等.融入区域资源 推进高中地理育人方式变革[J].基础教育课程,2021(3):68-75.

下篇　案例设计与实践

第4章 基于真实情境的必修课程教学案例实例

4.1 地球的历史——汝阳黄河巨龙的前世今生

【课程标准内容要求及解读】

内容要求	必修1.3 运用地质年代表等资料，简要描述地球的演化过程		
行为条件	行为动词	概念体系	必备知识和关键能力
运用地质年代表等资料	描述	**学科大概念**：地理事物的时空差异	描述地层和化石的形成过程；分析地层和化石之间的关系；说明地质年代表的形成过程；描述地球演化历程
		本节核心概念：地质年代表、地球的演化历程	
		子概念：沉积岩、地层、化石、生命演化、海陆变迁	

  课标要求运用地质年代表等资料,简要描述地球的演化过程。本条标准关注的重点是学生会使用地质年代表去描述地球的演化过程。为了使学生学会使用地质年代资料,教师首先要讲明什么是"地质年代","界(代)"划分的依据,促使学生在头脑中建立相应地质年代地球表面的自然图景和不同地质年代之间的关系,形成一种宏观视角下的时空组合。因此,从本节内容来看,需要教师提供大量通俗易懂的文字和图像,供学生观摩学习。

  其次,"描述"是对学生的要求,指学生会用文字或语言讲述地球的演化过程,教师应为学生提供"描述"的机会。

  "地球演化过程"是指"界(代)"的更替过程,包括距今的年份、地球的基本面貌、地壳运动的情况、古生物情况等。在描述过程中,要求学生突出各个年代的特征,注重动态发展的内容和年代间的转变,以获得对地球演化的整体认识。

【核心概念知识地图】

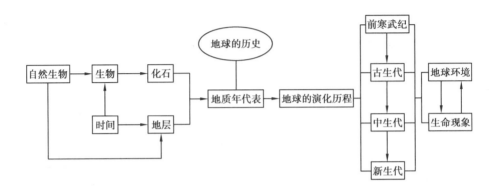

【教材与学情分析】

本章是教材的开篇章,目的是让学生对地球与宇宙之间的关系以及地球的演变过程及内部结构形成一个宏观认识,为后续的自然地理与人文地理知识奠定基础。本章第一、二节分别讲述了地球与宇宙的关系以及太阳与地球的关系。本节《地球的历史》是第一章《宇宙中的地球》第三节的内容,讲述的是地球形成后的演化历程。

本节中出现了大量的图表及文字资料,这与本节的内容特点与课标要求相符。因此,学生课前应对教材进行系统的浏览,形成大致印象;教师在课堂上应引导学生对教材内容进行归纳,使学生获得的零散的、片面的知识能够系统化、条理化,便于记忆,对教材中缺失的前提概念或者背景知识进行一定的补充。

本节基于课程标准的要求和内容的逻辑特点,分为"地质年代表"和"地球的演化历程"两个标题。"地质年代表"这一标题在介绍化石和地层的基础上,让学生认识在不同地质历史时期生物具有不同的特征,生物特征又反映其生存的地理环境特点,而生物形成的化石又包含在地层中。在对全球各地的地层和古生物化石进行对比研究后,发现地球演化呈现明显的阶段性,据此,将地球历史进行系统编年,于是产生了地质年代表。"地球的演化历程"这一标题介绍了不同地质历史时期的地球环境和生命现象。教材对这些地质年代的介绍都尽量做到简明扼要。首先给出了划分这些地质年代的时间分界点和包含的次一级单位,再概括地介绍这一时期的板块运动或者海陆格局情况。由于生物演化和环境之间具有密切联系,故教材将地球环境的变化和生命的演化综合起来描述。

在知识储备上,本节内容在初中生物课程及初中地理课程中已有涉及,但由于学习的时间较为久远,学过的大部分内容可能已经遗忘。此外,初中学习的这部分内容对比本节内容相对浅显,因此学生的知识储备相对薄弱,亟待丰富与强化。

【教学设计思路】

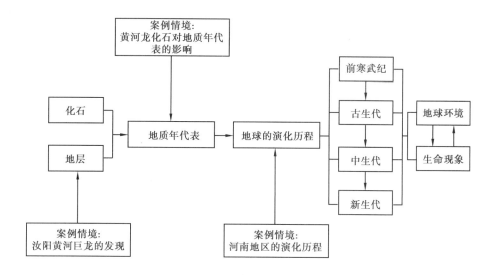

【教学设计方案】

✦ 学习目标

1.结合案例,简述沉积岩地层、古生物化石与地质年代表构建的关系。

2.通过地质年代表等资料,简述不同地质年代的时间尺度。

3.结合案例,简述不同地质年代的地球环境及古生物的特点。

第一课时

✦ 情境导入

展示河南自然博物院汝阳黄河巨龙的模型图片,汝阳黄河巨龙是汝阳地区发现的第一只恐龙,属于大型蜥脚类恐龙。前肢较长,四足行走,以植物为食。它以神经棘低矮,体腔巨大为特征,引导学生产生"我们是如何得知汝阳黄河巨龙的样子和生活习性?"的疑问。

✦ 教学过程

• 环节一

[情境素材]

汝阳黄河巨龙的化石发现于蟒川组(Mangchuan Formation)地层,距今9 900万~8 350万年前。汝阳黄河巨龙有着非常大的荐椎和背椎,臀宽长达2.8 m,最长的肋骨长度超过2.9 m,这是迄今为止中国发现的最长的恐龙肋骨化石。

汝阳黄河巨龙的发现拉开了汝阳盆地巨型蜥脚类恐龙动物群研究的序幕,科学家们在此发现了大量生活在白垩纪时期的恐龙巨无霸家族,还有结节龙类、窃蛋龙类、似鸟龙类、禽龙类等多种丰富的恐龙类型。在亚洲龙王的带领下,当今的"黄河之畔"好不热闹!

[任务]

1.说出什么是化石,结合查阅的资料分析化石的形成过程。

2.结合相关材料,说明什么是地层,分析化石和地层之间的对应关系。

3.阅读教材并结合相关材料,推测恐龙的生活环境,并归纳研究化石和地层的意义。

[评价]

问题	水平1	水平2	水平3
1	说出化石的概念和基本形成过程	能够描述化石的形成过程,说明化石的时间属性	
2	能够说出地层的基本概念,并简单说明地层和化石的基本关系	能够结合教材分析地层的形成与结构特点,分析化石和地层之间的对应关系	
3	知道可以依据地层和它们包含的化石,了解地球的生命历史和古地理环境		

[设计意图]

本环节的情境是河南自然博物馆汝阳黄河巨龙化石,"恐龙化石"这一遥远而神秘的事物能够充分吸引学生的注意力,地层照片帮助学生直观地认识地层。任务1和任务2旨在提高学生通过材料获取地理信息的能力,任务3旨在引导学生通过人类认识地球历史的过程,对地层和化石之间的内在联系进行思考与探究,并进行地质年代表的构建。

• 环节二

[情境素材]

为了研究地球发展历史,首先要建立地质时代。地质学家根据世界各地地层划分对比的结果、生物演化阶段、大的构造运动、古地理环境变化等研究,结合同位素年龄的测定,建立了包括地质历史时期所有地层在内的世界性的标准年代地层表及相应的地质年代表,综合反映了地壳中无机界和有机界的演化顺序及阶段。

地质年代表中具有不同级别的地质年代单位。最大一级的地质年代单位为"宙";在"宙"的时间单位内又按生物门类的演化特征及大的构造运动划分出次一级单位"代";第三级单位"纪";第四级单位"世"。地质年代单位一般是以生物演化和古地理环境变化来划分的。与之相对应的年代地层单位是宇、界、系、统,它们是在各级地质年代单位内形成的地层。

[任务]

阅读教材并查找资料,思考人类认识地球的历史过程,并绘制地质年代表。

[评价]

问题	水平1	水平2	水平3
1	知道地球的演化历程	了解地球演化历史具有延续性和整体性，能够认识到地质年代表也处于不断的补充和完善中	

[设计意图]

本环节的情境是河南博物院的地质展厅，该情境中有大量真实的化石、地层资料和地质年代表构建过程，可以强化学生对地球演化历程的认识。设计任务旨在引导学生运用上一环节所学内容，在认识化石与地层之间对应关系的前提下，通过观察、思考等活动再现地质年代表的构建过程，并理解人类认识地球历史是一个循序渐进的过程，地质年代表也处于不断的补充和完善中。

• 环节三

[情境素材]

河南，古称"豫"，谓之一人牵一象，河南不仅曾经有象，在漫长的地质历史长河中，河南省横跨我国南北形成了独特的地质地貌，而地质历史时期的古地貌、古气候又使数之不尽的古生物在这片沃土上活跃生长。

远古时期，河南一带气候尚暖，吸引了很多大象在此活动生息。假如我们把时间线推回上古乃至6 600万年前，随处可见各种动植物在这里活跃生长；假如更往前一点，推回至距今约1.2亿年前，身长数十米的庞然巨物在这里繁衍生息。在这些巨物面前大象也不过是个"小家伙"罢了。它们就是地球上曾经的主宰——恐龙，而我们现在只能在中生代（距今2.5亿年~6 600万年前）的地层中寻找它们的零星身影，它们留下的骨骼就是恐龙化石。

在经历了千万年乃至上亿年的地质变化后，这些生物的化石总是在不经意间被现代人所发现，根据这些蛛丝马迹，人们得以窥见过去的遥远时空。

[任务]

1.阅读材料并搜集资料，推测河南在地质历史时期的地理环境以及至今可能发生的变化。

2.阅读教材并结合资料，归纳整个地球环境经历的变化过程，完成下表。

地质年代	距今时间	海陆变迁	生命演化	矿产形成	备注
前寒武纪					
古生代					
中生代					
新生代					

[评价]

问题	水平1	水平2	水平3
1	能结合地球演化历程,描述河南的地理环境变化		
2	根据地球的演化历程,讲述生物从低级向高级、从简单到复杂的进化规律	了解地球演化历史具有延续性和整体性,能从海陆变迁、气候变化、矿产形成、生命演化等角度了解地球的演化历程	

[设计意图]

本环节的情境是河南历史环境资料,运用学生更为熟悉的典型化石、地质景观引出本环节需要重点探究的问题:河南的地理环境经历了怎样的变化过程?

✦ 课堂小结

通过本节课程的学习,我们目睹了各式各样的化石,了解了化石和地层的形成过程,认识了地质年代表的构建过程,体验了地球46亿年的演化历程。在探索地球46亿年演化史的过程中,我们不禁为生命的奇迹和自然的伟大而感叹。地球上的生命经历了种种磨难和挑战,仍然顽强地生存下来,不断繁衍和进化。作为地球上智慧生物的一员,我们应该珍惜并保护这个独一无二的家园,为未来的繁荣和发展贡献力量。

✦ 板书设计

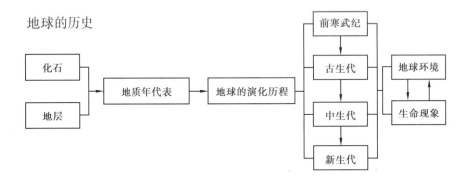

✦ 自主探究

1.前往当地自然博物馆,观察并记录各类化石的形态结构,结合所学知识分析其生活环境。

2.选择一种常见化石,搜集相关资料了解其生存年代和环境,从化石的寻找和挖掘的角度制作寻找该化石的计划。

【教学反思】

在实际授课过程中,本节课程的优势有:

1.采用真实情境,增强学生的创新能力和实践能力。真实情境教学鼓励学生主动思考和探究,通过实际操作和体验,学生能够更好地理解概念,培养创新思维和解决问题的能力。

2.探究活动中,给出具体设计方案,具有针对性,引导学生带着问题查阅资料,大大提高了课堂教学效率。

3.借助知识结构图,总结地理规律。首先,在前期学习知识的铺垫下,学生梳理出地球演化过程的知识结构图,根据不同地质年代地理环境的变化过程,归纳地理环境特征;其次,根据地理环境特征归纳生物特征,总结出地球演化历史的规律,并将背后的地理成因串联起来,深化地理成因思维逻辑。最后,归纳出地球演化过程的地理规律,例如从低级向高级、从简单向复杂发展等。

但在实际授课过程中,也存在一些实施难度:

1.如何更好地评估学生的学习成效。本节课在授课过程中采用了探索真实情境中的问题的方式,部分问题需要实践,相较于传统课堂讲解和测试,这种方式难以评估学生的短时间学习成效。

2.如何解决教学条件的局限性问题。本节课程需要化石等资料,部分学校的课堂可能不具备条件,想要开展情境教学,具有相当大的难度。

【专家点评】

本节课程各种学习活动设计具体、充分考虑学生地理学科核心素养的培养,因材施教,调动学生自主学习的积极性,教学重难点把握准确,教学内容主次分明,抓住关键,并且结构合理,衔接自然紧凑,突出优点表现在以下3个方面:

1.以河南自然博物馆中的化石资料的真实情境为切入点,解决了理论与现实脱节的问题。这种教学法大大丰富了教学方式与教学手段,克服了传统教学容易与现实脱节、针对性不强等问题。

2.利用多种探究方式,让学生走出课堂,培养学生地理实践力,克服传统教学模式下学生理论知识扎实、实际动手能力不足的缺点。有利于学生构建核心知识体系,培养学生区域认知和综合思维的能力。

3.课后探究通过让学生思考"化石猎人"的计划,分析化石的形成及其研究意义,前后呼应,引导学生利用所学知识解决问题,有利于学生构建并加深本节课程的地理知识体系。

同时,建议在以下两个方面进行改进:

1.部分活动的评价体系可以更完善一些。

2.实践部分任务的可行性有待提高。

【参考文献】

[1] 徐莉.河南省恐龙化石科学特征及保护研究[D].北京:中国地质大学(北京),2007.

[2] 张增奇,刘书才,张成基,等.《中国区域年代地层(地质年代)表》和《国际地层表》简介[J].山东国土资源,2003,19(3):34-42.

4.2　常见地貌类型——如何识别常见的地貌类型

【课程标准内容要求及解读】

内容要求	必修1.4　通过野外观察或运用视频、图像，识别3~4种地貌，描述其景观的主要特点			
行为条件	行为动词	概念体系		必备知识和关键能力
通过野外观察或运用视频、图像	识别、描述	**学科大概念**：地理特征与差异		识别常见地貌类型；描述主要地貌的特征；说明地貌演化的一般过程；设计并实施地貌野外观察
		本节核心概念：地貌类型		
		子概念：喀斯特地貌、河流地貌、风沙地貌、海岸地貌		

　　课程标准的"内容要求"规定了主要地貌类型的数量（3~4种），没有规定具体类型，既有所限定又相对灵活，方便教师灵活掌握，这体现了课程、教材、教学的开放性、多样性和包容性。"内容要求"中的"类型"是指大的分类，例如河流地貌、喀斯特地貌等，而不是指次一级的地貌。兼顾课堂容量和课程标准的要求，地貌类型的选择以3~4种为宜，重在举例，不宜太多，要关注那些分布广泛、学生较为常见的地貌，而不宜选择分布范围狭窄、学生难以到达或野外考察安全不能得到保障的类型。

　　"内容要求"中的行为动词主要是"识别"和"描述"。"识别"重在"区别"和"归类"，即让学生通过视频、图像等手段，对比不同地貌所在的自然环境及其景观特点，从而区分它们的类型。"描述"重在学科视角和学科术语。描述地貌的视角有3个：形态、物质组成和成因。本节课程"内容要求"以描述地貌景观的形态和组成为主，包括描述地貌形态的类型，如山地、丘陵等；地貌的规模，如空间尺度、高低起伏等；地貌景观的色彩，如表面的颜色（元素组成及其存在形态）、季相等；次级地貌的组合，如不同微观地貌的组合等。

　　"内容要求"达成的方法是"通过野外观察或运用视频、图像"。一是要精选图像，以丰富且典型的景观图片，突出景观特征，强化视觉刺激；二是介绍野外观察地貌的一般方法，以帮助学生提高地理实践力这一核心素养。

　　核心概念为"地貌类型"，首先应重点关注典型的地貌类型，典型的地貌类型最能凸显自然环境对地貌的影响（区域认知）；其次以典型地貌为案例，使学生掌握地貌与自然环境的关系及典型地貌的主要特征，并领悟人类在利用和改造地貌时应因地制宜（人地协调观），实现人与自然的和谐。

　　在教学过程中教师要注重结合真实情境，既利用学生身边的乡土资源开展野外实践活动和观察，也要收集其他地区典型地貌的图文资料作为补充，便于学生进行对比，注意收集体现地貌与环境之间关系的真实案例,帮助学生归纳总结得出结论。

【核心概念知识地图】

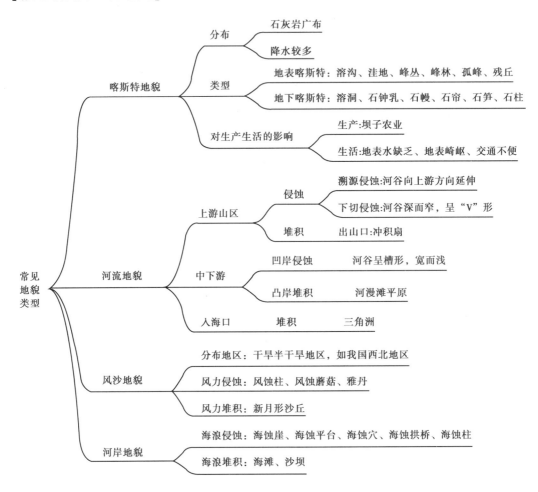

【教材与学情分析】

本节内容位于人教版新教材高中地理必修一第四章第一节。教材从地、气、水、生、土 5个方面对自然环境进行介绍,按照由上到下或由外到内认识地球表层系统的顺序,在介绍地球所处的宇宙环境以及大气、水两个要素之后,教材在本章安排了地貌要素的内容。这样安排,主要是考虑地貌具有承上启下的作用。在自然地理五大要素中,大气和水具有明显的运动特征,地貌、植被、土壤则呈现相对静止的属性。在承上方面,地貌是转化后的太阳能以外力形式与地球内力相互作用的结果。太阳辐射为大气和水的运动提供了动力,大气运动和水循环运动相互交织,共同影响着地表热量平衡和物质运动,并以流水、海浪、风等形式时时刻刻塑造着地貌,形成各种中小地貌形态。在启下方面,地貌包括其物质基础——岩石和风化壳,为土壤和植被的形成、发育提供了支撑和物质基础。

根据课程标准的要求,本节教材重点落实"地貌类型"和"地貌景观特点"两个相互联系的内容,方法是"通过野外观察或运用视频、图像"。分析相应的"内容要求",结合课程标准中的"教学提示"和"学业要求",本节教材重点讲述在具体的自然环境中识别地貌类型,描述地貌景观特点的方法,以培养学生的区域认知和综合思维。学生应用地貌观察的方法,实地观察或者利用视频、图像等资料观察生产、生活中的一些常见地貌,能够分析多个自然地理要素之间的相互作用,并说明其与人类活动的相互影响。

在知识储备上,学生在初中阶段已学习过河流地貌(东南亚的城市分布和河流的关系,长江和黄河)、冰川地貌(北欧峡湾旅游景观,长江和黄河源头)、黄土地貌(黄土高原的分布和水土流失治理)等地貌知识,有了一定的感性认识。在生活经验上,地貌是学生生活和旅游过程中常见的事物,学生对一些地貌的名称和特点已经有了一定的直观认识。因此,大部分学生能够结合视频和图片,将地貌类型与自然环境相对应,描述所见地貌的特征。

但囿于生活环境,学生对其他地区的地貌特点缺乏认识;大部分学生缺少深入观察地貌的经验,不知道应该如何用学科语言描述地貌;同时受限于知识水平,学生对自然环境的整体性缺乏认识,不能深入理解地貌与其他自然地理要素之间的联系,因此对地貌的描述不全面、不准确和不规范。

【教学设计思路】

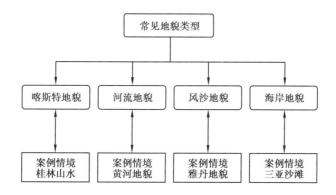

【教学设计方案】

➕ 学习目标

1.通过实地观察或运用视频、图像等资料,辨识喀斯特地貌,描述景观的主要特点。

2.通过实地观察或运用视频、图像等资料,辨识河流地貌,描述景观的主要特点。

3.通过实地观察或运用视频、图像等资料,辨识风沙地貌,描述景观的主要特点。

4.通过实地观察或运用视频、图像等资料,辨识海岸地貌,描述景观的主要特点。

5.简单分析地貌和其他自然地理要素之间的相互作用,及其与人类活动的关系。

第一课时

✦ 情境导入

人们都说:"桂林山水甲天下。"

桂林的山真奇,奇得让你比拟不尽,像老人,像巨象,像骆驼,奇峰罗列,形态万千;桂林的山真秀,秀得让你赞叹不已,像翠屏,像芙蓉,像玉笋,重峦叠嶂,清秀绮丽;桂林的山真险,危峰兀立,怪石嶙峋,好像一不小心就会栽倒下来。

这里山山有洞,无洞不奇。洞中,随处可见的石钟乳凝成千奇百怪的形状,深谷黑黝黝的瞧不见底,石径曲曲折折走不到头……

你知道文中描述的是哪种类型的地貌吗?这类地貌在我国主要分布在哪些地区?这类地貌对当地人们的生产和生活会产生哪些影响?

✦ 教学过程

• 环节一

[情境素材]

播放一段桂林山水的视频,画面中呈现峰林、峰丛、孤峰等地上喀斯特微地貌景观,以及溶洞内部石钟乳、石笋等地下喀斯特微地貌景观。

[任务]

1.观察视频中出现的地貌,归纳喀斯特地貌形成的条件。

2.结合示意图,阐述我国喀斯特地貌的分布特征。

3.结合教材内容或旅游经历,阐述喀斯特地貌的分类、名称,描述喀斯特微地貌的形态特征。

[评价]

问题	水平 1	水平 2	水平 3
1	结合视频,能说出石灰岩是形成喀斯特地貌的条件	能够从文本中获取形成喀斯特地貌的两个条件:可溶性岩石和流水	
2	通过获取信息,阐述我国喀斯特地貌在桂林的分布情况	通过归纳总结,得出喀斯特地貌分布的典型地区是云贵高原	能阐述喀斯特地貌的典型分布地区,且在地图上准确指认
3	结合教材内容,能列举几个喀斯特微地貌名称,能描述高耸、崎岖等突出特点	能结合教材,将喀斯特地貌分成两大类:地表喀斯特和地下喀斯特,且准确举例,能从形态、规模等方面描述其特点	能正确分类,且完整归纳常见喀斯特微地貌,运用储备的学科语言,多角度描述喀斯特微地貌景观的主要特点

[设计意图]

本环节的情境是呈现我国桂林山水喀斯特地貌的真实景观。任务1旨在提高学生获取和解读地理信息的能力,任务2旨在提高学生的读图和识图的能力,任务3旨在引导学生提取材料信息,进行概括总结。

• 环节二

[情境素材]

满目青山变成"绿色银行"——我国独龙族人民走出绿色脱贫之路

山还是原来的山。山已不再是原来的山。

独龙族的山,曾经让他们与世隔绝,陷于封闭和贫穷。

公路通,产业兴,贫困人口清零。在我国独龙族主要的聚居地——云南贡山独龙族怒族自治县独龙江乡,独龙族人民在保护生态的同时,利用山地优势发展草果、蜂蜜等产业,让满目青山变成"绿色银行",走出了一条绿色脱贫之路。

播放一段视频,展示当地脱贫前后经济社会和生态的变化。

[任务]

1.根据材料信息,简述喀斯特地貌给当地人们的生产、生活带来的不利影响。

2.结合独龙江乡脱贫的成功经验,为我国喀斯特地区经济的持续发展献计献策。

[评价]

问题	水平1	水平2	水平3
1	结合图片和文字材料,能简述地形崎岖给当地人们的生产和生活带来的不利影响	能够简述地形崎岖对生活、农业、工业、交通的不利影响	除地形外,还能拓宽思维,发现水源等要素对生产、生活的制约作用
2	通过文字材料,能说出独龙江乡脱贫致富的具体做法	能在独龙江乡致富的成功经验上,拓展思维,给出其他可行的措施	

[设计意图]

本环节的情境是喀斯特地区人民脱贫致富的例子,旨在让学生正确认识地貌对人类生产生活的影响,并树立趋利避害的意识。任务1旨在提高学生获取和解读地理信息、调动和运用地理知识的能力,任务2旨在提高学生论证和探讨地理问题、解决实际问题,学以致用的能力。

• 环节三

[情境素材]

播放一段长江视频,视频画面包含长江三峡、荆江河段九曲回肠、长江中下游平原鱼米之乡等景观。

[任务]

1.根据视频信息,简述常见的河流地貌类型及其分布。

2.根据图片信息,对比河流上游和中下游河谷形态的特征差异。

3.分析荆江河段"九曲回肠"的原因,阐述牛轭湖的形成过程。

[评价]

问题	水平1	水平2	水平3
1	结合视频和图片,能描述峡谷、平原等地貌名称,但不系统、不全面	能够将河流地貌概括为河流侵蚀地貌和河流堆积地貌,能说出典型的侵蚀和堆积地貌,但不全面	不仅能正确地将河流地貌分类,而且能完整归纳所有地貌类型
2	能结合图片,分析河流上游和中下游河谷的深浅或宽窄等某一方面的差异	能结合图片,分析河流上游和中下游河谷的深浅和宽窄等多方面的差异	不仅能完整描述河流上游和中下游河谷形态特征的差异,还能指出差异是侵蚀方式不同造成的结果
3	通过图像信息,能归纳得出河曲和牛轭湖是河流侵蚀的结果	能指出河曲是河流凹岸侵蚀、凸岸堆积的结果,牛轭湖是河流截弯取直的结果	能按地貌演化的一般过程,准确描述河曲和牛轭湖的形成过程,明晰两者间的关系

[设计意图]

本环节的情境是地貌类型的实体景观,旨在让学生直观认识和感受河流地貌。任务1旨在提高学生获取和解读地理信息、调动和运用地理知识的能力,任务2、3旨在提高学生描述和阐释地理事物、地理过程的能力。

• 环节四

[情境素材]

指导学生在校内操场上实践课,模拟三角洲形成的试验过程或者播放模拟实验视频;展示黄河三角洲1984年、1994年、2004年的遥感影像图。

[任务]

1.根据试验过程信息,描述三角洲形成的一般过程。

2.对比三幅遥感影像图,指出黄河三角洲面积变化的特点并阐述原因。

[评价]

问题	水平1	水平2	水平3
1	结合视频和图片,能指出三角洲主要是河流堆积作用形成的地貌	能够从侵蚀、搬运、堆积的连续过程描述三角洲的形成过程	

续表

问题	水平1	水平2	水平3
2	通过图像对比，能得出黄河三角洲面积在变大的结论	能得出面积在变大的结论，且能从河流含沙量大的水文特征分析原因	不仅能指出面积变化的特点和河流含沙量大的水文特征，还能推测出海水侵蚀作用弱

[设计意图]

本环节的情境是浓缩的地貌实验过程,旨在让学生跨越超大时空,直观感受河流地貌的形成和演化过程。任务1旨在提高学生描述和阐释地理事物、地理过程的能力,任务2旨在提高学生论证和探讨地理问题的能力。

课堂小结

通过本节课的学习,我们认识了两种常见的地貌类型——喀斯特地貌和河流地貌,了解了自然环境要素如水文、气候、植被等对地貌的影响。不同地区自然环境不同,形成了不同的地貌类型,地貌特征直接影响我们的生产和生活,因此在日常的生活和生产活动中我们应因地制宜、趋利避害。

板书设计

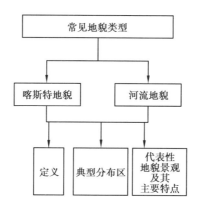

自主探究

1.使用谷歌地球等App,定位云贵高原,从遥感影像上识别喀斯特地貌。

2.前往黄河湿地公园,观察黄河在郑州段的河谷特征,并利用所学知识解释河谷形态的成因。

第二课时

情境导入

上节课我们一起学习了常见的两种地貌类型——喀斯特地貌和河流地貌,了解了不同地区由于自然环境不同,地貌类型差异很大。跟着地理课堂去旅行,今天我们将"东奔西走",到西北内陆和东南沿海看一看,在那里我们又会看到什么样的地貌呢?

🔸 教学过程

• 环节一

[情境素材]

展示风蚀蘑菇和雅丹地貌的景观图片,观察图片中地貌的类型和特点。

[任务]

1.根据图片信息,说出该类地貌的分布地区和环境特征。

2.根据图片信息,归纳该类地貌的常见微地貌及其形态特征。

[评价]

问题	水平1	水平2	水平3
1	结合图片,说出风沙地貌分布在我国新疆地区,说出新疆地区气候干旱	能够全面概括该类地貌分布地区主要是干旱半干旱地区,植被稀少,风力强盛	
2	通过归类,区分风力侵蚀和风力堆积两种风沙地貌类型	在准确分类的基础上,举例说明常见的风力侵蚀和堆积地貌	

[设计意图]

本环节的情境提供的是风沙地貌的典型景观。任务1、2旨在提高获取和解读信息,调动和运用地理知识的能力。

• 环节二

[情境素材]

展示雅丹地貌和新月形沙丘的景观图片,说明风向对沙丘地貌形态的影响。

[任务]

1.根据图片信息,解释雅丹地貌中垄脊、沟槽的走向与风向的关系。

2.根据图片信息,绘制风向,阐释风向对新月形沙丘形态的影响。

3.结合所学知识,简述流动沙丘对人们生产生活的影响,并列举防风固沙的主要措施。

[评价]

问题	水平1	水平2	水平3
1	结合图片，能描述雅丹地貌中垄脊、沟槽的走向与风向平行	能够通过描述雅丹地貌的形成过程，阐释垄脊、沟槽的走向与风向的关系	
2	能在图片上用箭头绘制风向	能通过绘制风向，证明风向和沙丘脊线垂直	能阐述迎风坡缓，背风坡陡的形成机制
3	能结合生活常识，阐释流动沙丘淹没房屋、道路，侵蚀农田、牧场的危害性	能列举出防风固沙措施，如植树种草	能归类列举防风固沙的生物措施和工程措施

[设计意图]

本环节的情境是通过提供图片信息，探究风力对风沙地貌形成的影响，以及在实际生活中与自然灾害抗争的措施。任务1、2旨在提高学生描述和阐释地理事物的能力，任务3旨在提高学生论证、探讨地理问题，解决生活中实际问题的能力。

• 环节三

[情境素材]

展示海南三亚"天涯海角""黄金海岸"的图片，认识海岸地貌。

[任务]

1.根据图片信息，阐释"天涯海角""黄金海岸"所属的地貌类型。

2.结合课本内容，描述常见的海岸侵蚀地貌演化的一般过程。

3.结合生活经历，阐述海岸地貌对区域经济发展的影响。

[评价]

问题	水平1	水平2	水平3
1	结合图片，能说出"天涯海角"属于海岸侵蚀地貌，"黄金海岸"属于海岸堆积地貌		
2	能说出海蚀拱桥可以演化为海蚀柱	能说出海蚀穴、海石拱桥、海蚀柱的演化过程	能指出向海突出的陡立岩石形成的海蚀穴可以演化为海蚀拱桥和海蚀柱
3	能结合生活常识，说出海岸地貌可以发展旅游业	能举例说明沙滩可以提供休憩娱乐场所	能全面系统地说出海岸地貌对人类生产活动的影响

[设计意图]

本环节的情境是通过提供图片信息,认识常见的海岸地貌,以及在实际生活中如何利用该地貌发展经济。任务1旨在提高学生获取和解读信息的能力。任务2旨在提高学生描述和阐释地理事物的能力和论证、探讨地理问题的能力。任务3旨在提高学生解决生活中的实际地理问题的能力。

♣ 课堂小结

通过本节课程的学习,我们认识了另外两种常见的地貌类型——风沙地貌和海岸地貌,了解了自然环境要素如风力、海浪等对地貌的影响。不同地区自然环境不同,形成了不同的地貌类型,地貌特征直接影响我们的生产和生活,因此在日常的生活和生产活动中我们应因地制宜、趋利避害。

♣ 板书设计

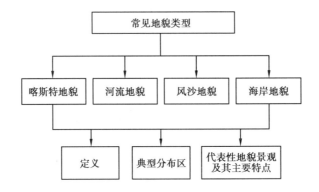

♣ 自主探究

1.使用谷歌地球等App,定位塔里木盆地,通过遥感影像识别风沙地貌。

2.查阅资料,了解贝壳堤的形成。

【教学反思】

在实际授课过程中,本节课的优势体现在以下方面:

1.精选图片视频、图像,以丰富且典型的景观图片,突出景观特征,强化视觉刺激,趣味性强,学生积极探索的热情高,课堂参与度高。

2.立足实际,在校内操场的沙坑开展河流侵蚀、堆积地貌的形成实验,提高了地理实践力。相较于传统课堂的静态图片加文字方式,学生在实践课堂中明显思考更积极,主动探究意识更强,学习效果显著提升。

但在实际授课过程中,也存在一些实施难度:

1.课标中明确写道,选择3~4种地貌,课本选取了生活中常见的4种地貌类型,本节内容也是按课本上的4种地貌展开教学,但是平常的试题中经常会考查其他类型,如冰川地貌,是否应该在课堂上设计关于冰川地貌的教学内容?如何平衡内容和课时、学习与考试的矛盾?

2.如何更好地平衡地理课程的基础性与综合性?本节课属于必修课程部分,课程设计应具有基础性,但在实际授课过程中由于本节课综合性较强,部分学生在完成学习任务时未能达到较高的水平要求,因此在未来的教学设计中需要充分考虑学生的能力水平,适当调整学习任务的难度。

【专家点评】

本节教学设计目标明确,思路清晰,贴近生活,突出学科特点,始终以问题链的形式引导学生思维,地理核心素养的培养尤其是地理实践力贯穿整节课,突出优点表现在以下两个方面:

1.以视频、实验等场景的真实情境为切入点,激发学生兴趣,引导学生多角度、全方位观察并用学科语言描述地貌景观特点,提高地理核心素养的同时,进一步发挥地理学科的育人价值,让学生更加热爱祖国的大好河山,进一步增进家国情怀。

2.本节课的内容设计充分贴合课标要求,难度适当,重在地貌特征的描述而非地貌形成过程的说明,学习目标达成度较高。

同时,也提出以下两点建议:

1.参与学校操场实验的人数不多,应考虑惠及全体同学。

2.课堂情境中的照片和视频固然很好,但可以考虑向学生征集,让学生提供自己旅游过程中拍摄的照片和视频,会进一步增强情境的真实感。也可让学生讲述自己的所闻所见,提高课堂参与度。

【参考文献】

[1] 李炳元,潘保田,韩嘉福.中国陆地基本地貌类型及其划分指标探讨[J].第四纪研究,2008,28(4):535-543.

[2] 陈安泽.旅游地学大辞典[M].北京:科学出版社,2013.

4.3 大气的组成和垂直分层——"探空气球"的大气之旅

【课程标准内容要求及解读】

内容要求		必修 1.5　运用图表等资料，说明大气的组成和垂直分层，及其与生产和生活的联系。	
行为条件	行为动词	概念体系	必备知识和关键能力
运用图表等资料	说明	学科大概念：自然环境要素与人类活动	1.说出大气的组成； 2.描述大气的垂直分层特点及差异； 3.说明大气环境与人类活动之间的关系
		本节核心概念：大气的组成、大气的垂直分层、大气环境与人类活动	
		子概念：干洁空气、水汽、杂质、凝结核、对流层、平流层、臭氧层、高层大气、电离层	

　　行为条件为"运用图表等资料"，可解读为本节教学需要借助图表等资料，课程标准在提及学习方式时强调"引导学生通过自主、合作、探究等学习方式，在自然、社会等真实情境中开展丰富多样的地理实践活动"，这就要求教师在备课过程中将学生放在主体地位，开展以学生为本的多种形式的课堂活动，并且在教学中能有效地融入真实地理情境，做到从真实情境出发，通过丰富的学习方式、学习材料和学习互动，最终构建学生基于真实情境的地理理论知识体系结构（地理实践力）。

　　行为动词为"说明"，落实"大气组成和垂直分层"的事实性知识，学生要学会将理论知识与实践相结合，调动已有知识和经验并结合身边真实情境（综合思维），分析大气环境与人类生产生活的联系（人地协调观），提出科学合理的看法和建议。

　　核心概念为"大气的组成、大气的垂直分层、大气环境与人类活动"，课程标准也明确提出，课程要求学生能够"学会运用地理的视角认识和欣赏自然与人文环境"，因此学生要从地理视角观察大气环境，并且能从不同的时空尺度、结合具体案例对相关大气问题进行分析（区域认知），这对学生科学思维的培养有重大意义。

　　在教学过程中教师要努力构建基于真实学术资源和学术情境的教学环境，运用国内外教学资源，包括图像、视频、表格、观测数据等，创设"基于学生认知规律、逻辑思维和知识水平"的学术教学情境，培养学生的综合思维能力，完成基于地理核心素养培育的教学实践。

【核心概念知识地图】

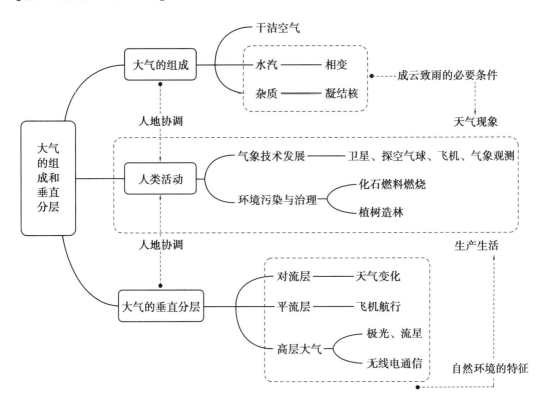

【教材与学情分析】

在人教版必修一教材第二章第一节"大气的组成和垂直分层"中,分为"大气的组成"和"大气的垂直分层"两个标题落实相关课标内容要求。

在第一个标题"大气的组成"部分,首先通过统计图,说明大气的组成,通过文字资料,说明大气主要成分的作用。其次,为了加深学生对人类活动和大气之间相互关系的理解,帮助学生构建人地协调观理念,教材设计了"大气中二氧化碳含量的变化与人类活动"案例和"了解大气含氧量减少对人体产生的影响"活动。

在第二个标题"大气的垂直分层"部分,首先通过大气的垂直分层示意图,介绍了大气的分层结构,接着对各层的特征以及与人类活动的关联分别展开详细介绍,还设计了"全球合作保护臭氧层"的自学窗,再次强调了对学生人地协调观的培育。

大气是学生学习的第一个自然环境要素,课前学生已有必备的相关知识基础,例如在教材第一章末学习了地球的圈层结构,并简单了解了大气圈的组成和作用。作为日常熟悉的地理现象,学生对大气和大气现象有一定的认识和判断能力,能够简单地描述天气的特征及变化。在初中化学中,学生已简单了解了空气的组成,在初中物理中已理解气压、温度、海拔等基础概念,具备一定的知识储备和迁移能力,但一些复杂概念对他们来说还是比较抽象,同时还有待提升读图、读表能力,尤其是高中数学学科刚刚接触立体几何,学生对于大气垂直分层的立体结构的空间感知能力较弱,在讲解时需要教师主动引导学生回顾与分析,因此可以采用融入真实情境的形式调动学生的学习积极性,努力构建真实、科学且丰富的教学情境。

地理教学越来越强调情境和问题探究,不再局限于知识的讲授和记忆。情境化教学更有利于学生主动探究、积极建构认知体系,适用于综合性地理知识的学习,可以将知识进行有机整合,而不是简单地堆叠。

【教学设计思路】

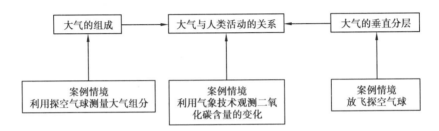

【教学设计方案】

✦ 学习目标

1. 运用图表,说出低层大气的组成成分及作用。
2. 绘制大气垂直分层示意图,说出大气的垂直分层、各层特点并说明各层特点成因。
3. 结合生活实例,说明大气与人类活动的关系。

✦ 情境导入

展示氦气球和气象探空气球照片,请学生思考,假设放手气球会怎样运动;随后介绍气球内多填充氦气、氢气等比空气轻的气体,日常使用的质量 1 kg 左右的探空气球,85% 以上可达 30 km 左右的高度。引导学生产生"探空气球能测量哪些大气数据? 探空气球上升过程中会出现哪些现象?"的疑问。

✦ 教学过程

• 环节一

[情境素材]

从古至今,人类从未停止对自然的探索。随着科技的发展,对于大气的组成成分,人们也有了更加深入的了解。

古希腊人认为,"空气"是自然环境的基本元素之一,不能再细分。

18世纪,法国科学家拉瓦锡通过实验,得出了空气由氧气和氮气组成的结论。

现代科学已经能对大气的成分进行精确测定,并发现了稀有气体等组分的存在。科研人员利用直径约2 m的探空气球进行探测,随着探空气球的不断上升,悬挂在气球上的无线电探空仪,能够探测附近大气的温度、气压、相对湿度等气象要素,并通过无线电波将结果发回地面接收器。目前,世界上大约有上千个高空探测站,各国通过国际合作互相交换深空数据。

[任务]

1.阅读教材并结合情境素材,简述低层大气的主要组成成分及含量。

2.结合教材及查阅资料,思考各大气成分的作用,阐述各种气体对生物体及自然环境的重要性。

3.结合所学知识,选择某种大气成分,尝试列举其在生产生活中应用的实例。

[评价]

问题	水平1	水平2	水平3
1	能够准确地从教材中找出低层大气的主要组成成分,大致描述各组成成分的体积含量百分比	能够详细列出低层大气的主要组成成分,并准确给出各成分的体积含量百分比,将所学知识与情境相结合,能简单地描述大气组成与日常生活或自然现象的联系	
2	查阅相关资料,了解各大气成分的基本作用,能简单地描述这些气体对生物体生存和自然环境维持的重要性,并初步分析大气成分变化可能带来的影响	深入阐述各大气成分在地球生态系统中的具体作用,详细解释这些气体如何影响生物体的生理过程和自然环境的稳定,同时能够结合具体案例,分析大气成分变化对生物体和自然环境造成的具体影响	
3	选择某种大气成分,并简单列举其在生产和生活中的一两个实例	选择某种大气成分,并详细列举其在生产和生活中的多个实例,深入分析所选成分在实例中的具体作用和影响	不仅能够选择某种大气成分并列举其在生产和生活中的实例,还能够结合当前的社会热点或环境问题,提出自己的见解或创新性的想法

[设计意图]

本环节的情境是利用探空气球测量大气组分。通过描述人类对大气组成成分探索的历史和现代科技的应用,展示了人类对自然的不断追求和对大气组成的深入了解。通过情境导入和任务驱动的方式,帮助学生掌握大气的基本组成、理解大气成分的作用和意义,并培养学生的实践能力和科学思维能力,激发学生探索自然科学的热情。任务1旨在帮助学生掌握大气的基本组成,为后续学习打下基础。任务2旨在引导学生深入理解大气成分的功能和意义,增强学生对自然环境和生态系统的认识。任务3旨在培养学生的应用能力和实践意识,将所学知识与实际生活相结合,进一步加深对大气成分及其应用的理解。

• 环节二

[情境素材]

随着全球气候变暖日益严重,科学家们通过测量南极地区不同年代冰层中的二氧化碳体积分数,并利用先进的遥感技术,如碳卫星和气象卫星,同时结合探空气球的测量数据,来观测和监测大气中二氧化碳含量的变化,绘制大气中二氧化碳含量变化的折线图。

在过去80万年的绝大多数时间里,大气中二氧化碳体积分数的变化相对平缓。然而,从1740年到2011年,在不到300年的时间里,二氧化碳体积分数的增长超过了40%,并且在未来几十年还可能持续增长下去。

这些数据不仅帮助我们了解地球的气候系统,还为应对气候变化提供了科学依据。

[任务]

1.结合教材,描述二氧化碳含量的变化趋势。

2.阅读材料及查找资料,简述导致二氧化碳含量变化的主要人为因素。

3.结合所学知识,阐述大气中二氧化碳含量升高可能带来的不利影响。

[评价]

问题	水平1	水平2	水平3
1	能够利用折线图简述二氧化碳含量随时间增长的速率变化情况	综合文字材料和图表等信息,能准确描述二氧化碳含量的变化趋势,包括平缓变化阶段和快速增加阶段,并能识别折线图中二氧化碳含量增长的关键时间点和速率变化情况	
2	列举主要的人为因素,并简要解释这些因素如何导致二氧化碳含量的增加,同时结合教材或资料中的实例进行说明,使解释具有一定的事实依据	深入分析每种人为因素的具体因果关系,结合全球或地区性的具体案例,分析人为因素对二氧化碳含量变化的贡献程度	综合运用化学、生物、历史等多学科知识,深入剖析各种人为因素对二氧化碳含量变化的贡献及相互关系。分析不同国家或地区在人为排放二氧化碳方面的特点和差异,提出针对性的合理策略

续表

问题	水平1	水平2	水平3
3	准确列举二氧化碳含量升高可能造成的直接影响,能够简要描述这些影响对自然环境和人类社会可能产生的后果	分析二氧化碳含量升高对自然环境和人类社会的多方面影响,讨论二氧化碳含量升高可能造成的长期和潜在影响,为制定应对气候变化的政策和规划提供科学依据和建议	

[设计意图]

本环节的情境是利用气象技术观测二氧化碳含量的变化。将教材活动与探空气球的素材有机融合,通过真实情境素材,学生可以了解碳卫星、气象卫星和探空气球等多种气象技术在气候变化研究中的应用,掌握如何从图表中提取和分析信息,同时还能深入理解大气中二氧化碳含量变化对全球气候的影响,以及应对气候变化的重要性。任务1旨在了解地球气候系统的动态变化,认识人类活动对自然环境的影响。任务2旨在培养学生分析问题、解决问题的能力,提高环境意识和责任感,激发他们思考如何减少碳排放、保护地球家园。任务3旨在帮助学生全面理解气候变暖对自然环境和人类社会的多方面影响,增强他们应对气候变化的能力和意识。设置此情境的主要目的是加强学生对大气组成与人类活动关系的理解,有助于培养学生的地理素养和科学探究能力,掌握读图方法和技能,学会运用地理专业语言和专业视角思考与解决问题。

• 环节三

[情境素材]

在气象站,科研人员正忙着准备放飞一个气象探空气球,在探空气球升空过程中,科研人员利用地面设备对气球的位置和运行轨迹进行实时追踪。

某中学的学生们通过电脑屏幕观察到气球的运行轨迹,它像一条优美的曲线,逐渐攀升至高空,在这个过程中看到了许多有趣的现象。起初,当气球刚刚升离地面时,视野显得有些朦胧。然而,随着气球逐渐升高,高空中的视野变得愈发清晰,能够清楚地看见太阳。

更令大家惊奇的是,在气球升空过程中,他们还观察到了风向的变化。起初,近地面的风向可能受地形、建筑物等多种因素的影响,呈现出较为复杂的特点。然而,随着气球进入高空,风向逐渐变得稳定,呈现出明显的规律性。科研人员解释道,这是因为不同的大气分层中,风的形成和变化受不同因素的影响。

(有条件的学校可以开展实习观测或从网络中查找视频)

[任务]

1.结合材料及相关资料,简述探空气球上升过程中观察到的现象及可能的原因。

2.阅读教材及资料,尝试绘制示意图,描述大气各物理性质及运动状况(如成分、温度、湿度、风向、风速等)在垂直方向上随高度的变化情况。

3.结合教材图文数据,简述大气各层与人类活动的联系。

[评价]

问题	水平1	水平2	水平3
1	准确描述探空气球上升过程中观察到的现象,根据所学知识及资料,初步推测这些现象可能的原因		
2	绘制简单的示意图或图表,大致描述大气成分、温度、湿度在垂直方向上的变化情况,指出风向和风速在垂直方向上的基本变化趋势,无须过于复杂或详细解释	绘制较为详细的示意图,清晰展示大气各物理性质在垂直方向上的连续变化,并标注关键分层及其特点,能够解释风向和风速在不同分层中的变化原因,并反映其在垂直方向上的具体变化规律	正确理解大气垂直分层的概念,绘制具有创新性的示意图或图表,采用多种表达方式(如颜色、线条粗细等)来突出不同分层的特点和变化规律。在示意图中融入自己的见解或分析,提出对大气分层及其变化规律的理解
3	识别大气的主要分层,举例说明每个大气分层的基本特点,简述大气各层与人类活动的基本联系	分析大气各层的性质及其对人类活动的影响,举例说明大气各层对人类生活、生产、科技等方面的具体影响,举例说明其对某一特定人类活动的综合影响	准确分析大气各层与人类活动的联系,提出个人见解;能够结合当前环境问题(如气候变化、空气污染等),提出可能的解决方案或改进措施

[设计意图]

本环节的情境是放飞探空气球。通过描述气象探空气球的升空过程,为学生提供一个直观、生动的场景,使他们能够身临其境地感受大气层的垂直变化。通过展示科研人员对气球位置和运行轨迹的实时追踪,以及从电脑屏幕观察到的现象,学生可以直观认识大气层结构和特性。任务1旨在培养学生的观察能力和分析能力。任务2旨在帮助学生进一步加深对大气层结构和特性的理解,并提升他们的绘图能力和空间思维能力。任务3旨在引导学生认识大气层对人类生产生活的重要性,以及人类活动对大气层的影响,从而培养学生的人地协调观和可持续发展理念。

➕ 课堂小结

通过本节课的学习,我们了解了低层大气的主要组成成分,通过探空气球的真实数据和记录学习大气的垂直分层结构及每层的特点,并且学会了用地理思维分析大气环境和人类活动的相互影响,让我们怀揣好奇,保持思考,带着解决问题的眼光,秉持人地协调的理念,在热爱地理的旅途中一路向前!

🞧 **板书设计**

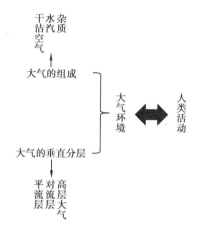

🞧 **自主探究**

随着科学技术的进一步发展,人们发明了专用于气象观测的卫星,例如中国的风云系列气象卫星。借助卫星,人们可以观测到平流层以上的高层大气,并且获取的数据范围不仅在空间上可拓展到全球,在时间上也可全天候多次观测,大大降低了观测成本。

1.结合教材自学窗并查找资料,了解臭氧层空洞问题及现阶段人类在大气环境保护方面展开的全球合作。

2.通过互联网查找气象监测网站中某种大气成分含量的历年数据,绘制数据随时间变化的折线图,搜集相关资料了解其变化的原因及其与人类活动的关系。

3.前往科技馆、气象站或通过互联网,了解本地使用的大气环境观测仪器及气象技术的发展历程,完成一份与本节内容相关的调查报告。

【教学反思】

在这次教学设计的构思上,首先按照教材的知识结构和编排顺序,对本次教学过程的框架进行完善,分为情境导入、大气的组成、人类活动对空气组成的影响、大气的垂直分层、总结与练习等部分,重点围绕创设“基于学生认知规律、逻辑思维和知识水平”的学术教学情境,构建基于真实学术资源和学术情境的教学环境,完成基于学生核心素养的教学实践。

在实际授课过程中,本节课的教学设计取得了一些值得肯定的成效。首先,通过“探空气球”的真实情境导入,本节课成功地激发了学生的兴趣和好奇心。学生对探空气球的运作原理、大气的组成和垂直分层等知识点产生了浓厚的兴趣,能积极参与到课堂讨论和活动中来。其次,本节课的活动设计丰富多样,注重培养学生的实践能力和合作精神,通过分组搜集资料、讨论问题、设计方案等活动,学生在实践中学习和掌握了大气知识,也锻炼了自己的沟通和协作能力。这些活动不仅让学生更好地理解地理知识,还能提高他们的综合素质。

但在实际授课过程中,也发现了一些具体问题和改进方向:

1.教材与情境的融合度不够高。虽然情境导入成功地吸引了学生的注意力,并且有结合教材改编情境,但在后续的教学过程中,发现新情境的创设会导致部分学生在理解新知识时感到困惑,无法将情境与教材内容有效对接。因此,在未来教学中,需要更加注重教材内容与情境相融合,使学生在解决问题的过程中能够更加顺畅地理解教材知识。

2.学习任务的梯度设置有待优化。本节课的任务设计较为综合,涵盖了多个知识点和技能点。然而,由于学生的能力水平参差不齐,部分学生在完成任务时感到吃力,无法达到预期的学习效果。因此,在未来教学中,需要更加关注学生的学习能力和水平,根据他们的实际情况设置不同难度的学习任务,以确保每个学生都能在适合自己的难度范围内得到充分的锻炼和提升。

【专家点评】

本节教学设计充分体现了基于真实情境的教学理念,在一定程度上展示了其在地理教学中的重要性和价值。通过创设学术情境、培养学生读图绘图能力、培养学生人地协调观以及落实地理核心素养等方面,本节课的教学设计取得了显著成效。

1.努力创设地理的学术情境化教学环境,营造问题式教学氛围。本节课通过"探空气球"的真实学术情境贯穿教学,成功地激发了学生的兴趣和好奇心。这种以真实科学情境为背景的教学方式,提高了学生学习的积极性,真实的科学情境不仅能体现地理学科的研究性和科学性,还能加深学生从地理思维的角度对地理现象和原理的理解。

2.注重培养学生的读图绘图能力和地理表达能力。地理学科具有很强的空间性和实践性,读图绘图能力是地理学习的重要基础。本节课通过引导学生观察和分析地图、绘制示意图等活动,有效地提升了学生的地理实践力。

3.落实培养学生的人地协调观。通过讨论探空气球观测与环境保护的关系,引导学生思考人类活动对自然环境的影响,以及如何消除自然环境对人类发展的制约与影响。这种双向思考有助于促进学生树立正确的人地关系。

同时,也提出了以下3点建议:

1.教师在设计情境时,应更加深入地挖掘教材与情境之间的联系,使情境能够更好地服务于教材内容的传授。

2.在布置学习任务时,可以设置具有层次性的任务,便于学生对知识的理解由浅入深。

3.由于网络信息的便捷性和教学环境的多样性,该教学情境并不一定适用于所有环境下的高中地理教学,应在后续设计中增加更具普适性的教学情境。

【参考文献】

[1] 段玉山,姚泽阳.地理学科核心素养测评:基于现代测量理论的视角[J].中国考试,2018(2):24-29.

[2] 陈金梅.自媒体背景下高中地理问题式教学策略探究[D].上海:华东师范大学,2022.

[3] 李姗鸿,张胜前,王影.电影资源与高中地理教学的融合探究:以"大气的组成与垂直分层"为例[J].中学地理教学参考,2021(14):38-41,45.

[4] 陈豆,张建国,董乔生.《普通高中地理课程标准》课程理念对比分析:以"2003版"和"2017版"为例[J].中学地理教学参考,2019(8):22-24.

4.4　大气受热过程和大气运动——如何给城市"退热"

【课程标准内容要求及标准解读】

内容要求	必修1.6　运用示意图等，说明大气受热过程与热力环流原理，并解释相关现象。		
行为条件	行为动词	概念体系	必备知识和关键能力
运用示意图等	说明、解释	**学科大概念**：圈层间的物质迁移和能量交换	1.绘制大气受热过程和热力环流示意图； 2.描述大气受热过程、热力环流和风的形成过程； 3.判断等压线图中风向、风速； 4.说明生产生活中的相关现象
		本节核心概念：大气受热过程、热力环流、风	
		子概念：辐射、大气削弱作用和保温作用、气压、等压面、等压线、水平气压梯度力、地转偏向力、摩擦力	

　　行为条件为"运用示意图等"，教学中需结合大气受热过程示意图和热力环流示意图，也可以借助模拟实验、动画等更加直观的方式展开。

　　行为动词之一为"说明"，属于结果性目标中的"理解"层次。大气受热过程，实际上是到达地球的太阳辐射能量在地面、大气之间的传递过程，而热力环流是能量传递过程影响大气运动的结果。要"说明"大气受热过程原理，需明确大气能量的主要来源、能量传递方式、能量传递过程。要"说明"热力环流原理，需明确能量传递对大气运动的具体影响。本节内容涉及众多学科基本概念，故在教学中应对基本概念进行介绍。此外，大气受热过程和热力环流都是动态过程，理解难度大，故在教学中需把动态过程进行因果上的拆解，分成几个阶段。需要强调的是，这是两个同时进行的动态过程。行为动词之二为"解释"，属于结果性目标中的"理解"层次。"解释"相关现象，需对原理有正确、清晰的认识（综合思维）。

　　内容要求为"大气受热过程与热力环流原理"和"相关现象"，故本节课的重点为大气受热过程和热力环流原理的理解，并使用相关原理解释人类生产、生活中的相关现象（人地协调观）。

　　本节内容涉及人类生产、生活中的现象有很多，在教学中教师应注意挖掘本地的相关现象，创设学生熟悉的真实情景。同时，本节各知识点联系紧密，是进行主题式教学的大好良机。

【核心概念知识地图】

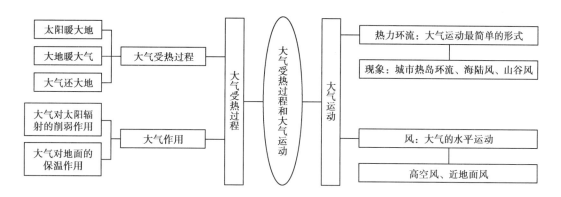

【教材与学情分析】

　　本节内容位于人教版新教材高中地理必修一第二章第二节。教材从地、气、水、生、土5个方面对自然环境进行介绍，并将大气置于水、地貌、植被和土壤之前，表明大气是认识自然环境的最基础要素。教材通过引导学生认识大气受热过程和大气运动，了解自然环境各圈层之间的相互联系、相互影响、相互渗透的关系，培养学生的综合思维，初步形成自然环境整体性观念。引导学生利用大气受热过程和热力环流原理解释相关现象，凸显人类活动与自然环境之间的关系，培养学生的人地协调观。

　　大气受热过程和大气运动是基于大气组成和垂直分层的进一步认识，为学生认识自然环境的其他要素提供知识背景。此外，还为选择性必修一第三章内容奠定基础。

　　本节分为4个框题：大气的受热过程、大气对地面的保温作用、热力环流和大气的水平运动——风。在知识结构上，各知识点之间存在因果联系，大气受热过程导致地面冷热不均，引起大气运动，形成热力环流和风。教材结构编排符合学科逻辑，有利于学生知识体系的构建。在内容表达上，图文结合，配有活动、案例，便于学生理解知识和深化认知。

　　学生在初中阶段已经学习过《天气与气候》，了解了与大气相关的一些知识和现象，可以引导学生思考这些知识与本节内容之间的内在联系。在日常生活中，学生经历过气温变化、不同天气下光照的不同，感受过大气污染、郊区与市区的温度差异等相关现象，具备相关的生活经验。

　　但由于生活环境的限制，大多数学生没有经历过大气受热过程的区域差异，无法直接感知气温差异产生的不同影响，也很难直接感知到烟熏、霜冻、海陆风等相关现象。此外，学生抽象思维能力还未成熟，理解大气受热过程和热力环流等抽象知识存在困难。

【教学设计思路】

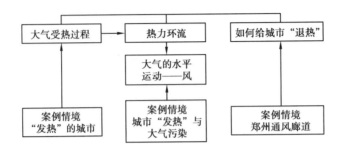

【教学设计方案】

✦ 学习目标

1.结合实例,描述大气的受热过程,利用大气受热过程原理说明城区比郊区热的原因。

2.结合案例,说明热力环流的形成过程。

3.结合案例,为缓解城市热岛效应提出合理化建议。

第一课时

✦ 情境导入

对比所在城市中心区与某郊区的气温数据,请学生比较城市中心区和郊区的气温高低,引导学生产生"为什么城市中心区的气温比郊区高?"的疑问和思考,从而导入新课的学习。

✦ 教学过程

[情境素材]

气温是表示空气冷热程度的物理量,实质上是空气内能大小的体现。当空气内能增加时,气温升高;反之,气温降低。随着城市规模不断扩大,城市产生的"热量"大大增强,"发热"日趋严重,出现城市中心区空气温度明显高于城市外围郊区的现象,称为"热岛效应"。

[任务]

1.阅读教材,描述大气的受热过程。

2.结合大气受热过程示意图,利用大气受热过程原理说明影响气温的因素。

3.比较城市中心区与郊区的不同,利用大气受热过程原理说明城市中心区的气温比郊区高的原因。

[评价]

问题	水平1	水平2	水平3
1	能够简单地说出大气受热过程	能够结合大气的组成成分，说明大气受热过程	能够综合运用大气和能量传递的相关知识，系统说明大气受热过程
2	能够根据大气受热过程说出影响气温的因素	能够根据大气受热过程，简要说明影响气温的因素	能够根据大气受热过程，准确说明影响气温的因素
3	能够简单说出城市中心区气温比郊区高的因素	能够通过对比城市中心区和郊区的环境差异，说明城市中心区气温比郊区高的原因	能够通过对比城市中心区和郊区的环境差异，系统说明城市中心区气温比郊区高的原因

[设计意图]

本环节的情境是城市"热岛效应"。任务1旨在让学生理解大气受热过程的原理。任务2在任务1的基础上，让学生从大气受热过程的角度得出影响气温的因素,旨在深化学生对大气受热过程原理的理解,提高学生的综合思维能力。任务3在任务2的基础上,让学生对比城市中心区和郊区的不同,说明"热岛效应"的成因,将原理与生活相联系,提高学生解决实际问题的能力。

✤ **课堂小结**

通过本节课的学习,我们认识了大气的受热过程,并从大气受热过程的角度探究了影响气温的因素;通过对比城郊地理环境差异,了解城市热岛效应产生的原因。热岛效应会对我们的日常生产、生活产生什么影响呢?

✤ **板书设计**

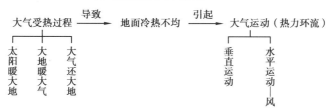

✤ **自主探究**

1.搜集资料,了解我国年太阳辐射分布状况,并用大气受热过程原理分析其原因。

2.搜集资料,了解农业防霜冻措施,并分析其原因。

3.在晴朗、微风的天气下,分别在城市中心区和郊区选取地点测量气温并记录,探究热岛强度的昼夜变化,并分析其原因。

第二课时

情境导入

上节课我们已经学习了大气受热过程,了解了城市热岛效应的成因。城市热岛效应会产生什么影响呢? 可以通过哪些措施来缓解城市热岛效应? 通过本节课的学习,我们来探究答案。

教学过程

· 环节一

[情境素材]

研究表明,城市"热岛"不仅容易让人高温中暑,使城市增加能耗,而且由于城市热岛的热力作用,形成热岛复合环流,造成从郊区吹向市区的局地风,把市区已扩散到郊区的污染大气又送回市区,加剧了城市的大气污染。

[任务]

1.阅读教材,说出热力环流的概念及原理,并说明热岛环流的形成过程。

2.阅读教材,区分风的概念,并根据热力环流原理,说明影响风力大小的主要因素。

[评价]

问题	水平1	水平2	水平3
1	能够简单说出热力环流的形成过程	能够说明热力环流的形成过程	能够描述城市热岛效应,并能科学准确地说明城市热岛环流的形成过程
2	能够说出风的成因	能够说明风的成因,并说明影响风力大小的主要因素	

[设计意图]

本环节的情境为城市热岛环流对大气污染的影响。任务设计旨在让学生明确热力环流和风的形成过程,并运用相关原理解释生活现象。

· 环节二

[情境素材]

高大密集的城市建筑阻碍了热量的扩散,是造成城市热岛效应的重要原因之一。为缓解城市热岛效应,郑州开始着手通风廊道研究工作。自郑州市开展通风廊道识别工作以来,共识别出7条一级通风廊道,13条二级通风廊道。

[任务]

1.结合材料,阐述郑州目前通风廊道的合理性。

2.结合材料,指出郑州通风廊道存在的问题,并提出改进措施。

3.结合热岛效应的成因,提出缓解城市热岛效应的合理化建议。

[评价]

问题	水平1	水平2	水平3
1	结合材料说出通风廊道的合理性	结合材料,说明通风廊道的合理性,注意逻辑要清晰	结合材料,用准确的语言说明通风廊道的合理性,逻辑清晰,论证有据
2	能够简单说明通风廊道存在的问题,并提出改进措施	能够结合材料信息说明通风廊道存在的问题,并有针对性地提出改进措施	能够结合材料信息准确地说明通风廊道存在的问题,并有针对性地提出合理、可行的措施
3	能够根据热岛效应的成因,提出有针对性的措施		

[设计意图]

本环节的情境为郑州通风廊道的研究。任务设计旨在提高学生解决实际问题的能力。结合环节一问题探究的结果,让学生提出合理化建议,落实学生区域认知和地理实践力的培养。

✦ 课堂小结

通过大气受热过程和大气运动这节课的学习,我们从原理上探究了城市发热的原因,并以郑州市为例探索给城市退热的科学方法。希望大家在以后的生活中多多关注我们的生存环境,并用本节课的知识建设更美好的家园。

✦ 板书设计

✦ 自主探究

搜集郑州市缓解城市热岛效应的主要措施,分析其合理性。

【教学反思】

在实际授课过程中,本节课的优势体现在以下两个方面:

1.立足真实生活情境,贴近学生生活,引起学生兴趣;相较于传统"原理——现象"的教学过程,本节课在课前提出核心问题,然后围绕核心问题展开研究,在研究过程中理解原理,更有助于学生掌握知识与现实、原理与现象之间的联系。

2.问题逻辑清晰,展现了问题探究的整个过程,有助于塑造学生探究问题的能力。

但在实际授课过程中,也存在一些实施难度:

1.如何平衡情境问题与原理学习之间的关系。地理原理的学习需要许多物理知识作铺垫,费时较长,可能会冲淡情境氛围,并且情境很难贯穿地理原理学习的全过程。

2.如何更好地平衡地理课程的基础性与综合性。本节课属于必修课程部分,课程设计具有基础性,但在实际授课过程中由于课程设计综合性较强,部分学生在完成任务时未能达到较高的水平要求。因此,在未来的教学设计中需要更加关注学生的学习能力和水平,适当调整学习任务的难度。

【专家点评】

本节教学设计结构清晰,目标明确,贴近生活,突出学科特点。始终以问题链的形式引导学生思维,地理核心素养的培养贯穿整节课,突出优点表现在以下两个方面:

1.以城市热岛效应为切入点,情境真实、贴近学生生活。

2.通过大气受热过程角度归纳影响气温的因素,体现了对原理的认知深化,有利于培养学生的综合思维。对比城市中心区和郊区的不同气温,培养学生的区域认知。引导学生为缓解城市热岛效应提出合理化建议,体现地理实践力。

同时,也提出了以下3点建议:

1.本节课内容较多,建议多给学生一些自行思考的时间。

2.部分任务设计的针对性可以再强一些。

3.学生的课堂活动形式可以再丰富一些。

【参考文献】

张萌,王勇,韦美琼,等.郑州市通风廊道规划实践与应用[C]//中国城市规划学会,杭州市人民政府.共享与品质——2018中国城市规划年会论文集(08城市生态规划).郑州市规划勘测设计研究院;广西荣泰建筑设计有限责任公司,2018:12.

4.5　土壤——学校的土壤适合种庄稼吗？

【课程标准内容要求及解读】

内容要求	必修1.9　通过野外观察或土壤标本，说明土壤的主要形成因素。		
行为条件	行为动词	概念体系	必备知识和关键能力
通过野外观察或土壤标本	说明	**学科大概念**：地理特征与差异	1.说出土壤的主要形成因素，并能说明土壤的形成过程 2.设计并实施土壤野外观察
		本节核心概念：土壤与地理环境	
		子概念：土壤、土壤质地、土壤剖面、养护、改良	

　　行为条件为"野外观察或土壤标本"(地理实践力)。客观来讲,学生难以实地观察各个地区的土壤情况,因此,在教学中,需要使用土壤标本,并结合相关图片或视频。

　　行为动词为"说明",需要学生综合各种要素分析影响土壤形成的主要因素(综合思维)。

　　核心概念为"土壤",首先应关注土壤的组成成分,土壤组成成分的比例能体现其他地理要素对土壤形成的影响;其次应注意观察土壤的基本要素,如颜色、质地、土壤(地理实践力);最后以本地土壤为例,引导学生掌握土壤的主要形成因素及形成过程。

　　在教学过程中,教师要注重结合真实情境,既利用学生身边的乡土资源开展室外活动和观察,也要收集其他地区典型土壤的图文资料作为补充教材便于学生进行对比,并收集体现土壤与地理环境之间关系的真实案例,帮助学生归纳总结、得出结论。

【核心概念知识地图】

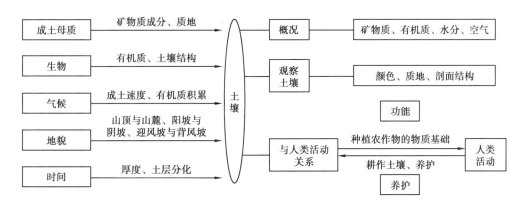

【教材与学情分析】

本节内容位于人教版新教材高中地理必修一第五章第二节。教材从地、气、水、生、土5个方面对自然环境进行介绍，并将土壤置于大气、水、地貌、植被4个要素之后，教材通过引导学生了解土壤与自然环境其他要素的相互关系，较为综合地认识自然环境，培养学生的综合思维，初步形成自然环境整体性观念。不同的自然环境孕育不同的土壤，凸显区域认知。此外，利用人类活动对土壤的影响，培养学生的人地协调观。

土壤是自然环境形成的主要要素，也是自然环境演变的结果，还是人类赖以生存的基本自然条件之一。因此，土壤知识的学习对于学生了解自然环境的形成和发展具有重要意义。

本节首先给出了土壤的概念和物质组成，接着说明野外观察土壤的要素，随后说明了土壤的主要形成因素，最后落脚到土壤的功能和养护。教材通过开展活动的方式指导学生观察土壤，提升学生的地理实践力，并通过举例的形式让学生理解主要成土因素和土壤改良、养护的措施。然而，土壤的形成是一个漫长的过程，开展教学时很难准确、完整地恢复其过程。

在知识储备上，学生在初中阶段已经学习了全球气候类型的分布和特点等知识，并在上节课中学习了不同植被类型的特点，这就为学习不同区域的土壤积累了良好的背景知识；在生活经验上，土壤很常见。但受限于生活环境，生活在城市中的学生很难接触到自然土壤，也很难接触到其他地域的土壤。

【教学设计思路】

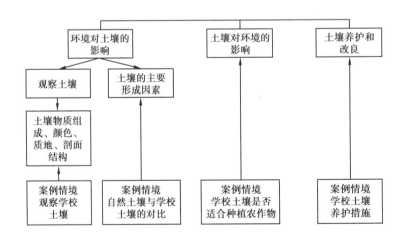

【教学设计方案】

✦ 学习目标

1.观察校园土壤和土壤标本,说出土壤的物质组成、颜色、质地、剖面结构。

2.结合案例,说明土壤的主要形成因素。

3.结合案例,对校园土壤改良和养护提出合理化建议。

第一课时

✦ 情境导入

教师在校园内简单说明土壤对人类获取食物的重要性,引导学生产生"学校的土壤是否能种粮食和蔬菜"的疑问与思考,从而导入新课的学习。

✦ 教学过程

• 环节一

[情境素材]

教师带领学生到学校绿化用地垂直向下挖出20 cm的土壤剖面,并准备好土壤渗水性实验用品。

[任务]

1.观察学校土壤,说出土壤的物质组成。

2.观察学校土壤,记录土壤的颜色、质地、剖面结构等信息。

3.以小组为单位,进行不同质地土壤渗水性实验,说明不同质地土壤通气透水性和蓄水保肥性差异。

[评价]

问题	水平1	水平2	水平3
1	能够观察土壤,说出土壤的物质组成	能够观察土壤,说出土壤的物质组成,并说明依据	
2	能够简单记录土壤的颜色、质地、剖面结构	能够运用科学方式判断土壤颜色、质地、剖面结构	能够运用科学方式判断土壤颜色、质地、剖面结构,并科学记录土壤不同结构的颜色、质地
3	完成土壤渗水性实验,记录实验结果,得出结论	完成土壤渗水性实验,记录实验结果,得出结论并分析其原因	

[设计意图]

本环节的情境源于教材活动,体现了对学生地理实践力的培养。任务1旨在让学生从实际状况认识土壤的物质组成。任务2旨在让学生学会野外观察和记录土壤的科学方法。任务3旨在通过实验深化学生对土壤质地的理解,探究土壤质地对土壤肥力的影响,并锻炼学生的动手实验能力。

• 环节二

[情境素材]

回到教室。教师将本地自然土壤、学校土壤的颜色、质地、剖面结构进行对比,并提供气候、生物、地貌、时间、人类活动等背景信息。

[任务]

1.结合校园环境,分析学校土壤颜色、质地、剖面结构的原因。

2.观察自然土壤、学校土壤,说出两者在质地、颜色、剖面结构方面的异同点。

3.阅读教材并结合材料,分析两种土壤差异的原因。

[评价]

问题	水平1	水平2	水平3
1	能够将学校土壤特点与学校环境之间进行匹配	能够从自然环境要素出发,较为全面地分析学校土壤的成因	能够综合自然环境和人类活动,全面地分析学校土壤的成因
2	通过观察自然土壤、学校土壤,能简单说出部分异同点	通过观察自然土壤、学校土壤,能够从质地、颜色、剖面结构较为全面地说出两种土壤的异同点	
3	能够从不同角度对比分析两种土壤差异的原因	能够从自然环境要素角度分析两种土壤差异的原因	能够从自然环境、人类活动等角度综合分析两种土壤差异的原因

[设计意图]

本环节的情境是对比不同区域土壤的异同点。任务1旨在以学校土壤为例,通过土壤颜色、质地、剖面结构与学校环境的匹配和分析,深化学生对土壤主要形成因素的理解。任务2和任务3旨在通过对比不同自然环境和人类活动下的土壤特点,进一步强化学生对土壤主要形成因素的理解,培养学生的区域认知和综合思维。

✦ 课堂小结

本节课我们了解了野外观察的要素和基本技能,并在校园内进行了观察和实验,认识了物质组成、土壤质地、剖面结构对土壤肥力的影响,并了解了土壤颜色、质地、剖面形成的主要原因。那么学校土壤适合种庄稼吗?庄稼能长得好吗?我们下节课接着学习。

✤ 板书设计

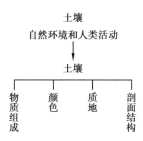

✤ 自主探究

1.咨询学校绿化人员,调查学校绿化带土壤的来源。

2.随机选择本地郊外一处,运用野外观察土壤的技能观察并记录本地自然土壤的颜色、质地、剖面结构,分析其成因。

3.选择某一区域,搜集相关资料了解土壤的主要特征,并分析其成因,制作手抄报或者撰写研究报告。

第二课时

✤ 情境导入

上一节课我们习得了野外观察土壤的技能,也对比了本地自然土壤和学校土壤的不同及其成因。那么,如果在学校土壤上种庄稼,庄稼能长得好吗?

✤ 教学过程

• 环节一

[情境素材]

农作物的生长深受土壤肥力的影响。土壤肥力是土壤中能被植物直接利用的水分、养分(主要为矿物质和有机质)、温度和空气等环境条件的供应和土壤中光、温、水、气协调植物生长的能力。

[任务]

1.搜集资料,调查耕作土壤与自然土壤的不同。

2.搜集本地主要农作物的习性,并说明耕作土壤适合种植农作物的原因。

3.结合资料,分析学校土壤肥力是否适合种植农作物。

[评价]

问题	水平1	水平2	水平3
1	能够从多角度说出耕作土壤与自然土壤的不同	能够从质地、剖面、肥力等角度说出耕作土壤和自然土壤的不同	

续表

问题	水平1	水平2	水平3
2	能够将农作物习性与耕作土壤的性质相匹配	能够结合农作物习性,说明耕作土壤适合种植农作物的原因	
3	能够结合资料判断学校土壤是否适合种植农作物	能够结合资料多角度分析耕作土壤是否适合种植农作物	能够综合各种要素分析耕作土壤是否适合种植农作物

[设计意图]

本环节的情境是探究学校土壤是否适合种植农作物。任务设计旨在通过让学生了解农作物种植所需的土壤条件,判断学校土壤是否适合种植农作物,从而培养学生解决实际问题的能力,培养地理实践力。

· 环节二

[情境素材]

有些土壤,不适于种植农作物,或者种植农作物产量较低,不能满足耕作的需要,人们就会设法对其进行改良或改造。

[任务]

1.咨询学校绿化人员,调查学校土壤养护措施。

2.搜集资料,为改良学校土壤提出合理化建议。

[评价]

问题	水平1	水平2	水平3
1	总结学校土壤养护措施		
2	通过搜集资料,为改良学校土壤提出建议	搜集资料,结合学校实际提出合理化建议	搜集资料,结合学校实际提出合理化建议,建议具备可操作性,易于实践

[设计意图]

本环节的情境源于教材土壤改良内容。任务设计旨在让学生了解土壤形成因素的基础上如何更好地利用土壤服务于人类生产生活,并在实践活动中树立保护土壤的观念,渗透人地协调理念。

✤ 课堂小结

通过土壤这节课的学习,我们学会了野外观察土壤的方法,并通过探讨土壤的主要形成因素认识土壤与自然环境和人类活动的密切联系,认识到土壤的重要性,并尝试用所学知识改良学校土壤!

✤ 板书设计

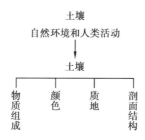

✤ 自主探究

1.在学校选择一片空地,选取本地主要农作物进行播种,探究在学校土壤环境下农作物的生长状况。

2.实地调查农民在农业生产过程中土壤出现的问题,并调查土壤养护和改良措施。

3.搜集资料,了解城市绿化带土壤的养护措施。

【教学反思】

在实际授课过程中,本节课的优势体现在两个方面:

1.地理实践、实验活动丰富,凸显对地理实践力的培养。本节课设计了观察土壤活动、不同质地土壤渗水性实验、土壤养护措施调研活动,并与课后自主探究活动相结合,培养学生的地理实践力。

2.情境贴近学生生活,易于引起学生兴趣。以学校土壤是否适合种庄稼为情境展开土壤调查,引导学生关注身边的地理事物。

但在实际授课过程中,也存在一些实施难度:

1.如何能够让地理实践活动的组织更加高效。地理实践活动花费时间较长,在有限的时间里如何高效开展实践活动需要进一步探究,从而调动每一个学生参与到地理实践活动中。

2.素养培养和知识体系构建如何取舍。情境中不可能包含所有的教材内容,因此构建的知识体系并不完善,如何平衡需要进一步思考。

【专家点评】

本节教学设计情境新颖,贴近学生生活;始终突出地理核心素养的培养。具体表现在以下两个方面:

1.以学校土壤是否适合种庄稼为切入点,视角新颖、奇特,易于引起学生兴趣,使学生主动参与性增强。

2.通过对比自然土壤、耕作土壤、学校土壤的不同,增强学生区域认知能力。通过大量观察、实验、调查,培养学生的地理实践能力。

同时,也提出了以下3点建议:

1.地理实践活动较多,两个课时是否够用?

2.部分任务设计难度较大,需要提供更加详细的情境。

3.能否在土壤的主要形成因素环节设计相关实验?以便学生更加直观地体验自然环境对土壤形成的影响。

【参考文献】

徐建明.土壤肥力[DB/OL].中国大百科全书出版社,(2023-05-16)[2024-04-02].

4.6　植被——行道树该怎么选？

【课程标准内容要求及解读】

内容要求	必修1.10　通过野外观察或运用视频、图像，识别主要植被，说明其与自然环境的关系。		
行为条件	行为动词	概念体系	必备知识和关键能力
通过野外观察或运用视频、图像	识别、说明	**学科大概念**：地理特征与差异	1.识别常见植被类型；2.描述主要植被的特征；3.分析植被与地理环境之间的关系；4.设计并实施植被野外观察
		本节核心概念：植被与地理环境、植被类型与分布	
		子概念：森林、草原、荒漠、自然环境、适应、改造、调查	

行为条件为"通过野外观察或运用视频、图像"(地理实践力)，但从实际情况看，野外自然环境较为复杂，植被种类多样，地带性植被难以被识别。因此，为避免野外实践的盲目性，教学中应辅以视频和图像，便于学生认知。

行为动词之一为"识别"，重点在于"区别"，学生要想区别植被，首先要学会观察并在观察中抓住植被的主要特征；行为动词之二为"说明"，学生需结合多个因素分析植被与自然环境的关系(综合思维)。

核心概念为"主要植被"，首先应重点关注地带性植被，地带性植被最能凸显当地自然环境对植被的影响(区域认知)；其次以典型植被为例，引导学生掌握植被与自然环境的关系及各地带性植被的主要特征(人地协调观)。

在教学过程中，教师要注重结合真实情境，既利用学生身边的乡土资源开展室外活动和观察，也要收集其他地区典型植被的图文资料作为补充教材便于学生进行对比，并收集体现植被与环境之间关系的真实案例，引导学生归纳总结、得出结论。

【核心概念知识地图】

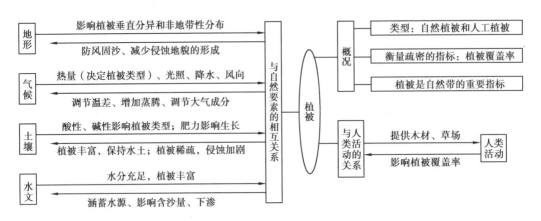

【教材与学情分析】

本节内容位于人教版新教材高中地理必修一第五章第一节。教材从地、气、水、生、土5个方面对自然环境进行介绍,并将植被与土壤置于大气、水、地貌3个要素之后,引导学生通过了解植被、土壤与自然环境其他要素之间的相互关系,较为综合地认识自然环境,培养学生的综合思维,初步形成自然环境整体性观念。不同的自然环境孕育不同的植被、土壤,凸显区域认知。此外,利用人类活动对土壤和植被的影响,培养学生的人地协调观。

植被和土壤是自然环境形成的主要要素,也是自然环境演变的结果,还是人类赖以生存的基本自然条件之一。因此,植被知识的学习对于学生了解自然环境的形成和发展具有重要意义,也为第二节土壤的学习奠定了基础。

教材首先从地理学科的角度给出了植被的概念,借助植被形成过程说明植被如何改造自然环境,从植被的垂直结构和水平分布分析自然环境对植被的影响,然后以森林、草原、荒漠等地带性植被类型为例进行详细阐述。此外,教材还加入非地带性植被(红树林)和"精品公园"来凸显人类活动对植被的影响,并通过校园观察活动,培养学生的地理实践力。

在知识储备上,学生在初中阶段已经学习了全球气候类型的分布和特点等知识,基于已掌握的气候知识,学生可以更好地理解和记忆全球植被的分布和特点;在生活经验上,植物是学生日常生活中常见的事物,学生已经对一些植物的名称和生活环境有了一定的了解,同时对植被美化环境、净化空气等作用有简单的认识,具备朴素的植被保护意识。因此,大部分学生能够结合气候资料图等材料,将植被类型与气候类型相对应,认识到自然环境与植被存在相互影响的关系。

但受限于生活环境,学生对其他地区的植被的特点缺乏认识;大部分学生缺少深入观察自然植被的经验,不知道应如何描述植被,对植被的垂直分层、群落演替等现象了解较少;同时受限于知识水平,学生对自然环境的整体性缺乏认识,不能深入分析植被与自然地理环境其他要素之间的联系,因此对植被与自然环境的关系还未形成系统认知。

【教学设计思路】

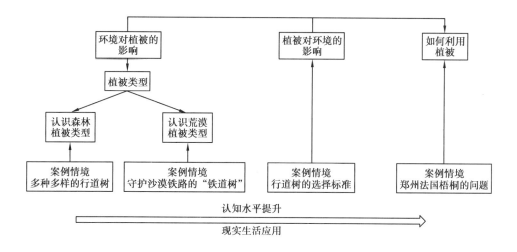

【教学设计方案】

⬥ 学习目标

1.观看视频、图像或者实地观察周边环境,识别主要植被并说出其特征。

2.结合案例,说明植被与地理环境的相互关系。

3.结合案例,对所在城市利用、改造植被的活动给出合理评价或建议。

第一课时

⬥ 情境导入

首先展示所在城市的行道树图片,请学生结合生活经验辨认并说出树种名称;随后展示其他城市的部分代表性行道树种图片,引导学生产生"不同城市为什么会选择不同的行道树?"的疑问与思考,从而导入新课的学习。

⬥ 教学过程

• 环节一

[情境素材]

我国幅员辽阔,不同城市选择了不同的代表性树种作为行道树。

福州:别称"榕城",福州普遍种植榕树作为行道树,有许多树龄百年以上的大榕树。榕树树形高大,树冠宽阔,会长出许多"气根"和"支撑根",树皮上常附生有其他植物,实现"独木成林"的效果。

南昌：南昌的市树是樟树，素有"无村不樟，无樟不村"的说法。樟树是一种常绿乔木，高度较高，树冠呈广卵形，四季常绿、枝繁叶茂的樟树在江西被广泛用作行道树。

郑州：号称绿城，郑州的市树是法国梧桐（悬铃木），大量法国梧桐作为行道树矗立在街道两侧。法国梧桐是一种落叶大乔木，叶片宽大。每年秋天，纷纷扬扬的落叶成为郑州市一道亮丽的风景。

长春：长春的市树是黑松，长春有一万余棵黑松栽植在道路两侧。黑松是一种常绿乔木，树冠呈宽圆锥状或伞形，叶片为针状。一年四季常青、耐寒抗旱的黑松成为许多城市绿化的不二选择。

〔任务〕

1.观察校园内的某种乔木，采集树叶并记录形态特征，通过对比说出该乔木与情境中哪座城市的代表性树种最为相似。

2.阅读教材，了解什么是植被，结合教材中的知识推测情境中四座城市的代表性树种最有可能属于哪种植被类型。

3.阅读并结合教材，总结四座城市的代表性树种所属的植被类型有哪些差异，并尝试从自然环境的角度分析原因。

〔评价〕

问题	水平1	水平2	水平3
1	能够观察某种乔木的个体，简要记录其特点，并准确地与材料进行匹配	能够观察某种乔木的个体，从不同角度记录其特点，并准确地与材料进行匹配	能够观察某种乔木的多个个体，总结其一般特点，并从多种角度记录，准确地与材料进行匹配
2	能够结合教材中关于植被类型的描述，正确判断四座城市代表性树种所属的植被类型		
3	通过对比简要总结植被类型间的差异，并认识到差异的形成与自然环境的差异有关	通过对比详细总结出各个植被类型的特点，并能从植被适应自然环境的角度进行解释	通过对比用思维导图等方式将植被类型特点与自然环境特点建立联系

〔设计意图〕

本环节的情境是我国四座城市常见行道树的差异，以小见大地展现了植被类型的地域性特点，将树种与城市相联系有助于学生认识植被类型的空间分布特点。任务1旨在提高学生参与地理实践和从身边获取地理知识的能力，任务2和任务3旨在引导学生通过对比发现不同植被类型的不同点，通过探究发现自然环境对植被产生的影响，从而更好地落实学习目标和课标要求。

•环节二

[情境素材]

在城市中人们种植了行道树,而在我国西北地区的沙漠中,为了保障铁路的正常运行,建设者们在铁道两侧种下了许多"铁道树"。

和若铁路地处世界第二大沙漠塔克拉玛干沙漠南缘,西起新疆和田市,东至巴音郭楞蒙古自治州若羌县,全长825 km,有534 km分布在风沙区域,约3/4的路段穿越流动沙漠,主要地段风季长达7个月。为了防风固沙、有效地解决风沙危害,设计者们除了精心设计线路之外,还在铁道两侧种植了梭梭、红柳、沙棘等灌木和乔木近1 300万株,这些植物如同卫兵一样守护着铁路。

但在中国援建的沙特阿拉伯麦麦高铁,同样是穿过沙漠的铁路,中国工程师在铁路两侧没有种植大量的植物,而是采用工程措施防范风沙。

[任务]

1.观察梭梭、红柳、沙棘的图片,结合和若铁路沿线自然环境,推测梭梭、红柳、沙棘的形态特点。

2.阅读教材并查找资料,判断梭梭、红柳、沙棘所属的植被类型,说出草原和荒漠植被类型与自然环境的关系。

3.阅读教材并搜集资料,判断麦麦高铁所在地的主要植被类型,对比两种植被类型,说明麦麦高铁两侧没有种植植物以防范风沙的原因。

[评价]

问题	水平1	水平2	水平3
1	在观察图片的基础上说出部分植被的外在形态特点	在观察图片和了解铁路沿线自然环境的基础上说出部分植被的形态特点	在观察图片和了解铁路沿线自然环境的基础上,基于自然环境对植被的影响较为全面地推测植被的形态特点
2	能够结合教材中关于草原与荒漠植被类型的描述,正确判断梭梭、红柳、沙棘所属的植被类型。能够举例说明草原与荒漠植被的特点受自然环境的影响	能够结合教材中关于草原与荒漠植被类型的描述,正确判断梭梭、红柳、沙棘所属的植被类型。能够举例说明草原与荒漠植被的特点受自然环境的影响,并说出草原和荒漠中植被对自然环境的改造作用	

续表

问题	水平1	水平2	水平3
3	能够从植被类型不同的角度解释麦麦高铁两侧未种植植被的原因	能够从两地自然环境不同出发，对比两地植被特点，解释麦麦高铁两侧未种植植被的原因	能够从自然环境、植被、经济等多角度综合解释麦麦高铁两侧未种植植被的原因

[设计意图]

本环节的情境是我国修建的两条穿越沙漠的铁路两侧的植被差异。该情境既体现了两种不同类型的荒漠植被的特点,也反映了人类面对不同自然环境采取的不同做法,还体现了我国近年来在基础设施建设方面的快速发展。任务设计旨在引导学生运用上一环节所学的知识,在认识到自然环境对植被的影响前提下,结合实际情境将荒漠植被的特点与自然环境的特点联系起来,同时初步认识到植被对环境的改造作用,加深对植被与环境关系的认识。

• 环节三

[情境素材]

除了行道树和"铁道树",在海岸还有一种植被也在为守护人类默默地奉献,它就是红树林。它主要分布在热带和亚热带淤泥深厚的潮间带,具有支柱根和板状根、呼吸根、"胎生"和发育可排盐分的腺体等特点。

[任务]

阅读教材并搜集资料,分别说明红树林不同特征对环境的适应性。

[评价]

问题	水平1	水平2	水平3
1	简单说明红树林部分特征与生长环境间的关系	较为全面地说明红树林特点与生长环境间的关系	较为全面地说明红树林特点与生长环境间的关系，并能够推测不同地区红树林的差异

[设计意图]

本环节的情境源于教材,较为直接地体现了植被对环境的适应,任务设计旨在检测学生掌握水平,强化学生对植被与环境关系的认识。

✦ 课堂小结

通过本节课的学习我们认识了多种多样的植被,了解了自然环境对植被的影响,深刻理解了为什么不同的城市会选择不同的行道树。那么,为什么要种植行道树呢? 怎样让行道树生长得更好,更充分地发挥作用呢? 我们下节课接着学习。

板书设计

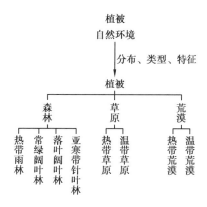

自主探究

1.使用花伴侣等 App,在校园内开展植物种类调查,查阅资料并结合所学知识,将校园内的植物进行分类。

2.前往当地植物园,通过观察各种植物的形态、结构、特点,判断其所属植被类型;对于部分原产地不在本地的植物,观察并记录园艺工人在养护中所采取的特殊措施并分析原因。

3.选择一种植被类型或某个城市,搜集相关资料,了解主要植物种类和形态特点,制作手抄报或绘制典型植被模式图。

第二课时

情境导入

上节课我们一起学习了植被的部分知识,了解了我国不同地区为什么会选择不同的行道树。对比中国和欧洲部分国家的街道,我们发现许多欧洲国家的街道没有行道树,我国为什么要大量种植行道树呢? 行道树有何作用呢? 通过本节课的学习,我们一起来探究答案吧。

教学过程

• 环节一

[情境素材]

欧洲城市规划时间较早,早期规划并未给行道树留出空间。我国在城市规划中吸取欧洲国家教训,精心选育了大量的行道树。树种有很多,但并不是所有的树种都有资格成为行道树,一般来说,行道树需要具备以下特点:

1.耐寒、耐旱、耐贫瘠。

2.树干挺拔、树冠大。

3.生长速度快。

4.能忍受高温和废气。

5.不拱根破坏路面、耐修剪。

6.不易发生病虫害。

7.形态优美,具有花果枝叶的特色亮点。

[任务]

1.阅读资料,根据行道树的选择标准并结合生活经验,推测城市环境的特点。

2.阅读资料,根据行道树的选择标准并搜集资料,分析行道树的效益。

3.根据所学知识,选择某种植被(如红树林、热带雨林等),说明植被与环境的关系。

[评价]

问题	水平1	水平2	水平3
1	简单说出城市环境的若干特点	能够合理地推测城市环境的部分特点	能够运用所学知识综合分析城市环境的特点
2	简要说出行道树的若干效益	能够较为全面地分析行道树的效益	能够从生态、经济、文化等多角度综合分析行道树的效益
3	能够说出植被与环境之间的关系	能够运用某种植被作为具体案例,说明植被与环境之间的关系	能够运用某种植被作为具体案例,说明植被与环境之间的关系,并体现出尊重自然规律的态度

[设计意图]

本环节的情境是行道树选择的标准,体现了人类利用植被与环境间的关系使城市变得更加宜居的过程。任务设计旨在引导学生通过分析材料认识到城市环境的特殊性及其对植被的影响,同时认识到植被对环境的改造作用,从而正确地认识植被与环境的关系,并形成保护植被、保护自然环境的人地协调观。

• **环节二**

[情境素材]

郑州市过去大规模种植法国梧桐作为行道树,现在的老城区还可以见到大量高大的梧桐树矗立在街道两侧。近年来,郑州市新建街道栽种梧桐树大为减少,部分老街道的梧桐树也被移栽至公园内"下岗退休"。

法国梧桐结出的"梧桐果"，成熟的毛球会自动开裂

法国梧桐根系浅，易倒伏；2018年11月，郑州街头一株法国梧桐突然倒下

法国梧桐易发病虫害且易传染；2015年，郑州金水区大量法国梧桐遭到草履蚧袭扰

[任务]

1.阅读材料并结合生活经验,总结郑州市法国梧桐易出现的问题。

2.搜集资料,对比天然植被,分析郑州市法国梧桐易出现问题的原因。

[评价]

问题	水平1	水平2	水平3
1	结合材料，总结郑州市法国梧桐易出现的问题	结合材料与生活经验，说出郑州市法国梧桐易出现的部分问题	
2	通过资料搜集与分析，提出郑州市法国梧桐出现问题的可能原因	通过资料搜集并结合所学知识，能够分析出郑州市法国梧桐出现问题的部分原因	搜集资料并结合所学知识，通过与天然植被对比，能够从法国梧桐自身性质、城市环境、种植方式等角度综合解释郑州市法国梧桐出现问题的原因

[设计意图]

本环节的情境是郑州市常见行道树——法国梧桐出现的问题，体现了人工植被设计不合理导致的后果。任务设计旨在引导学生结合资料并调动生活经验，认识到不合理设计下的人工植被的不足，在此基础上通过对比初步认识到人工植被的设计理念，为下一环节的学习做铺垫。

• 环节三

[情境素材]

皇城根遗址公园作为一座名不见经传的小公园凭借优秀的绿化设计荣膺北京市精品公园称号，其绿化设计有使用本地树种、多树种混栽、乔灌草结合、绿化率高等亮点。

[任务]

1.搜集资料，总结皇城根遗址公园绿化设计特点及其产生的综合效益。

2.参考皇城根遗址公园的成功经验，尝试设计当地人行道绿化方案。

[评价]

问题	水平1	水平2	水平3
1	通过搜集资料，结合数据、照片、示意图等资料说明皇城根遗址公园绿化设计特点及其产生的综合效益		
2	参考皇城根遗址公园的经验进行绿化方案的设计	绿化方案参考了皇城根遗址公园的经验，并结合当地实际情况进行合理化设计	在参考皇城根遗址公园经验的基础上，学习了其他优秀绿化设计，并结合当地实际情况，设计出合理、美观且经济的绿化方案

[设计意图]

本环节的情境源于教材，展示了人类充分利用植被与环境的关系以取得良好综合效益的探索。任务设计旨在启发学生如何在认识植被与环境关系的基础上合理设计人工植被,并结合本地情况及上一环节的问题进行设计,增强对本节知识认知的同时提升地理实践能力。

✤ 课堂小结

通过植被这一课的学习,我们见识了不同地区多姿多彩的植被,领略了植被为改造环境所发挥的作用,探索了如何让植被更好地美化我们的城市,让我们充分运用这些知识建设美丽校园、美丽城市和美丽中国!

✤ 板书设计

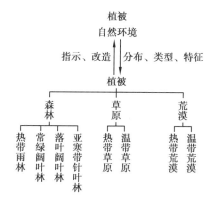

✤ 自主探究

1.结合前期校园调查,分析校园内绿化可能存在的问题,搜集资料尝试设计校园绿化局部或整体方案。

2.实地调查当地某处公园或广场的绿化设计,向园艺工人询问该公园或广场绿化维护中的困难与问题,尝试分析原因并提出对策。

3.查找资料,了解本地本土植被类型及常见种类,在此基础上分析乡土植物在城乡景观中的应用。

【教学反思】

在实际授课过程中,本节课的优势体现在以下两个方面:

1.立足真实情境,趣味性强,学生积极性高。相较于照本宣科的传统课堂,取材于真实情境的"真问题",让学生学到了"真知识",学生在课堂上主动探究和解决问题,学习效率得到提高。

2.丰富活动设计,培养学生地理实践能力。本节课设计了部分需要学生搜集资料、实地观察、设计方案的活动,并与课后多层次的探究活动有机结合,较好地培养了学生实践动手能力。

但在实际授课过程中,也存在一些实施难度:

1.如何更好地平衡教材与情境。本节课在授课过程中,学生在教师的引导下成功地解决了真实情境中的问题,但在对教材内容的掌握方面则有所不足,因此在教学设计中需要更多地考虑融入教材内容。

2.如何更好地平衡地理课程的基础性与综合性。本节课属于必修课程部分,课程设计应当具有基础性,但在实际授课过程中由于本节课综合性较强,部分学生在学习任务中未能达到较高的水平要求,因此在教学设计中要考虑学生能力水平,适当调整学习任务的难度。

【专家点评】

本节教学设计结构清晰,目标明确,贴近生活,突出学科特点,始终以问题链的形式引导学生思维,地理核心素养的培养贯穿整节课,突出优点表现在3个方面:

1.以郑州市行道树相关资料的真实情境为切入点,激发学生兴趣,认识地理现象,自然引出本本节课的核心概念和核心问题,并调动学生获取解读信息的能力。

2.利用不同区域的行道树及和若铁路"铁道树"等材料,设计问题链,分析地理原理,构建核心知识体系,培养学生的区域认知能力,综合思维的能力、校园植被、郑州市行道树的调查报告及资料的搜集整理,能较好地落实学生的地理实践力。

3.通过材料"郑州市过去与现在行道树的变化",分析郑州市行道树变化的原因及今后的措施,前后呼应,让学生运用所学知识解决自己身边的地理问题,达到"知行合一"。

同时,也提出以下3点建议:

1.本节课案例较多,整节课下来略显繁冗,可以尝试"一镜到底"?

2.部分任务的设计值得再商榷以提高有效性。

3.学生的课堂活动形式可以再丰富一些。

【参考文献】

[1] 史喜兵,焦雪辉,周小娟,等.郑州市街道行道树资源调查与结构特征分析[J].湖北农业科学, 2020, 59(9): 111-116.

[2] 杨华,吴丹,孙飞,等.郑州市法桐行道树的调查研究[J].现代园艺,2016,39(17): 34-36.

[3] 郑代平,刘志芳,王延方,等.郑州市大规格行道树悬铃木复壮技术应用综述[J].河南林业科技, 2015, 35(2): 46-48,56.

4.7　气象灾害——台风天气怎么保护好自己?

【课程标准内容要求及解读】

内容要求	必修1.11	运用资料，说明常见自然灾害的成因，了解避灾、防灾的措施。	
行为条件	行为动词	概念体系	必备知识和关键能力
运用资料	说明 了解	学科大概念：自然灾害 本节核心概念：气象灾害的成因，避灾、防灾的措施 子概念：台风灾害、寒潮灾害、避灾、防灾、分布、成因、影响、措施	1.识别常见自然灾害类型； 2.描述自然灾害的分布特征； 3.说明常见自然灾害的成因； 4.说出常见自然灾害的避灾防灾措施

　　行为条件为"运用资料"(地理实践力)。现实生活中,由于自然灾害种类的多样性、发生时空的不确定性、空间尺度的大小不一,以及灾害发生时人们以避灾防灾行为为主,学生不可能完全体验、认识各种自然灾害。因此,为了全面了解、分析常见的自然灾害,教学中应辅以视频和图像,便于学生认知。

　　行为动词之一为"说明",要想说明自然灾害的成因,学生首先要掌握其分布特征(区域认知),尤其是空间分布特征,然后结合区域地理环境特征,说明其形成条件和原因(综合思维);行为动词之二为"了解",要想说出自然灾害的避灾、防灾的措施,学生首先要认识灾害带来的影响,尤其是不利影响,然后结合自然灾害的不利影响,因地制宜地提出防范措施(人地协调观)。

　　核心概念为"常见自然灾害",学生首先应识别不同自然灾害的类型;其次应结合不同的自然灾害,从分布、成因、影响、措施等方面进行学习(综合思维),从而能够掌握自然灾害的成因,并说出避灾防灾措施。

　　在教学过程中,教师要注重结合真实情境,注意收集典型自然灾害的真实案例,主要通过视频和图像形式,并结合相关文字材料,将抽象、宏观的自然灾害直观地呈现给学生,增强学生的体验感、参与性,帮助学生归纳总结以获得知识、提升能力、培养学科核心素养。

【核心概念知识地图】

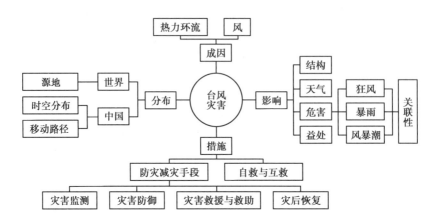

【教材与学情分析】

本节内容位于人教版新教材高中地理必修一第六章第一节和第三节。教材从地、气、水、生、土5个方面对自然环境进行介绍,并将气象灾害(台风)安排在最后一章,即置于地、气、水、生、土5要素之后,引导学生从自然地理环境某一或某几种要素组成的角度认识气象灾害的发生规律、分布特点及其对人类活动的影响,培养学生的综合思维,初步形成地理环境整体性观念。不同区域的常见自然灾害种类不同,同一种自然灾害在不同区域的特点和影响也不尽相同,凸显区域认知。自然灾害对人类活动产生影响,人类可以采取措施应对自然灾害,实现人地协调,培养学生的人地协调观。

我国是世界上自然灾害最严重的少数几个国家之一,气象灾害更为常见。自然灾害的发生规律和分布特点是认识它对人类活动影响的前提,而自然灾害对人类活动的影响是人类采取应对措施的前提。因此,自然灾害知识的学习对于学生综合运用自然地理环境各要素知识对地理事象进行综合分析具有重要意义,也为第三节防灾减灾的学习奠定了基础。

教材第一节《气象灾害》台风部分,首先从地理学科的角度给出了台风的概念,简单描述了台风的世界分布,通过台风卫星影像图和台风剖面图呈现了台风的结构和天气特征,并对台风带来的灾害性天气及其对人类活动的影响进行了阐述,之后进一步对我国台风灾害的时空分布和移动路径进行了阐述。此外,教材还通过自学窗"为什么会有人盼着台风到来"阐述了台风的有利影响,培养学生的辩证思维和综合思维。

教材第三节《防灾减灾》部分首先系统地阐述了防灾减灾手段,之后用举例的方式给出了面对灾害时的自救与互救措施。此外,教材还加入了了解身边的应急避难场所活动,说明互联网和电子产品可以帮助避灾,培养学生的综合思维和地理实践能力。

在知识储备上,学生在第二章已经学习了大气的受热过程和大气运动等知识,可以帮助学生更好地理解台风的形成过程和灾害性天气,在初中已经学习了人类活动的知识,可以从农业生产、城市建设、经济发展、生命健康等方面学习自然灾害对人类活动的影响;在生活经验上,每年夏秋季节都会有若干个台风登陆我国并给人们的生产生活带来极大的影响,郑州的学生虽然不会亲身体验台风的影响,但生活中的天气变化也跟台风密切相关,同时可以通过天气预报和新闻媒体等渠道对台风有较直观的认识。因此,大部分学生能够结合台风分布图认识台风的分布和移动路径等特点,结合热力环流和风的知识对台风的形成过程进行分析,结合台风的结构图和生活经验对台风造成的影响进行举例说明,同时结合生活实践提出防灾减灾措施。

　　由于郑州距海较远,台风带来的灾害性天气和影响较东南沿海弱,学生仅仅从生活经验出发,对台风影响的认识必然不准确、不全面;同时受限于知识水平,学生对形成台风的天气系统——气旋等相关知识体系不完整,难以深入分析台风的形成过程,因此对台风的形成和影响还未形成系统认知。

【教学设计思路】

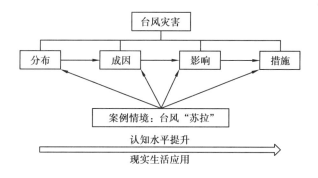

【教学设计方案】

✦ 学习目标

1.结合图文资料,说明自然灾害的分布特征和成因。
2.结合图文资料,举例说明自然灾害对人类活动的影响。
3.结合实例,阐述在面对自然灾害时宜采取的应对措施。

第一课时

✦ 情境导入

　　播放台风"苏拉"的视频,引导学生产生"为什么台风到来我们要格外小心?""我们可以采取哪些措施防范台风?""我国哪些地方会受到台风的影响?"的疑问和思考,从而导入新课的学习。

教学过程

• 环节一

[情境素材]

我国是世界上少数几个遭受台风影响最严重的国家之一。据统计,在西北太平洋和南海生成的台风常年为25个,登陆我国的台风常年为7个。

飓风和台风都是热带气旋,只是发生地点不同,称谓不同。在北太平洋西部、国际日期变更线以西,包括南中国海和东中国海称为台风;而在大西洋或北太平洋东部的热带气旋则称飓风,也就是说,在美国一带称飓风,在菲律宾、中国、日本一带称台风;在南半球,则称旋风。

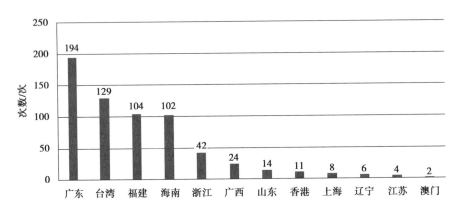

注:数据存在一个台风多次登陆的情况。

1949—2019年台风登陆我国各地的次数

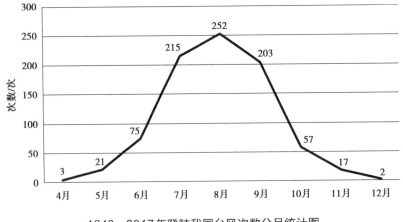

1949—2017年登陆我国台风次数分月统计图

[任务]

1.阅读教材,找出台风的定义,并结合定义和热带气旋路径和频次分布图,简述世界上台风"出生地"的分布特征。

2.结合热带气旋路径频次分布图和登陆我国台风次数统计图,概括我国台风灾害的主要源地和时空分布特征。

3.结合教材西北太平洋台风移动的主要路径示意图,描述影响我国台风的"足迹"——移动路径。

[评价]

问题	水平1	水平2	水平3
1	能够找出台风的定义,并结合定义和图文资料,描述台风源地的部分分布特征	能够快速找出台风的定义,并结合定义和图文资料,比较全面地描述台风源地的分布特征	能够快速找出台风的定义,并结合定义和图文资料,按分布类问题的思维角度全面描述台风源地的分布特征
2	能够结合热带气旋路径频次分布图和登陆我国台风次数统计图,概括我国台风灾害的主要源地和部分时空分布特征	能够结合热带气旋路径频次分布图和登陆我国台风次数统计图,准确、全面地概括我国台风灾害的主要源地和时空分布特征	
3	能够结合教材西北太平洋台风移动的主要路径示意图,以某一条或几条路径为例,简要描述影响我国台风的移动路径	能够结合教材西北太平洋台风移动的主要路径示意图,分类描述影响我国台风的移动路径	能够结合教材西北太平洋台风移动的主要路径示意图,分类并按空间顺序描述影响我国台风的移动路径

[设计意图]

本环节的情境是世界台风(热带气旋)路径及频次分布和登陆我国的台风次数统计数据,直观地呈现了台风的分布特征。任务1旨在从全球视角认识台风的发源地等分布特征;任务2旨在从区域视角认识与我国有关的台风的时空分布特征,培养学生的时空综合思维;任务3旨在从动态视角认识台风的移动路径特征。任务1和任务2旨在引导学生从不同空间尺度认识地理事象的分布特征,提高学生的区域认知能力;任务2和任务3旨在引导学生从静态分布到动态移动认识影响我国的台风的空间特征;3个任务旨在提高学生的读图分析能力。

• 环节二

[情境素材]

超强台风"苏拉"是2023年太平洋第9号台风。其前身热带低压于8月24日上午在菲律宾以东洋面生成,同日下午获编升格为热带风暴级。随后其一路增强,于8月26日夜间加强为超强台风级;于8月27日下午减弱为强台风级;于8月29日下午再次加强为超强台风级;于9月2日凌晨被中央气象台认定以强台风级登陆广东省珠海市南部沿海,并于同日下午以强热带风暴级在广东省阳江市海陵岛再次登陆。最终于9月3日上午减弱为热带低压并于当日下午被中央气象台停止编号。

[任务]

1.结合热力环流和风形成的原理,说明台风的形成过程并概括台风的形成条件。

2.观察不是台风形成地的某一片热带海域,结合台风的形成条件解释原因。

3.结合台风的形成条件并搜集资料,简述台风登陆后逐渐减弱的原因。

[评价]

问题	水平1	水平2	水平3
1	能够结合热力环流和风形成的基础知识,简述台风的形成过程	能够结合热力环流和风形成的基本原理,详细说明台风的形成过程,并提炼部分台风的形成条件	能够结合热力环流和风形成的原理,逻辑清晰,以思维导图的形式说明台风的形成过程,并较全面、准确地提炼台风的形成条件
2	能够在图上指认不是台风形成地的热带海域	能够在图上指认不是台风形成地的热带海域,并结合台风的形成条件予以解释	
3	能够结合台风的形成条件,从某一角度简述台风登陆后逐渐减弱的原因	能够结合台风的形成条件并搜集资料,从多个角度简述台风登陆后逐渐减弱的原因	能够结合台风的形成条件并搜集资料,全面、逻辑清晰地阐述台风登陆后逐渐减弱的原因

[设计意图]

本环节的情境是2023年影响我国的超强台风"苏拉",该情境生动、形象地描述了台风的形成、发展和消亡过程,有助于帮助学生建立台风形成过程的感性认识,为理性分析奠定基础。任务1旨在引导学生运用第二章大气的相关原理来解释台风的形成过程,巩固所学,学以致用;任务2旨在提高学生的读图观察能力和辩证思维,并运用任务1的结论解释地理现象;任务3旨在引导学生运用任务1的知识,结合地理环境条件的变化,辩证认知台风的发展和消亡过程,加深对台风成因的认识。

• 环节三

[情境素材]

台风"苏拉"强劲猛烈,路径诡异复杂,给菲律宾造成严重灾害,并对我国华南地区产生强风雨影响,中央气象台与港澳特区分别发布了最高等级的台风红色预警信号。

截至2023年9月1日上午8时,台风"苏拉"和第11号台风"海葵"导致菲律宾超过38万人受灾,1人死亡,农业损失超过3.9亿比索,约合人民币4 900万元。台风"苏拉"导致我国东南沿海多地停课、停工、停产、停运、停业,从而造成巨大的经济损失。

最终,"苏拉"因造成严重灾害于2024年在台风委员会第56届会议上被正式通过除名。

[任务]

1.结合台风剖面图,说出成熟台风的结构组成和天气特征,并说出台风过境前后的天气变化。

2.阅读教材并搜集材料,说出台风带来的3种主要灾害性天气,并说明台风的影响。

3.阅读教材并搜集材料,结合台风的危害,举例说明应对台风的防范措施。

[评价]

问题	水平1	水平2	水平3
1	能够说出成熟台风的结构组成和天气特征,并简要说出台风过境前后的天气变化	能够说出成熟台风的结构组成及各结构对应的天气特征,并按台风过境前、过境时、过境后的顺序准确说出台风过境的天气变化	
2	阅读教材,说出台风带来的3种主要灾害性天气,并简要说明台风的影响	阅读教材,说出台风带来的3种主要灾害性天气,并从3种灾害性天气出发分别说明台风的影响	阅读教材,说出台风带来的3种主要灾害性天气,并从3种灾害性天气出发分别说明台风的影响,并说明灾害的关联性。同时,举例说明台风的有利影响
3	阅读教材,结合台风的危害,简要说明应对台风的防范措施	阅读教材并搜集材料,结合台风的危害,针对不同的次生灾害分别举例说明应对台风的防范措施	

[设计意图]

本环节的情境为台风的危害,直接体现了台风对人类活动的影响。任务1旨在提高学生的读图能力和时空综合分析能力,并为学习台风的危害奠定基础;任务2旨在引导学生从狂风、暴雨、风暴潮3个方面进行深入思考,分析台风的危害,并从利弊两个方面辩证思考台风的影响;任务3旨在引导学生结合台风的危害和生活实践提出应对台风的防范措施,学以致用,提升学生的地理实践能力。

✦ 课堂小结

通过本节课的学习,我们认识了台风灾害的分布特征、形成原因、对人类活动的影响和应对措施。其中,台风的分布特征是分析其成因的基础,台风的成因是分析其影响的前提,台风的影响是提出防灾减灾措施的依据。希望同学们以后在遇到台风天气时,能够保护好自己和身边的人。

✦ 板书设计

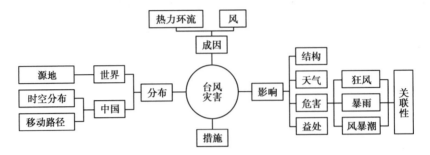

✦ 自主探究

1.前往当地气象局(气象科普馆),模拟台风等气象灾害的形成过程,聆听工作人员讲解、咨询并做好记录,撰写一篇观后感或者制作美篇。

2.在夏秋季节,关注天气预报,观察台风天气对当地的影响,并比较不同地区、不同时间的天气差异,搜集资料并结合所学知识,分析其原因。

3.个人独立完成或小组合作,绘制台风主题的手抄报或展板。

【教学反思】

在实际授课过程中,本节课的优势体现在以下3个方面:

1.紧扣课程标准,围绕"教—学—评"一致性,有效拓展学生的地理核心素养。

2.情境贴近生活,学生参与性、积极性高。

3.采用小组合作探究、师生互动方式开展课堂活动,学生积极活跃,师生和谐互动,课堂气氛融洽。

但在实际授课过程中,也存在一些实施难度:

1.如何更好地平衡教材与情境,尤其是防灾减灾部分的学习,为此需要对台风的应对措施环节进行优化,更多地融入教材内容。

2.如何更好地平衡不同气象灾害之间的教学,本节课主要围绕常见气象灾害之一——台风灾害进行教学,未能兼顾洪涝、干旱、寒潮等灾害。不同的灾害其成因、影响和应对措施具有相似性,因此在教学设计中可以对气象灾害的共性内容进行归纳,以便学生进行迁移。

3.如何更好地平衡内容的基础性和综合性,本节课属于必修课程部分,侧重基础性,但部分问题综合性较强,部分学生未能达到较高的水平要求,因此在教学设计中要考虑学生能力水平,适当调整学习任务的难度。

【专家点评】

本节教学设计思路清晰,紧扣课标,情境生活化,知识问题化,环环相扣,课堂紧凑,围

绕"教—学—评"一致性,充分发挥学生主体作用,有效发展学生核心素养,突出优点表现在以下3个方面:

1.以案例台风"苏拉"为情境"一境到底",整节课思路清晰、流畅,效率较高。以真实情景为切入点,激发学生的兴趣,提高课堂参与性,引出本节课核心概念和核心问题,产生疑问和思考,提高学习的针对性和有效性。

2.利用台风"苏拉"的形成和发展、影响等材料,设计任务群和问题链,由易到难、由浅入深地分析地理原理,构建核心知识体系,提升学生的读图能力、表达能力等,培养学生的区域认知、综合思维。

3.通过台风"苏拉"的影响等资料,说明台风的危害并提出防灾减灾措施,培养学生的人地协调观。通过参观气象局、观看天气预报并观察台风天气等实践活动,提升学生的地理实践能力。

同时,也提出以下3点建议:

1.本节课任务较多,课堂容量过大,可以尝试分成两个课时进行教学。

2.部分情境的设计可进行优化,以提高有效性。

3.学生的课堂活动形式可再丰富些。

【参考文献】

[1] 陈佩燕,杨玉华,雷小途,等.我国台风灾害成因分析及灾情预估[J].自然灾害学报,2009,18(1):64-73.

[2] 周俊华,史培军,陈学文.1949—1999年西北太平洋热带气旋活动时空分异研究[J].自然灾害学报,2002,11(3):44-49.

4.8　乡村和城镇空间结构——怎样让城市规划更合理?

【课程标准内容要求及解读】

内容要求	必修2.2　结合实例，解释城镇和乡村内部的空间结构，说明合理利用城乡空间的意义。		
行为条件	行为动词	概念体系	必备知识和关键能力
结合实例	解释、说明	**学科大概念**：人地关系 **本节核心概念**：城乡空间结构、土地利用、功能区 **子概念**：居住区、商业区、工业区、地租水平、形成与发展、合理利用	1.识别常见的区域规划图； 2.描述乡村和城镇内部空间结构及其变化； 3.分析城镇内部空间结构的形成因素； 4.合理规划城乡土地利用

　　行为条件为"结合实例"，这就要求教师在教学设计时要注意收集案例、创设情境，尽可能选择学生身边的案例进行情景化设置，避免空洞的知识讲解。在上课过程中也要注意知识的生成性，指导学生理论结合实际，增强知识的实践性和应用性（地理实践力）。

　　行为动词为"解释"和"说明"，两者在本课标中具有递进关系。行为动词之一为"解释"，学生要解释城乡空间结构，首先要学会描述城乡土地利用及各功能区的空间特征；行为动词之二为"说明"，学生需分析具体聚落功能区分布的影响因素（综合思维）。

　　核心概念为"城乡内部空间结构"，首先应重点关注乡村土地利用和乡村空间结构及其变化（区域认知）；在乡村空间结构发展变化的基础上开展城镇空间结构的学习，重点掌握城镇功能区的特征分析和城镇空间结构的影响因素分析（人地协调观）。

　　在教学过程中，教师要注重结合真实情境，既要利用学生所在地区的空间结构及其变化，也要让学生在日常生活中感受城镇功能区的布局和城镇规划所带来的影响，让学生把自己的所见、所闻、所感应用到教师设置的真实情景中，切身感受城乡土地合理规划所带来的积极影响。

【核心概念知识地图】

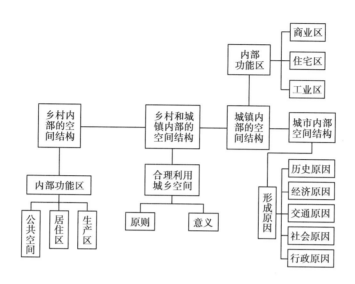

【教材与学情分析】

本节内容位于人教版新教材高中地理必修二第二章第一节。在学完第一章"人口"之后,讲解由人口组成的乡村和城镇空间结构,过渡自然,知识有连贯性。作为"乡村和城镇"的第一节,主要从学生有感性认知的土地利用空间差异入手,引导学生理解乡村和城镇空间结构的形成和变化;为后续城市化和城乡景观的学习奠定了基础,表达层层递进的规律性。

人教版新教材本节内容包括4个框架,"乡村的土地利用""城镇内部空间结构""城镇内部空间结构的形成和变化"和"合理利用城乡空间的意义"。教材的编排先从"乡村的土地利用"入手,进而讲解"城镇内部空间结构",这种设计符合聚落的发展历史(从乡村到城镇),也符合学生的认知规律,这种设计为学生发现学习、自主学习做好了铺垫。

在本节内容的教材组织方面,案例和活动的设计起到了重要作用。通过分析具体的乡村和城镇案例,学生可以更加直观地理解空间结构的内涵。例如,教材中选取了不同规模和类型的乡村和城镇作为案例,让学生分析其空间结构的差异和形成原因。此外,教材还设计了一些实践活动,例如让学生参与城乡规划的设计,从而提高他们运用地理知识解决实际问题的能力。

在对学生的平均水平进行定位时,我们可以假设学生在学习本节内容之前已经具备了一定的地理基础知识,例如对地理位置、地形、气候等自然地理要素已有一定的了解。此外,学生还学习过人口、资源、环境等与社会经济发展相关的内容,这为他们理解乡村和城镇空间结构提供了必要的背景知识。

然而,由于学生的学习背景和经验存在差异,他们在学习本节内容时的起点不尽相同。因此,教师应通过课堂观察、提问等方式了解学生的具体水平,以便有针对性地进行教学。对于基础较为薄弱的学生,教师需要提供更多的引导和帮助,例如通过简单的实例、图表等教学辅助材料来帮助他们更好地理解乡村和城镇空间结构的概念。对于基础较好的学生,教师可以适当增加难度,引导他们深入探讨乡村和城镇空间结构的形成机制和影响因素。

【教学设计思路】

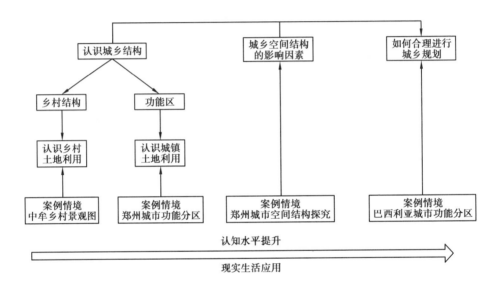

【教学设计方案】

♦ 学习目标

1.结合实例,说明乡村土地利用的类型和分布。

2.结合案例和资料,说明城镇内部主要功能区的特点和分布。

3.结合案例,说明合理规划城乡土地利用对人地协调发展的意义。

第一课时

♦ 情境导入

展示郑州城市发展规划图,指出郑州市中心城区的空间布局结构为"一主一城、两轴多心";依托交通干线及沿线城镇,构建"一主一城三区四组团"的城镇布局结构;城市功能的布局发展思路是"东强""西美""南动""北静""中优""外联"。引导学生产生"郑州市为什么要这样规划?"和"城市功能布局的依据是什么呢?"的疑问和思考,从而导入新课的学习。

✦ **教学过程**

• **环节一**

[情境素材]

2024年郑州市政府工作报告指出:谋划建设中牟新区,打造郑州都市圈高质量发展新引擎。有专家分析:中牟新区,是郑州的中牟新区,这就认可了中牟是郑州都市圈的一个有机组成部分,是推进郑开同城化的重要支点。

由于中牟所处位置的特殊性,它在郑州都市圈建设中的地位非常重要,为了更好地了解郑州城市发展规划,我们先来了解一下中牟地区(展示中牟新区规划图和中牟地区某地实拍图)。

[任务]

1.结合教材,指出图片中这个乡村的土地利用方式,并说明各类土地利用类型在布局上的特点。

2.阅读教材,了解什么是公共设施用地,结合教材中的知识,预测随着公共设施用地的出现,乡村内部空间结构将产生什么变化。

3.目前很多乡村都出现不同程度的"空心化",思考除人口流动这一影响因素外,还有哪些影响因素?

[评价]

问题	水平1	水平2	水平3
1	能够指出几种乡村土地利用方式,说出其分布特点	能够完整地说出图中所示的乡村土地利用方式,并准确说明它们之间的分布特征	
2	知道什么是公共设施用地,能够大致预测乡村内部空间结构的变化	知道什么是公共设施用地,能够准确预测并说出乡村内部空间结构的变化	
3	能够描述"空心化"的表面含义,并能推测"空心化"的影响因素	能够描述"空心化"的表面含义,并简要说出"空心化"的影响因素	能够结合自身感受描述"空心化"的含义,并能够结合实际情况说出其影响因素

[设计意图]

本环节的情境是推动郑开同城化发展的重要支点——中牟地区,以学生都熟悉的地区为例讲授乡村土地利用方式。任务1和任务2旨在结合具体的中牟乡村情境,培养学生从图中获取地理信息的能力与描述和阐述地理事物的能力。任务3以乡村的普遍问题"空心化"引导学生思考乡村内部空间结构的变化因素。通过此情境,学生不仅掌握了乡村的土地利用,还对乡村内部空间结构的发展变化有了进一步的了解和认识。

• 环节二

[情境素材]

《郑州市国土空间总体规划(2021—2035)》中指出,郑州市初步划定32个核心板块,每个板块1~3 km²,以现代服务业为主体,以城市设计为抓手,着力打造城市经济发展的支撑点、城市建设的新亮点和城市结构的关键点(展示郑州市国土空间规划图)。

郑州市土地利用类型多样,主要依据土地的用途、经营特点、利用方式和覆盖特征等因素分类,共分为耕地、园地、林地、牧草地、居民点及工矿用地、交通用地、水域面积、未利用土地等8个类别。

[任务]

1.结合教材和资料,说出城镇功能区的形成过程。

2.结合自身生活经验,举例说明城镇功能区的特点。

[评价]

问题	水平1	水平2	水平3
1	能够简要说出城镇功能区的形成过程	能够结合教材和相关知识,按照一定的逻辑发展关系,准确说出城镇功能区的形成过程	
2	能够举例说出城镇功能区的基本特点	能够结合教材中关于城镇功能区的描述,正确判断城镇功能区类型。能够结合身边案例说明城镇功能区的特点	

[设计意图]

本环节的情境是郑州市国土资源规划,该情境可以直观地反映学生日常生活所在地的土地利用方式,进而更好地引导学生思考城镇功能区的形成和特点。任务设计既联系上一环节的相关知识,也引出本节课的重点内容——城镇功能区。充分利用实际生活中的情境,让学生更清晰地认识身边的土地利用,加深学生对城镇内部空间结构的认识。

• 环节三

[情境素材]

改革开放以来,郑州市商业发展激荡沉浮,商圈变化也同样如此:从以二七商圈为核心的同心圆模式,逐渐向多核化商圈演变;以传统百货业态为中心的老商圈逐渐被以购物中心为主的新型商圈所取代,现已形成二七商圈、花园路商圈、郑东CBD商圈、大学路商圈、高新区商圈、北三环商圈、惠济商圈、西区商圈、紫荆山路商圈和曼哈顿商圈十大主要商圈(展示郑州市中心城区用地规划图)。

鸿园位于郑州市主城金水区东三环上,贾鲁河畔。金水区是郑州政治、经济、文化、金融、信息中心,也是郑州市最热闹、最繁华、最发达的地区之一,不管是交通还是经济发展均处于一流水准,有着无可比拟的区位优势和城市顶级的资源配套。因此,金水区也被认为是低调奢华的富人区,在这里定居的几乎是政治界和大企业的精英。

20世纪50年代,郑州市被确定为国家重要工业基地,棉纺厂、电缆厂、砂轮厂、纺织机械厂、煤矿机械厂等一批国营工厂拔地而起,为国家工业发展作出了重要贡献。

郑州市位于河南省中北部,是我国的特大城市,人口密集,产业众多。郑州市产业园区主要有郑州马寨产业聚集区、中牟汽车产业聚集区、巩义市产业集聚区、郑州国际文化创意产业园、郑州白沙产业集聚区等。

[任务]

1.阅读教材并搜集资料,说明郑州市住宅区的主要分布特点,分析某高级住宅区(高档小区)的选址需求。

2.结合郑州市实际情况,对比分析郑州市商业区和工业区的分布特点。

3.通过查阅相关资料,总结郑州市工业区分布的变化情况,并尝试分析原因。

[评价]

问题	水平1	水平2	水平3
1	能够结合所学知识简单说明郑州市住宅区的分布特点	能够结合所学知识说明郑州市住宅区的分布特点,并找出某个高档小区的部分选址需求	能够结合所学知识较为全面地说明郑州市住宅区的分布特点,并分析某个高档小区的选址需求
2	能够简单分析郑州市商业区和工业区的分布特点	能够结合郑州市的实际情况,对商业区和工业区的分布特点进行一定的对比分析	能够结合郑州市的实际情况,对商业区和工业区的分布特点进行准确的对比分析,分析结果具有针对性和实用性
3	能够说出郑州市工业区分布的大致变化情况	通过查阅相关资料,能够说出郑州市工业区分布的大致变化情况,能说出简单的变化原因	通过查阅相关资料,能够准确地总结郑州市工业区分布的变化情况,并结合具体案例分析其变化原因

[设计意图]

本环节的情境是学生的居住地——郑州市,图文材料主要展示郑州市城镇功能区的分布和发展变化,学生可以结合自身感受,真实体验城镇功能区的分布特点。任务设计旨在引导学生对郑州市城镇功能区进行深入的了解和探究,培养学生的综合思维。

✦ 课堂小结

通过本节课的学习,我们了解了乡村的土地利用和乡村内部空间结构,知道了城镇各功能区的分布特点。那么,一个城市应如何合理规划各功能区呢? 哪些因素可以影响城市内部空间结构呢? 我们下节课接着学习。

➕ 板书设计

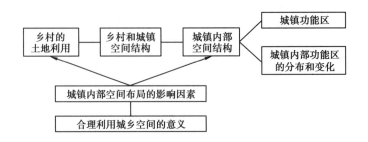

➕ 自主探究

　　每个小组选择学校或自家附近的一个功能区,通过实地社会调查、查找文献,在地图上绘制该功能区的范围。

　　1.调查该功能区的范围和形成过程。

　　2.讨论该功能区的形成条件,并预测其未来发展。

　　3.各组将小组调查和分析结果在全班交流。

第二课时

➕ 情境导入

　　上节课我们一起学习了中牟某乡村的土地利用和郑州市的内部空间结构,了解了郑州市内部功能区的分布特点。那么,影响郑州市内部空间结构的因素有哪些呢?郑州市目前的规划是否合理呢?通过本节课的学习我们来探究答案。

➕ 教学过程

• 环节一

[情境素材]

　　2024年2月26日,郑州市住房和房地产管理局公布2024年1月份郑州市房地产市场销售情况。郑州商品房住宅销售5 733套,均价11 271元/m²,非住宅销售均价为6 038元/m²。住宅主城八区中房价超过2万元/ m²的是郑东新区,接近2万元/ m²的是金水区,低于1万元/ m²的是二七区,其他5个区域房价基本在1.5万元/ m²以内。

　　郑州市北龙湖的商住总用地出让建筑面积实现同比稳定增长,金融岛的商业用地占比远超其他地区。

　　"新工业时代"已经来临,郑州市的工业却在"拖后腿"。从郑州市的产业结构来看,目前自主创新能力总体上偏弱,先进制造业发展受限、新兴产业引领作用不强,产业链供应链稳定性不足,主要表现在对富士康过度依赖。

　　[任务]

　　1.查阅相关资料,说出影响郑东新区、金水区、二七区平均住宅地价高低的因素,并分析二七区平均住宅地价较低的原因。

2.结合教材付租能力曲线,说明郑州市北龙湖金融岛商业用地比重大的原因。

3.结合材料和郑州市长期规划目标,简要分析郑东新区、高新区、航空港区目前应重点发展的工业方向。

4.阐析郑州市演变为多核心空间结构的原因。

[评价]

问题	水平1	水平2	水平3
1	能够简单说出郑州市不同区域房价高低的影响因素	能够结合实际说出郑州市不同区域房价高低的影响因素,合理解释二七区平均住宅地价较低的原因	
2	能够简要说明金融岛商业用地占比重大的原因	能够结合付租能力曲线,联系实际生活,说明金融岛商业用地占比重大的原因	
3	能够大致说出3个区域的工业发展方向	能够结合发展规划,描述3个区域重点发展的工业方向	能够结合发展规划,联系实际生活,举例描述3个区域重点发展的工业方向
4	能够说出郑州市多核心空间结构的核心	能够说出郑州市从单核心变为多核心空间结构的过程	能够依据相关资料,分析郑州市从单核心结构变为多核心空间结构的原因

[设计意图]

本环节的情境是郑州市功能区的分布和规划特点,体现了城镇空间结构的影响因素。任务设计旨在创设日常生活情境,引导学生发现生活中的地理事物,并尝试运用学过的地理知识解决相关问题,进而理解合理进行城乡规划的意义。还能培养学生解决问题的能力,落实地理学科素养的要求。

• 环节二

[情境素材]

郑州市每年、每天都在发生变化,而历史上出现的每一张规划图,都成了城市变化的最佳见证。从1927年第一版规划图诞生以来,郑州市已经历了完整的6轮规划。而这6轮规划,见证了郑州市在90多年里,从10.5 km² 的版图,成长为如今市域面积高达830.97 km² 的"大块头"(展示相关规划图)。

[任务]

1.阅读教材并搜集资料,总结影响郑州市内部空间结构的因素。

2.对比不同时期的图文资料并结合生活经验,简要描述郑州市内部空间结构的变化过程。

[评价]

问题	水平1	水平2	水平3
1	结合材料，能够总结出影响郑州市内部空间结构的部分因素	结合材料与生活经验，准确说出影响郑州市内部空间结构的因素	
2	能够大致描述郑州市内部空间结构的变化过程	通过搜集资料并结合所学知识，能够相对准确地描述郑州市内部空间结构的变化过程	

[设计意图]

本环节的情境是郑州市城市规划的历史展现，体现了不同历史时期影响郑州市城市发展的主要因素。任务设计旨在引导学生从资料中获取相应的信息，描述城市发展过程，归纳总结影响郑州市内部空间结构的因素；也为下一环节城乡合理规划的学习做铺垫。

• 环节三

[情境素材]

巴西于1958年开始建设新首都——巴西利亚。巴西利亚规划布局的基础是两条正交轴线，由此形成"十"字标志是它的象征。一条是横贯城市东西的主轴线，布置行政、公共建筑；另一条是贯通居住区的弓形纵轴线。两轴线相交处为商业、文化娱乐等公共建筑中心。铁路和高速公路从城市西侧经过，机场布置在城南，都设计了方便的城市干道相连接。居住区由一系列统一而稍有变化的街坊组成，并列布置在南北道的两侧。

[任务]

1.巴西利亚有两条正交的城市轴线，影响它们延伸方向的原因是什么?为什么在两轴线的相交处出现商业和文化娱乐等公共建筑中心?

2.分析巴西利亚居住区分布的特点，为什么要建设大面积的卫星城?

3.虽然没有古迹遗迹，没有繁华喧闹，但充满现代理念的城市格局、构思新颖别致的建筑，以及寓意丰富的艺术雕塑，使巴西利亚有"世界建筑艺术博物馆"的美称。巴西利亚还是世界上绿地最多的都市。但也有人质疑，"巴西利亚从一开始就是一个建筑师的城市，而不是一个规划师的城市"。假设你现在生活或工作都在巴西利亚，你是否赞同以上质疑声？请简述理由。

[评价]

问题	水平1	水平2	水平3
1	知道交通对功能区分区的影响	知道交通对城市功能分区的影响，了解巴西利亚的规划	能够说明影响城市内部空间结构的因素

续表

问题	水平1	水平2	水平3
2	知道城市的用地结构	知道巴西利亚的规划和城市发展对城市空间结构的影响	能够理解巴西利亚的规划和城市发展对城市空间结构的影响
3	只有态度	有态度，但只能说出题干中的理由	理解合理规划聚落空间结构的意义，有态度，并能说出充分的依据

[设计意图]

本环节的情境源于教材,展示了巴西利亚的城市功能分区。任务设计旨在引导学生根据所学知识和相关材料信息分析巴西利亚的城市规划,结合所学城镇功能区知识和城镇空间结构影响因素的相关知识,在具体情境中实践应用,提高学生的学科素养。

✦ 课堂小结

通过乡村和城镇空间结构这节课的学习,我们认识了郑州市乡村和城镇的空间结构,了解了郑州市的城市规划和发展,知道了城镇内部空间结构的影响因素,也尝试了对某些区域的城市规划进行评价,让我们一起用所学知识规划我们自己的家园。

✦ 板书设计

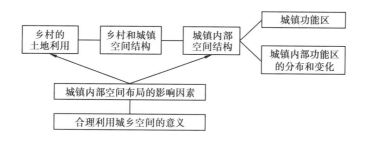

✦ 自主探究

1.搜集郑州市过去几十年的城市规划和发展资料,分析其城市扩展、人口增长、经济变化等数据,探究郑州市的城市发展规律。

2.选取郑州市周边的乡村和城镇,通过田野调查和数据分析,比较它们在空间结构、经济发展、社会文化等方面的异同。

3.通过问卷调查、深度访谈等方式,搜集郑州市居民对于居住环境、交通便利性、公共服务设施等方面的满意度。分析城市空间结构对居民生活质量的影响,并提出优化城市空间结构的建议。

【教学反思】

在实际授课过程中,以人地关系为主线,通过对比分析乡村和城镇的空间结构,学生认识到不同聚落空间结构的特点及其形成原因。在教学设计方面,坚持从学生的兴趣和实际生活出发,创设生动有趣的情境,引导学生在观察、思考和讨论中掌握知识。

但在实际教学过程中,笔者也发现了一些值得改进和优化之处。

首先,在情境创设方面,笔者尝试通过图片、视频等方式展示乡村和城镇的空间结构,但在课堂上学生的兴趣并未被充分激发。针对这一问题,在今后的教学中考虑加入更多贴近学生生活的实例,例如,邀请乡村和城镇的居民分享他们的生活体验,让学生更直观地感受到不同聚落空间结构的影响。

其次,在任务设计方面,笔者设置了小组讨论和汇报的环节,要求学生分析乡村和城镇空间结构的差异。然而,在讨论过程中,部分学生表现出较强的依赖性,不愿意主动思考。针对这一问题,今后应适当调整任务设计,增加一些具有挑战性的问题,引导学生独立思考,提高他们的参与度。

最后,在教学评价方面,笔者主要采用了课堂表现和小组汇报的方式进行评价。但这种方式难以全面客观地评价学生的学习效果。为了更准确地了解学生的掌握情况,在今后的教学中考虑增加一些课后作业,例如,要求学生撰写心得体会、完成相关练习等,以巩固所学知识。

【专家点评】

本节教学设计逻辑紧密,结构合理,目标清晰,情境选择源自生活。地理主干知识贯穿所有情境,每个环节都以问题链的形式引导学生思考,学生参与度高,学科素养落实良好。突出优点表现在以下3个方面:

1.以郑州市城市规划为切入点,选题贴近生活,引导学生思考生活中的地理问题,激发思维,强化本节课的核心问题,培养学生解决问题的能力。

2.利用郑州市不同地区房价的不同、商业区和工业区的布局变化等材料,设置一系列关于影响城镇空间结构因素的问题链,让学生主动思考地理问题,总结地理原理和知识体系。培养学生的综合思维及区域认知能力,同时也有利于落实学生的地理实践力。

3.通过教材情境"巴西利亚的城市功能分区",分析了合理利用城乡空间结构的意义,让学生利用所学知识解决不同地区的城乡规划问题,充分体现了学以致用,活学活用。

同时,也提出以下3点建议:

1.实践环节不足:应增加实地考察、观测等实践活动,有助于学生更好地理解乡村和城镇的空间结构特点。

2.优化案例选取和问题链的设置:在教学过程中,应选取更具代表性的案例进行分析,帮助学生形成深刻的认识。

3.完善教学评价:通过设置思考题、讨论题等方式,检验学生对乡村和城镇空间结构的理解程度,从而提高教学效果。

【参考文献】

[1] 朱军献.郑州城市规划与空间结构变迁研究(1906—1957)[J].城市规划,2011,35(8): 44-48.

[2] 蔡安宁,刘洋,梁进社,等.郑州城市空间结构演变与重构研究[J].城市发展研究, 2012,19(6):54-60.

[3] 邬晓霞.多中心空间开发战略研究:以大郑州都市区为例[J].地域研究与开发,2011, 30(5):21-25,102.

[4] 唐乐乐.郑州市城市边缘区空间形态及其发展研究[D].郑州:河南大学,2008.

4.9 地域文化与城乡景观——地理环境与城乡建筑

【课程标准内容要求及解读】

内容要求	必修2.3 结合实例,说明地域文化在城乡景观上的体现。		
行为条件	行为动词	概念体系	必备知识和关键能力
结合实例	说明	**学科大概念**:乡村和城镇	1.说出常见的民居类型;
		本节核心概念:城乡民居差异、民居与地理环境的关系	2.描述不同民居景观的特征; 3.分析城乡民居与地理环境之间的关系;
		子概念:城市、乡村、特色民居、差异、影响、地理环境	4.调查当地特色民居及其保护

行为条件为"结合实例",学生通过旅游活动或影视作品,对各地特色民居、聚落形态、饮食习惯、地方特产、服饰文化、方言特色等有一定的了解,教师在课堂上可以再补充一些图片或视频,一方面可以激发学生的探究兴趣,另一方面也是对后续教学过程的铺垫和必要补充。

行为动词为"说明",本节课的重点和难点在于分析自然地理要素和人文地理要素对各地城乡特色民居的影响,以及不同民居对当地环境的反映。

核心概念为"地域文化"和"城乡景观",地域文化对城乡的影响表现在多个方面:在物质方面,如对城市布局、建筑景观、交通、服饰等;在非物质方面,如语言、饮食、居民心理、生活习俗等。最能体现地域文化特征的是当地建筑,包括建筑物的外部风格、内部构造及排列布局等。

本节要求结合实例,说明地域文化在城乡景观上的体现。在教学过程中,应尽量将核心概念具象化,结合学生的认知水平和生活体验,分析不同的地域文化对城市和乡村景观产生的影响。若条件许可,还可以开展学生对当地特色地域文化和城乡景观的调查或研学活动,为当地地方文化的传承、文化景观的保护提出建议。

【核心概念知识地图】

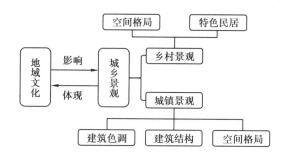

【教材与学情分析】

本节内容位于人教版新教材高中地理必修二第二章第三节。

城市和乡村是典型的聚落形式,其形成、发展和演化都深深地打上了地理环境的烙印。不同区域的地理环境存在广泛的差异,尤其是城乡之间,地域文化在各种景观上有着直接的体现。

学生在日常生活、旅游活动或影视作品中,对不同的景观有一定的了解,也大致了解一些不同区域的特色地域文化,但对于地域文化、城乡景观等核心概念认识不足,也未能建立起两者之间的有机联系。因此,在教学过程中,教师应结合实例,展示一些具象化的景观图片或视频,唤醒学生对相关内容的回忆,从而可以更好地理解核心概念,并有针对性地对两者之间的关系进行分析。

【教学设计思路】

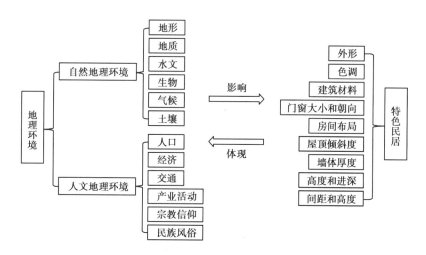

【教学设计方案】

✦ 学习目标

1. 观看视频、图像，结合生活经验，说出城市和乡村的代表性民居特色。
2. 结合案例，分析自然地理环境和人文地理环境对特色民居的影响。
3. 调查走访附近的特色民居，撰写调查报告，并提出保护建议。

✦ 情境导入

在郑州西流湖公园内，有一处名为保吉寨的寨门和城墙，这是2015年保吉寨村拆迁后留下的遗迹。在郑州城区，地名中带有"砦"和"寨"字的地名、村名有上百个。"陈砦、徐砦、押砦、姚砦……这些都是'此石砦'，马寨、南阳寨、弓寨、高皇寨……这些都是'宝盖头寨'。"砦和寨到底有啥不一样？叫寨的村子，在新中国成立前大多是有寨墙的，或者是土夯的，或者是木头的，用来保护村子。而另一些村子小、实力弱，一般用土打成土围子，这种称为"砦"。

郑州地处平原地带，古代战乱频仍，这里的村民为了自保，就会在村子周围建起围墙，围墙大多用土夯成，叫作寨墙，故这个村子就称为"某某寨"。在中华人民共和国成立前，郑州很多村庄都有寨墙，此后随着郑州城市化进程加快，寨墙逐渐消失，村落形态也基本消失，只剩下一些地名还保留在地铁、公交站名中，或者老郑州人的记忆中。

可见，郑州地名、村落形态和城市遗迹等都与当地自然地理和人文地理环境都有直接关系。那么，其他区域的民居及其地理环境又有什么联系呢？引入本节新课内容。

✦ 教学过程

• 环节一

[情境素材]

林盘是川西地区特有的景观类型。"川地多楚民，绵邑为最。地少村市，每一家即傍林盘一座，相隔或半里，或里许，谓之一坝"，前赴后继的移民在川西坝子形成林盘人居模式的雏形。成都平原西部灌渠众多、水网密布，林盘是四周水渠环绕的田间"绿岛"，随田散布。传统林盘中的林木高大繁茂，种类多样，由林木围合的宅院形成独立的空间，宅院多为木结构、泥土墙、小青瓦坡顶。林盘是"院落、树（竹）林、田园"3种景观元素由内到外，再与池塘、河流等水环境交融组合，形成集生活、生产、生态和景观为一体的复合型农村散居聚落单元。

[任务]

1. 结合材料，搜索区域遥感影像图，绘制成都平原林盘景观一般模式图。
2. 结合材料，分析在成都平原地区出现随田散居这种居住方式的主要原因。
3. 近年来，靠近城市的传统林盘数量迅速减少，试从聚落发展角度推测其主要原因，并提出对林盘的保护和开发措施。

［评价］

问题	水平1	水平2	水平3
1	能够在遥感影像图中找到典型的林盘，绘制该林盘的空间模式图	能够在遥感影像图中找到多个林盘，找出它们的共同点，绘制林盘的一般空间模式图	能够在遥感影像图中找到多个林盘，找出它们的共同点，结合材料内容，绘制林盘的一般空间模式图
2	结合材料，分析成都平原地形、水文等自然地理要素对其形态的影响	结合材料，分析成都平原地形、水文等自然地理要素，以及农业生产、人口迁移等人文地理要素对其形态的影响	总结归纳自然地理环境和人文地理环境对林盘形成的影响。体现人地和谐的智慧和理念
3	推测林盘数量减少的原因	结合林盘靠近市区的位置，用城镇化相关知识分析其数量减少的原因	归纳林盘数量减少的原因。查阅资料，因地制宜地提出对林盘的保护和开发措施

［设计意图］

本环节主要探究地域文化对乡村聚落的影响,选取案例为成都平原的特色林盘景观。任务1引导学生利用现代地理信息技术手段获取所需资料,并结合所给材料,通过对比分析,将极具个性化的乡村景观空间模式一般化,从而可以更好地分析林盘的特征,为任务2做铺垫。任务2是本环节的重点,主要分析地形、水文、农业生产、人口迁移等因素对林盘景观形成的影响,同时,引导学生学会运用自然和人文要素分析地理问题的方法。任务3是本环节的难点,重点分析城镇化对乡村景观的影响,并鼓励学生查阅资料,提出对策。

• 环节二

［情境素材］

热播剧《狂飙》引起了人们对岭南民居骑楼的关注。广州有句俗语:"暑行不汗身,雨行不濡屐。"骑楼是在楼房前座跨入人行道悬空而建的构筑物,二楼向街心延伸,并使马路边房屋相互连接,形成自由步行的长廊。骑楼在东南亚十分风靡,随后由华侨传入华南地区,曾经是两广、福建、海南等地城镇的主要建筑形式。

广东江门骑楼已经成为当地旅游网红打卡地。骑楼作为岭南建筑的代表,以其独特的建筑样式见证了江门的发展与繁荣。然而,随着经济的发展,骑楼曾一度也面临着被淘汰的困境。如今,随着国家对传统文化的保护越来越重视,昔日中外交流的产物——骑楼街区正在焕发新的魅力。

［任务］

1.观察骑楼图片,结合材料,分析骑楼的建筑形式与其所处地理环境的关系。

2.结合材料,分析江门市对骑楼进行保护和改造的意义。

[评价]

问题	水平1	水平2	水平3
1	结合材料，分析骑楼的建筑形式与其所处位置的降水、气温、光照等自然地理要素的关系	结合材料，分析骑楼的建筑形式与其所处位置的降水、气温、光照等自然地理要素和人口迁移等人文地理要素的关系	结合上述案例，概括分析地域文化与城乡景观关系的一般方法
2	通过网络搜索，梳理骑楼目前面临的主要问题	通过网络搜索和查阅资料，学习其他区域对传统建筑的保护经验	面对问题，借鉴其他案例的成功经验，结合江门市和骑楼的特点，分析江门市对骑楼进行保护和改造的意义

[设计意图]

本环节的主要任务是分析地域文化与城市建筑景观之间的关系。任务1主要分析自然地理因素和人文地理因素对岭南骑楼的影响,难点在于骑楼建筑形式与当地自然环境特征的匹配。任务2通过组织学生对骑楼问题进行梳理,借鉴其他区域保护传统建筑的成功案例,因地制宜地分析江门市对骑楼保护和改造的意义。

✦ 课堂小结

通过本节课的学习,我们学会了分析地理环境对城市和乡村建筑景观的影响,也能感受到城乡景观身上所特有的当地地理环境的印记。你在旅游活动中,或者影视作品中见过哪些特色民居或者有趣的地理景观? 它们与当地地理环境有什么关系? 请搜集资料,小组合作讨论定稿后,分享给大家吧。

✦ 板书设计

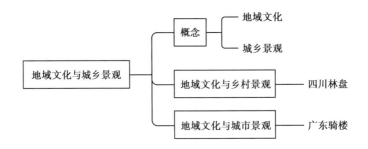

✦ 自主探究

1.你还知道哪些特色民居或地理景观? 它们与地理环境有何关系? 请小组合作,完成展示作品。

2.你身边有特色民居吗？请设计一份城市或乡村传统建筑调查表,通过实地走访调查,撰写一份传统民居调查报告。

【教学反思】

本节课选取真实案例,利用现代地理信息技术和网络资料,分析了地域文化与城乡景观之间的有机联系。但限于课堂时间和硬件设备等问题,本节课可能无法展示更多案例,学生也不能更便利地获取信息。因此,更多的探究和交流活动放到课后,给学生预留了大量的时间和空间,相信学生一定能对本节内容理解得更加深入。

【专家点评】

本节教学设计针对新教材中地域文化和城乡景观这一新内容进行了精心设计和研究,是教学改革的一次有效尝试。本节课亮点突出,主要表现在以下4个方面:

1.目标明确,制定精准,可操作性强,面向新高考,培养学生深度思维能力。

2.案例真实,材料丰富,课堂上地理信息技术和网络的应用极大地锻炼了学生搜集信息的能力。

3.课堂高效,气氛活跃,学生参与度高,发言积极。

4.教师通过问题导向,引导学生步步深入,学生思维量大。同时,对于课堂生成问题,教师也给与了及时有效的解答。

当然,也建议留出一些时间,让学生在课堂上展示自己对地域文化的亲身体验,这将有助于学生对核心概念的理解。

4.10　城镇化——"郑漂"人的城市记忆

【课程标准内容要求及解读】

内容要求	必修2.4　运用资料，说明不同地区城镇化的过程和特点，以及城镇化的利弊。			
行为条件	行为动词	概念体系		必备知识和关键能力
运用资料	说明	**学科大概念**：探究人文地理的基本思路与方法		1. 了解城镇化的主要表现及意义； 2. 说明城镇化的阶段及特点； 3. 分析城镇化产生的利弊； 4. 了解地理信息技术在城市管理中的应用； 5. 针对当地城镇化问题提出合理化建议
		本节核心概念：城镇化各阶段及特点、城镇化产生的影响、地理信息技术		
		子概念：城镇化、发展阶段、发展特点、影响、地理信息技术的应用		

行为条件为"运用资料"，能够通过关于城镇发展的相关数据，包括城镇数量、规模、用地类型、产业类型等，对比说明城镇化的特点，从人口、产业、区域、不同历史发展阶段等角度分析城镇化的过程及其影响（综合思维）。

核心概念为"城镇化"，首先要明确城镇化的概念及主要表现形式；其次在此基础上掌握城镇化是动态发展的一个过程，不同地区不同时间具有相应的特点（区域认知）；最后城镇化在发展过程中会产生有利和不利影响，在趋利避害的基础上引导学生认识到人地和谐与可持续发展的重要意义，突出地理信息技术在解决城镇化发展过程中产生的问题的作用，同时认识到我国大力推进新型城镇化的必要性（人地协调）。

在教学过程中，教师要注重结合真实情境，通过案例分析、实地考察等方式，利用某一地区的城镇化历史及不同地区城镇化进程的对比，从现象感知最终升华到理论层面的概括与深度理解。

【核心概念知识地图】

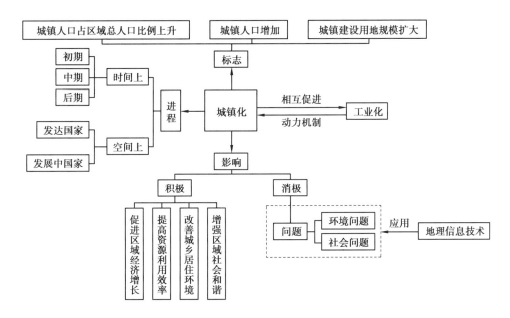

【教材与学情分析】

本节内容位于人教版新教材高中地理必修二第二章第二节。主要围绕人文地理的基础知识展开，以人类活动为核心，深入剖析人类与地理环境的关系。教材将城镇化置于人口和乡村及城镇空间结构之后，引导学生通过了解城镇化进程的特点及利与弊，较为全面地认识城镇化，掌握探究人文地理的思路和方法。本节课的学习有利于学生对后续产业结构、区域地理知识的理解、掌握。

教材首先从城镇化的概念入手，帮助学生明确城镇化的内涵和外延。其次通过丰富的数据和案例，展示了全球及我国城镇化的进程和特点，让学生了解城镇化是现代社会发展的重要趋势。同时，教材也分析了城镇化带来的利与弊，例如促进了经济发展、提高了人民生活水平，但也带来了环境污染、交通拥堵等问题。在呈现城镇化进程及其影响时，教材注重引导学生深入思考。通过设置问题、引导讨论等方式，激发他们独立思考和解决问题的能力。

在知识储备上，尽管大多数学生都居住在城镇，但由于生活经历有限，他们对城镇化的了解还是很浅显的。本节课旨在通过学生家乡——郑州市有关材料和数据的呈现，提升学生对所学知识的迁移应用、对课堂探究活动的参与感，并使学生能够从中找出城镇化在形成、发展过程中带来的影响，能够正确看待城镇化发展过程中出现的问题，为新型城镇化建设添砖加瓦。

【教学设计思路】

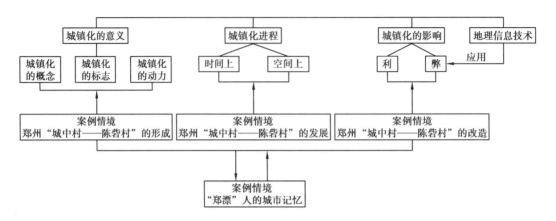

【教学设计方案】

⊕ 学习目标

1. 结合材料,说出城镇化的标志和动力机制。

2. 结合"郑漂"人的城市记忆,说明城镇化的过程及主要特点。

3. 结合生活经验,分析城镇化带来的利与弊。

4. 结合实例,说明地理信息技术在城市管理中的应用。

5. 结合生活体验与所学知识,能够为所在城市发展提出合理化建议。

第一课时

⊕ 情境导入

无数怀揣着梦想与憧憬的异乡人,纷纷踏足郑州这片充满活力的热土,寻找着属于自己的生活舞台与发展契机,他们有一个共同的名字"郑漂"人。陈砦村,凭借优越的地理位置和高性价比的出租屋价格,成为许多"郑漂"的首选栖息之地。随着城镇化进程的加快,被誉为郑州"小香港"的陈砦村——这座郑州市最大的城中村,也迎来了拆迁改造的命运。然而,它曾经的辉煌岁月,却深深烙印在一代"郑漂"人的城市记忆中。

⊕ 教学过程

• 环节一

[情境素材]

材料一:随着郑州市城镇化进程的加快,建成区面积的不断扩张,村民的耕地被有序征用,以满足城市发展的需求。而村民仍在原村落居住,并实行原有的村民自治形式。"都市里的村庄"——陈砦村便是在郑州市城镇化发展的大背景下形成的。

材料二:上下班拥挤的人潮,不透气、采光差的简陋房间,每晚窗外嘈杂的车水马龙与小摊小贩的吆喝声此起彼伏。但是,它包容又多样,承载了我的青春与奋斗,拓宽了我的视野,提供给我丰富的生活体验,让我拥有生活的无限可能。

——一位"郑漂"人的自述

材料三:郑州市城镇化率与地区生产总值

年份	1949	1978	1980	1990	2000	2010	2016	2017	2018	2019	2020	2021
城镇化率/%	10.5	32.4	34.1	42.7	55.1	63.6	72.4	74.0	75.6	77.3	78.4	79.1
地区生产总值/亿元	0.9	20.3	26.8	116.4	728.4	4 011.3	8 130.9	9 301.7	10 670.1	11 586.4	11 850.3	12 691.0

[任务]

1.阅读教材,了解什么是城镇化;并结合生活经验说出城镇化有哪些标志。

2.结合材料与教材信息,分析城镇化的动力机制。

[评价]

问题	水平1	水平2	水平3	水平4
1	结合教材能够简要说出城镇化的含义及标志	能够结合自己的生活经历说出城镇化的含义及标志	能够结合新材料准确说出城镇化的含义及标志	
2	能够结合教材知识说出城镇化发展与工业化和区域经济发展的关系	能够结合教材知识说明城镇化发展与工业化和区域经济发展的逻辑关系	能够根据城镇化发展的动力因素推断出对区域经济发展可能产生的有利影响,能够结合教材知识与生活经验,全面准确说明城镇化的动力机制	

[设计意图]

本环节的情境设计是以郑州市城镇化进程为背景,引导学生结合所给材料并联系生活实际,总结出城镇化在生活中表现在哪些方面。任务1旨在提醒学生关注城镇生活,提高学生参与地理实践和从身边获取地理知识的能力。任务2旨在引导学生通过教材知识与材料的综合分析来发现城镇化与区域经济发展及工业化之间的内在联系。

总之,在学习中需要学生自觉地把教材中的基本原理与生活经历相结合,才能更好地实现学习目标,完成课标要求与素养能力的提升。通过对教材基础知识以"材料+问题"的形式进行编排,可以检验学生自主预习的有效性。

• 环节二

[情境素材]

材料一：一代又一代的"郑漂"人见证着郑州的成长与发展。20世纪50年代，郑州市建成区面积仅5 km²，城市人口16万人。到80年代，郑州市建成区面积扩大到65 km²，城市人口增至78万人。到90年代，郑州市建成区面积扩大到90 km²，城市人口增至118万人，由此郑州跨入特大城市行列。到21世纪初，郑州市建成区面积达到280 km²，城市人口280万人。到2022年，郑州市建成区面积达到744 km²，城市人口1 282万人。陈砦村的常住人口也由最初仅有的6万人，增长到巅峰时期的15万人。

材料二：世界上不同国家的城镇化进程图。

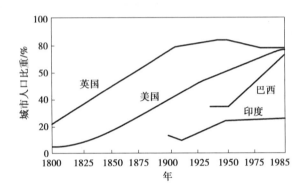

[任务]

1.结合材料，说出郑州市目前城镇化所处的阶段及特点。

2.阅读教材，了解世界上不同国家和地区城镇化的阶段及特点。

3.根据教材内容和所学知识，归纳出世界各国城镇化进程的一般规律。

[评价]

问题	水平1	水平2	水平3
1	能够说出郑州市城镇化所处的阶段及特点	能够结合实例准确说出郑州市城镇化所处的阶段及特点	能够联系郑州市城镇化的形成与发展，分析郑州市城镇化目前所处阶段；并结合生活实际，从人口、产业、环境等角度概括郑州市城镇化的特点
2	可以结合实例，说出该地区城镇化所处的阶段及主要特点	能够从发达国家和发展中国家的不同角度，说出不同地区城镇化所处的阶段及主要特点	能够从起步阶段、城镇化水平、城镇化发展趋势等角度，对发达国家和发展中国家的城镇化进行对比分析

续表

问题	水平1	水平2	水平3
3	能够将城镇化的进程划分成初期、中期、后期3个阶段	能够将城镇化进程划分成初期、中期、后期3个阶段，并能说出各阶段的某些特点	能够将城镇化的进程划分成初期、中期、后期3个阶段，并能从地域扩张速度、人口流动方向等角度全面说明各阶段的特点，并归纳出城镇化进程的一般规律

[设计意图]

本环节的情境是"郑漂"人记忆中的郑州市城镇化发展的历程及特点。该情境依托教材,结合本土特色,从郑州市城镇化发展的历史阶段对比及与世界各国城镇化对比分析,让学生了解了世界上不同国家和地区城镇化发展的时空特点,并归纳出世界各国城镇化进程的一般规律。对学生结合实际的能力要求较高,需要学生在对比分析后得出结论,可以锻炼学生的逻辑分析及归纳总结能力,培养学生的地理核心素养。

✦ 课堂小结

通过本节课的学习,我们了解了城镇化的概念、标志及动力机制,明确了郑州市城镇化发展的基本历程,并了解了世界各国城镇化进程的时空特点。那么,在郑州市城镇化发展历程中产生了哪些有利和不利影响? 我们又该怎样应对城镇化过程中出现的问题? 下节课接着学习。

✦ 板书设计

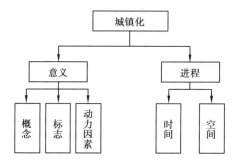

✦ 自主探究

1.搜集相关材料并结合所学知识,总结城镇化对学校周边区域发展带来了哪些具体变化。

2.任意选取一个发达国家,搜集其城镇化的基本信息,描述其城镇化特点并与我国城镇化进行对比,分析其中的差异及原因。

第二课时

情境导入

上节课我们学习了城镇化的标志和发展进程,了解了世界上不同国家和地区城镇化发展程度存在时空上的差异。随着世界各国城镇化进程的不断推进,城镇化在改变人们的生产生活方式,给区域发展带来巨大活力的同时,也产生了环境、社会等问题。面对出现的问题,我们应该怎样解决? 通过本节课一起来探究。

教学过程

• 环节一

[情境素材]

材料一:提起陈砦,除了热闹和栖息地,"郑漂"人的另一感觉就是"脏、乱、差",缺少管理,建筑密度高、街道无合理规划、环境恶劣、人员构成复杂,存在较大的社会治安隐患。"城中村"在一定程度上体现了城镇化过程中出现的诸多问题。

材料二:2016年伴随着一声轰鸣,陈砦"城中村"拆迁改造拉开序幕。与城中村拆迁改造相伴的还有城市人口增加、城区扩建、地铁通车、商业楼盘拔地而起……郑州市城镇化的快速发展不仅致力于改善市民居住环境,也给更多的"郑漂"人提供了就业机会与发展机遇,不断促进郑州市和谐有序发展。

[任务]

1.阅读教材及资料,分析郑州市城镇化发展有哪些意义。

2.阅读教材并结合生活体验,简述郑州市在城镇化进程中出现的问题。

3.阅读资料,针对郑州市在城镇化进程中出现的问题提出自己的合理化建议。

[评价]

问题	水平1	水平2	水平3
1	能够说出城镇化的某些意义	能够结合案例,较为全面地说明城镇化的意义	能够结合案例,从经济、社会、生态等角度全面系统地说明城镇化的意义
2	阅读教材,简要说出城镇化进程中出现的问题	结合材料,准确说出郑州市城镇化进程中出现的问题	结合材料,准确、全面地说出郑州城镇化进程中出现的问题
3	能够简要说出应对城镇化过程中出现问题的解决措施	能够针对问题,有针对性地提出合理建议	能够在人地协调理论的思想下,有针对性地提出合理建议

[设计意图]

本环节的情境是以郑州市城镇化发展为背景,结合教材引导学生归纳城镇化发展带来的积极意义及出现的问题,并且能够根据出现的具体问题对城镇化发展进行评价,树立人地和谐的思想,正确处理好发展与环境的关系,能够为解决城镇化出现的问题提出自己合理的建议,培养学生的综合思维能力及人地协调观。

• 环节二

[情境素材]

郑州市"城中村"——陈砦村的拆迁改造过程中,充分利用了地理信息技术进行辅助,对道路、河流水域、房屋基本情况等进行收集、分析,建立数据库,对拆迁安置、投入产出、效益等进行计算,得出初步方案。

郑州市智慧城市综合运行指挥中心的大屏上可以看到,有关全市交通出行、综合研判、城市管理、应急指挥、生态环保等领域的数据信息在不断地滚动更新,这些数据正在实时、精细地感知着城市的"心跳"和"脉搏"。

[任务]

1.结合材料,说出郑州市"城中村"——陈砦村的拆迁改造过程中用到了哪些地理信息技术。

2.结合教材,说明地理信息技术在郑州市城市管理中的应用体现在哪些方面。

[评价]

问题	水平1	水平2	水平3
1	结合所学知识,简要说出地理信息技术有哪些	结合所学知识,可以准确地说出郑州市"城中村"拆迁改造过程中用到了哪些地理信息技术	结合所学知识,准确地说出郑州市"城中村"拆迁改造过程中用到的地理信息技术及其发挥的作用
2	能够根据提示,判断地理信息技术在郑州市城市管理部门中的应用	能够举例说出不同的地理信息技术在郑州市城市管理中的应用	能够在某项较复杂的城市管理中选择恰当的地理信息技术

[设计意图]

本环节通过设计开放式讨论,帮助学生树立可持续发展的科学思想。通过地理信息技术在郑州市陈砦村拆迁改造过程中所起的作用及郑州市智慧城市综合运行指挥中心的例子,引导学生了解地理信息技术在郑州市城市管理中的重要性。

课堂小结

通过城镇化这节课的学习,让我们对所在城市——郑州市有了更加深入的了解,知道了什么是城镇化,是如何产生的,同时又了解了世界各国城镇化进程的时空特点,以及城镇化过程中出现的利与弊。新型城镇的建设对于自然人地和谐发展具有深远意义。

板书设计

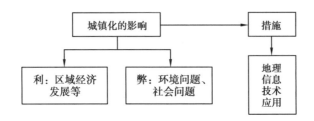

自主探究

1.结合互联网和实地考察,收集或拍摄所在城市出现的环境问题和社会问题的图片,说明产生这些问题的原因。

2.参照教材中110报警处理流程,使用百度地图App打车出行,写出打车基本流程及所涉地理信息技术。

3.查阅相关资料,结合相关知识,说出我国未来新型城镇化的发展特点。

【教学反思】

在实际授课过程中,本节课的优势体现在以下3个方面:

1.本节课以"郑漂"人的城市记忆为线索,以郑州"城中村"——陈砦村及郑州市为地区依托,创设真实情境培养学生的区域认知素养。

2.情境素材丰富且贯穿性好,有利于学生从时空综合、区域综合、要素综合的角度进行问题思考,培养学生的综合思维。

3.立足于学生熟悉的真实情境贯穿本节课的学习,"一境到底"使学生可以通过不断地深入发掘、思考探索,达到深度学习的目的,并通过解决问题培养的专家思维推导出专家结论,实现知识的高通路迁移。

在实际授课过程中,也存在一些实施难度:

1.如何更好地平衡教材与情境。本节课在授课过程中,学生在教师的引导下成功地解决了真实情境中的问题,但在教材内容的掌握方面则有所不足。例如,非洲等国家或地区的城镇化并不能完全融入教材,缺少对"滞后城镇化"和"虚假城镇化"的探究,因此在教学设计中需要更多地考虑如何融入教材内容。

2.据郑州市的统计数据,2021年郑州市城镇化率已经达到79.1%(从理论上讲,处于城镇化的后期阶段),全国城镇化率平均水平是63.89%,可见郑州市高于全国城镇化平均水平。因此,郑州市的城镇化不是典型的发展中国家的城镇化。

【专家点评】

本节教学设计层次分明,目标明确,融入生活情境,注重培养学生的学科思维及热爱家乡的情怀,突出了学科素养要求,优点主要表现在以下5个方面:

1.以郑州市城镇化发展的基本情况为例,融入真实情境,关注地方、国家甚至全球的发展,积极调动学生思维活动。

2.以问题链的形式设置问题,任务驱动教学,多开放性评价,有利于提高学生学习的积极性。

3.多以实践性活动作为自主探究内容,以区位特点为载体,提升学生的地理实践能力。

4.情境设计以"人"为核心点切入,以郑州市为地区依托,"一境到底"创设情境,引发学生更深入的思考。

5.创设真实的问题情境,引发学生的认知冲突,激发探究欲望,以小见大,从郑州看中国、看世界的城镇化进程与特点,最终达成课标。

同时,也提出以下4点建议:

1.部分问题的设计需要与材料和教材内容相结合。

2.丰富材料的呈现形式,增强趣味性,提高学生参与的积极性。

3.学生的课堂活动可以再丰富一些。

4.增强课堂的内在逻辑性和学科内容的严谨性。

【参考文献】

[1] 李文杰.智慧城市视域下地理信息技术的应用策略[J].科技视界,2019(3):171-172.

[2] 白婕."城镇化——以南宁市吴圩镇为例"教学设计[J].中学地理教学参考,2022(22):54-57.

[3] 陈平山,郝伟.郑州统计年鉴2022[M].北京:中国统计出版社,2022.

[4] 李江,周锐波.GIS在城中村改造规划中的应用研究:以广州市文冲村为例[J].城市规划,2009,33(9):89-92.

4.11 兴农有"稻"——农业区位因素及其变化

【课程标准内容要求及解读】

内容要求	必修2.5 结合实例，说明工业、农业和服务业的区位因素。			
行为条件	行为动词	概念体系		必备知识和关键能力
结合实例	说明	**学科大概念**：区位因素		1.影响农业的一般区位因素； 2.读图能力； 3.总结归纳能力
		本节核心概念：农业区位因素		
		子概念：气候、水源、土壤、地形、劳动力、技术、市场等		

　　农业是指利用动植物的生长发育规律,通过采集、捕捞、人工驯化、培育、种植、养殖等途径来获得产品的活动。对于影响农业的区位因素,一般可以从自然因素、社会经济因素等方面分析。随着社会发展,影响农业的区位因素也在不断发展变化。在进行农业区位因素分析时,我们可以尽可能地列举自然、劳动力、市场、交通、科技、政策等因素,分析这些因素对农业生产的成本或收益可能产生的有利或不利影响。

　　行为条件为"结合实例",是指在解释或说明农业区位因素时,需要使用具体案例、真实情境来支持或说明,有助于让说明更具体、更生动、更有说服力。从真实案例出发,可以鲜活地了解某项农业活动的具体发展条件与变化情况。鉴于现实问题的复杂性,区位因素的分析应避免学生机械记忆答题模板,重点应放在建立思维路径上,而非记住某个具体案例的具体条件。

【核心概念知识地图】

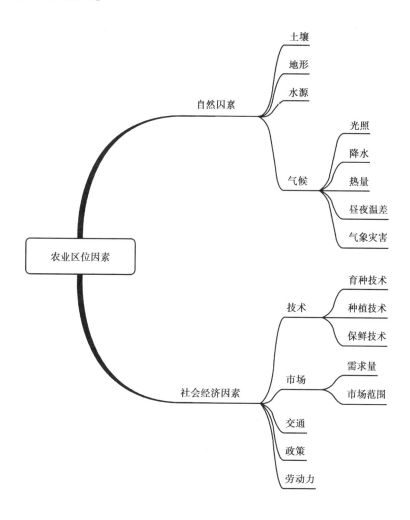

【教材与学情分析】

本节内容位于人教版新教材高中地理必修二第三章第一节。教材内容素材丰富,但案例比较散乱,有必要对某一案例进行深入挖掘,全方位分析某地典型农业的发展条件及其变化。本节设计在学生对农业区位因素基本知识学习的基础上,学生已经对"区位因素"的概念有所了解,对影响农业的主要的自然、人文因素有所了解。因此,选择水稻种植业这个活动案例,再加上一些新材料的补充呈现,引导学生用发展的眼光看问题,通过一个完整案例来分析区位因素及其变化给农业带来的变化,体现我国农业现代化以及乡村振兴的发展成果,提升学生的家国情怀。

【教学设计思路】

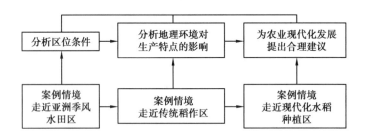

【教学设计方案】

学习目标

1.通过图文资料,分析影响亚洲季风水田农业的区位条件。

2.通过案例材料,说明传统水稻种植业的生产特点与地理环境之间的关系。

3.通过案例分析,为季风水田区农业现代化发展提出合理化建议。

情境导入

民以食为天,粮食不仅是自然的馈赠,更是人类智慧的结晶。

我国的水稻种植已有数千年的历史,从古至今,是什么样的条件让这片华夏大地备受水稻的青睐?随着生产技术的进步,现代化的水稻种植业又将如何发展?广大农人"乘凉禾下,笑谈丰年"的愿景能否实现?

本节课,我们将以水稻种植业为例,研究区域自然、社会经济因素对农业的影响。

今天,我们首先会走进亚洲季风区,寻找水稻种植业的区位条件。接着,我们会走入传统稻作区,分析水稻种植业的生产特点。最后,我们来到现代化稻作区,看看新时代的稻农们在古老的稻田里描绘出了怎样一幅全新画卷!

教学过程

• 环节一:走进亚洲季风水田区

[情境素材]

材料一　亚洲季风区的水稻种植

季风水田农业以水稻种植为主。水稻好暖喜湿,播种期日均温度需稳定在10 ℃以上,齐穗期的平均温度要求高于20 ℃。单双季稻要求年降水量分别在750 mm和1 500 mm以上。水稻生产过程相对复杂,涉及翻耕整地、育秧苗、易地插秧、除草除虫、施肥、灌排水、收获、干燥筛选等环节,劳动强度大。

亚洲水稻种植有7 000年的历史,稻米是当地人们喜爱的主粮。全世界水稻产量排名:中国、印度、印尼、巴基斯坦、孟加拉国、越南、泰国、缅甸、日本等。

亚洲季风区许多国家对水稻种植都大力扶持,从20世纪开始,日、中、英、韩、美5国参与了"国际水稻基因组计划",共同栽培研究水稻品种,并在所有参与国家和地区间共享数据以及相关的技术和成果。中国建立了从中国农科院到省级农科院,再到市县级农科院的庞大育种队伍。

[任务]

1.参照相关图文资料,说出季风水田农业的主要分布区,并从气候角度分析其分布成因。

2.结合亚洲季风水田农业分布图和亚洲地形图,说明季风水田农业分布与地形的关系。

3.结合材料说明亚洲季风水田农业区的劳动力条件。

4.列举并简要说明除气候、地形、劳动力等因素外,亚洲季风水田区的其他区位条件。

[评价]

问题	水平1	水平2	水平3
1	能够说出季风水田农业主要分布区	能够说出季风水田农业主要分布区,并能说明该区域的气候特征	能够说出季风水田农业主要分布区,并能说明该区域的气候特征,能够将气候特征与水稻生产条件相结合
2	能够说出季风水田农业分布区的主要地形类型	能够说出季风水田农业分布区的主要地形类型及地形特征	能够说出季风水田农业分布区的主要地形类型及地形特征,说明地形特征对水稻生产的影响
3	能够从材料中找到说明季风水田农业区劳动力条件的信息	能够结合水稻种植业的生产特点,说明季风水田区劳动力条件的优势	
4	能够列举1~2个区位因素	能够列举兼顾自然、社会经济的多个因素	能够结合水稻的生长习性、生产特点等对列举的区位因素进行分析说明

[设计意图]

充分挖掘教材内容,使用教材提供的亚洲水稻分布图、亚洲气候类型图、亚洲人口分布图、亚洲地形图,补充亚洲水稻种植业的生产过程及社会支持条件等文字信息,设计具体的可操作的学习任务,为学生预留足够的自学、讨论时间,逐一分析气候、地形、劳动力等因素对水稻种植业的影响,强化对影响农业的主要区位因素内容的复习运用。通过评价水平的划分,合理检测学生所达到的学业质量等级。

• 环节二：走入传统稻作区

[情境素材]

亚洲季风区有着非常适合水稻种植的条件。千百年来，在当地百姓的辛勤劳作下，这里的水稻种植业呈现出一种什么样的特征呢？

家住河南信阳的老王是一个土生土长的庄稼汉，他的儿子小王博士毕业后也种起了水稻。今天，我们来采访这对父子，看看两代人的水稻种植有何不同。

先让我们跟随老王的步伐，走进传统稻作区。

材料二　稻农老王访谈记录

位置	河南信阳	
家中人口	6口（老王和妻子，还有2个老人和1个读初中的孩子）	
耕地面积	4亩	
耕地类型	3亩水田	1亩旱田
作物类型	水稻	玉米
作物年产量	1 500 kg	400 kg
作物销售量	600 kg	0（全部自用或饲用）
农用机械	小型水泵、小型脱粒机（3家共用）	
补充：旱年或涝年粮食减产，稻米甚至还不够自用，需要到市场上购买。		

（参考数据：美国水稻种植区人均种植1 300亩；小麦亩产约340 kg，玉米亩产约400 kg；商品谷物区的玉米商品率一般都在70%以上。）

[任务]

1.根据农家考察调研结果，概括传统水稻种植业的生产特点。

2.分析传统水稻种植业生产特点的形成与地理环境的关系。

[评价]

问题	水平1	水平2	水平3
1	能够通过自行阅读材料说出2~3个生产特点	能够通过自行阅读材料说出2~3个生产特点，并能结合教师的提示另行说出1~2个生产特点	能够说出水稻种植业的主要生产特点，并结合材料加以说明
2	能够说出水稻种植业的生产特点	能够说出水稻种植业的生产特点，并能说出水稻种植区的地理环境特征	能够说出水稻种植业的生产特点及水稻种植区的地理环境特征，并能将两者的关系分析清楚

[设计意图]

城市学生对于农业生产比较陌生，尤其是像水稻这种生产过程比较复杂的农作物，几乎毫无生活经验可言。为此，本设计引入真实故事情境，带领学生深入农户家，通过讲故事、拍电影的方式,激发学生的好奇心。在故事中呈现真实、科学的数据资料,引导学生获取信息、加工信息,总结水稻种植业的生产特点。

• 环节三:走向现代化水稻种植业

[情境素材]

还没等老王讲完,小王就坐不住了:"爸,你这个种法都过时了,还是来看看现代化的水稻种植吧。为了今天的采访,我专门录制了一个短片。接下来,请跟随我的步伐,来到广西南宁,看看我们的现代化水稻种植业。"

材料三 小王访谈记录(请看视频)

视频放完,小王又补充道:"我们公司还引进了智能农业监控系统及农产品溯源系统,实现对水稻田进行温度、湿度、土壤pH值等环境数据的实时监测,以便在最合适的时机对稻田做最优的管理。在我们公司,单季水稻平均亩产已达到900 kg,双季稻亩产已超过1 500 kg! 公司生产的稻米除了少量留作职工食堂日常用粮,90%以上都进入超市,甚至还出口到国外!"

看完视频,老王又惊又喜:"原来你们现在都这样种水稻了,跟我们的传统种法相比,真是大不同啊!"

听完小王的讲述,老王惊喜之余又陷入了沉思:"你们南宁那个地方是盆地,平地多,可以实现大规模机械化,可咱老家这里七山二水一分田,哪能实现那种种法?"

小王不紧不慢地拿出了手机,胸有成竹地说:"爸,你看看这是什么?"老王一看,手机画面是一片别样的水稻田,稻田里五颜六色的水稻呈现出各种图案,有老牛耕地,有八仙过海,甚至还有一个天安门城楼! 老王惊奇地说:"这是哪啊? 水稻都种出花了!"小王一指地图,"就是离咱不远的确山,人家也不是大平原,但借助现代化技术手段,依托乡村振兴政策,风风火火搞起了稻田画度假村,现在已经是闻名全国的美丽乡村了!"

材料四 以田为"纸",以稻为"墨",绘就小康新画卷

稻田美如画,白米富农家。留庄待君来,荷塘游鱼虾。

河南驻马店留庄镇在农业发展中大胆创新,联合黄淮艺术设计学院,通过GPS定位,选用5种颜色的水稻,以地为"纸"、以稻为"墨",种出了巨幅3D稻田艺术景观,成功打造了留庄稻田公园国家级AAA景区(图1)。稻田画占地面积约400亩,共12幅图,有红色确山、衣食无忧、耕牛图、乡村振兴、中原水乡美丽留庄、中国龙,以及小朋友喜欢的卡通图案等主题造型。

新农村建设过程中,留庄镇基础设施不断完善,稻田公园也日臻完善,形成了集稻田艺术画、观光荷塘、稻草雕塑、特色美食等于一体的独特乡村旅游风景线,绘就了确山县特色旅游的新名片、新亮点。

图1 驻马店留庄镇稻田画

老王听得心潮澎湃,感慨道"看来我真的是落伍了,种了一辈子田,没想到还能这样种!"小王也越讲越兴奋,"我们光山完全没必要照搬他们那种稻田画,我们可以借助革命老区红色旅游的有利条件,开发稻田文化,或者开展稻鱼共生、稻虾共生生态农业。利用我们当地的优势,再结合先进技术,我们的致富之路肯定会越走越宽!"

结语:

我们的访谈结束了,今天真是收获满满的一天。同学们是否也对我们的水稻种植业有了更深的了解呢?课余时间请同学们完成拓展延伸,为我国不同水稻种植区的农业现代化献计献策!

水稻种植历经数千年,同一块朴实的大地,不同的耕耘和收获;同一个富裕的梦想,不同的时代表达!伟大的人物可以创造辉煌的历史,平凡的农人也可以书写时代的篇章。让我们紧跟伟人的步伐努力拼搏,"一愿世界无饥荒,二愿禾稻能乘凉"。

[任务]

1.小王的现代化水稻种植业和老王的传统水稻种植业有哪些不同?请完成下列指标对照表。

类型	传统水稻种植业	现代化水稻种植业
种植规模		
经营模式		
机械化水平		
科技水平		
单位面积产量		
商品率		

2.同样是人口密集、人均耕地少,为何小王所在公司的种植基地能够实现农场式大规模经营?

3.结合材料四,简述确山水稻种植业发展为"稻田公园"国家级AAA景区主要取决于哪些区位条件的改变。

［评价］

问题	水平1	水平2	水平3
1	能够通过自行阅读材料对比填出2~3个生产特点	能够通过自行阅读材料填出2~3个生产特点，并能结合教师的提示或小组互助另外填出1~2个生产特点	能够填出表格要求的生产特点，并结合材料加以说明
2	能够说出1~2个影响因素	能够说出1~2个影响因素，并能结合资料进行简单说明	能够说出主要的影响因素，并能结合资料、对比传统种植区进行说明
3	能够说出1~2个区位条件	能够说出1~2个区位条件，并进行简要分析	能够详细说明影响"稻田公园"建设的主要区位因素的变化

［设计意图］

通过一个完整案例来分析区位因素及其变化所带来的农业变化，引导学生用发展的眼光看问题，体现我国农业现代化以及乡村振兴的发展成果，提升学生爱国、爱家乡的家国情怀。

＋ **课堂小结**

本节课我们以水稻种植业为例，深入研究了影响农业发展的自然、人文因素，以及随着这些因素的变化，水稻种植业的生产方式、市场定位等随之产生的新特征。世界各国都有专属于本地域的农业类型，它们各自都具有受当地因素影响并与之相匹配的生产特征。请同学们多多关注生活中能见到的农业生产活动，学会运用本节课所学知识分析其他类似活动。

＋ **板书设计**

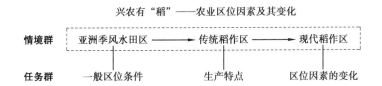

＋ **自主探究**

在乡村振兴战略背景下，发展现代农业才是一条充满希望之路。我国南方地区除河流冲积平原上有大量水稻种植外，许多低山丘陵区也有不少水稻田。请你为这两类水稻种植区的农业现代化发展献言献策。

【教学反思】

在掌握了基本的农业区位因素基础上,大部分学生对第一部分"水稻种植业的区位条件"掌握得很快,但个别学生读图概括、归纳能力还有待提高。第二部分"传统水稻种植业的生产特点"引入了真实故事情境,由于时空条件所限,无法真正带领学生前往农家调研,这在一定程度上降低了学习效果。第三部分"季风水田区的农业现代化之路"是学生最容易理解的部分,因为现代化的农旅结合项目层出不穷,不少学生都亲身体验过类似项目,因此在教师提供资料的基础上,不少同学甚至能说出更多农业区位因素的变化所带来的农业生产方式的变革。

【专家点评】

本节教学设计从课程标准出发,深入解读核心概念,充分考虑学情,选取真实案例构筑问题情境,学习任务由易到难、层层递进,在问题的解决中提升地理核心素养。课程思路清晰,重点突出,难点解决方法得当,在知识与技能的训练中渗透情感态度、价值观教育,可谓润物无声。

【参考文献】

中华人民共和国教育部制定.普通高中地理课程标准(2017年版)[M].北京:人民教育出版社,2017.

4.12　工业区位因素及其变化——格力电器郑州发展之路

【课程标准内容要求及解读】

内容要求	必修2.5　结合实例，说明工业、农业和服务业的区位因素。			
行为条件	行为动词	概念体系		必备知识和关键能力
结合实例	说明	学科大概念：产业区位因素		1.知道工业区位因素； 2.判断工业区位主导因素； 3.预测工业区位因素的变化； 4.能够合理布局工业
		本节核心概念：工业区位因素及其变化		
		子概念：工业、区位因素、自然因素、社会因素、环境因素、区域发展		

　　行为条件为"结合实例"（地理实践力），教师在教学中要结合生活中的典型案例，通过案例提炼出工业区位因素，教学时应适时辅以视频和图像等材料，便于学生认知。

　　行为动词为"说明"，学生需结合案例分析工业与地理环境的关系（综合思维）。

　　核心概念为"工业区位因素"，了解工业区位因素，学会判断工业区位因素的主导因素，预测工业区位因素的变化，兼顾社会效益、经济效益、环境效益，树立区域可持续发展观，能够合理布局工业（人地协调观）。

　　在教学过程中教师应注意结合真实情境，既要利用学生身边的乡土资源开展教学，也要注意搜集其他地区典型案例进行对比分析，选择工业布局合理的工业区位实例，帮助学生归纳总结得出结论。

【核心概念知识地图】

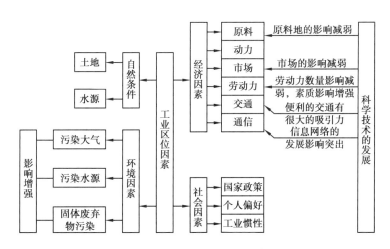

【教材与学情分析】

本节内容位于人教版新教材高中地理必修二第三章第二节。从组织上看,该节内容为学生全面了解三大产业的区位因素的一部分;从内容上看,该节内容是对"区位因素"相关内容的衍生,与前面所学农业区位因素有类似之处,但也有其特殊性。由于工业对环境的影响,工业区位选择也成为重要课题,因此它是培养学生忧患意识、激发爱国情操的良好素材,同时,也为进一步学习中国区域地理打下基础。

学生之前通过人口、城市、农业区位因素的学习,已基本掌握了区位因素的分析方法,为本节课的学习做好了铺垫,故对"区位因素"这一主要的学习内容有较明确的定义与认知,为本节课的学习奠定了基础。高一学生具有较强的求知欲,但是地理知识结构较不完整,因此教师应该选取贴近学生生活或者学生感兴趣的问题,并在问题探究过程中给予充分的指导。

【教学设计思路】

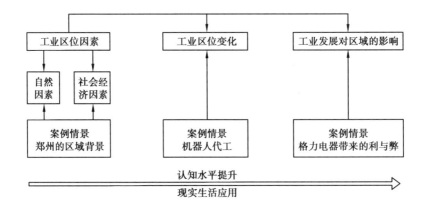

【教学设计方案】

✦ 学习目标

1.通过具体案例,能够解释影响工业布局的主要区位因素与主导因素。
2.通过具体案例,能够分析工业区位因素的发展变化。
3.通过具体案例,归纳出工业生产活动对该地区产生的影响。

✦ 情境导入

经过5年的深思熟虑,2010年10月9日格力电器落户郑州。"郑州产业园是格力电器继珠海、重庆、合肥之后,在国内兴建的第四个生产基地,也是格力电器在全球第七个生产基地。"格力电器董事长董明珠说,总投资逾30亿元的格力电器郑州产业园,计划分三期建设,规划用地1 000余亩,计划用工近万人。全部建成投产后,将形成年产家用空调600万套、压缩机600万台、商用空调50万台以上的生产能力,加之相关配套产业,预计年产值将超过150亿元,是中原地区最大的空调生产基地。引导学生产生"格力电器为什么落户郑州?"的疑问与思考,从而导入新课的学习。

✦ 教学过程

• 环节一

[情境素材]

材料一:郑州是中国公路、铁路、航空、通信兼具的综合交通枢纽,拥有亚洲最大的列车编组站和中国最大的零担货物转运站。郑州也是中国商品集散中心地之一,郑州航空港区是中国首个国家级航空港经济综合实验区。近年来,郑州经济得到快速发展,当地政府特别注重基础设施建设,在土地、税收等方面给予企业许多优惠政策。

材料二:河南有1亿人口,是劳务输出大省,通过郑州辐射到周边,300 km、500 km还有3亿~5亿人,改革开放以来,河南的经济总量居全国第五位,消费品市场保持持续稳定增长态势。 2023年,河南省共有87万名普通高校毕业生,与2022年相比要多1万人左右。加上往年未就业的毕业生,河南省大学毕业生就业压力依然很大。

材料三:郑州米字形铁路图(图1)与格力空调生产简易流程图(图2)。

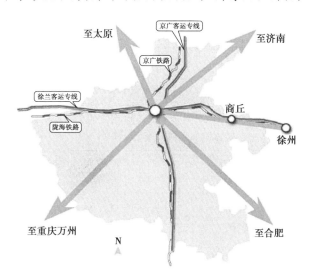

图1 郑州米字形铁路图

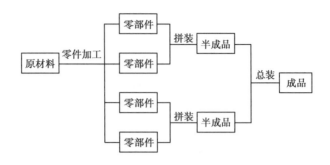

图2　格力空调生产简易流程图

材料四:格力电器董事长董明珠说:"5年前,格力电器就瞄准了郑州,之所以选择河南、选择郑州高新区,除了格力全国性战略布局的需要和对中部崛起的支持,更看中了河南巨大的市场潜力、四通八达的交通网络和独特的地理位置等优势,特别是河南、郑州以及高新区政府的'郑州速度'和服务意识。河南郑州是格力电器西进北扩的'桥头堡''航母基地'。"格力电器落户郑州完善了格力在全国营销网络的布局,也完成了格力电器东、西、南、北辐射全国的战略布局,充分体现了"贴近市场、快速反应"的市场策略。

[任务]

1.结合教材与材料,简述影响格力电器落户郑州的区位因素。

2.结合材料四,说出格力电器落户郑州的主导区位因素。

[评价]

问题	水平1	水平2	水平3
1	能够说出主要的工业区位因素，并正确地与材料匹配	能够准确、全面地说出工业区位因素并正确地与材料匹配	准确、全面地说出工业区位因素，并正确地与材料匹配，总结一般规律
2	通过分析与材料结合能够准确判断其主导区位因素	通过分析与材料结合能够准确判断其主导区位因素，并归纳出一般规律	

[设计意图]

本环节的情境是郑州市的真实情景,以真实情景呈现影响工业区位选择,有助于学生更直观地理解区位因素如何影响工业区位选择。任务1旨在提高学生阅读文本并获取地理知识的能力。任务2和任务3旨在引导学生通过图文信息分析工业区位因素,从而更好地落实学习目标和课标要求。

· 环节二

[情境素材]

格力方面也向中国商报记者表示,其在郑州、武汉的工厂已经基本实现智能化。格力电器董事长董明珠在接受采访时表示,未来格力电器除了继续做大做强空调主业,还将大力发展装备制造业,到2020年,基本上全面实现无人化生产。格力已将工业机器人和高档数控机床作为该公司未来的两大研究领域进行规划布局,格力不仅要自己完成机器换人,还要帮助别人完成机器换人。"机器人代工"是时代发展的必然趋势。

[任务]

1.分析实现"机器人代工"对格力企业职工的影响。

2.随着"机器人代工"的发展,格力电器在今后的区位选择过程中,考虑的区位因素将发生哪些变化?

[评价]

问题	水平1	水平2
1	能够简要说出几个方面的影响	能够准确全面地说出影响
2	通过分析与材料结合能够准确预测区位因素的变化	通过分析与材料结合能够准确预测区位因素的变化,并归纳出一般规律

[设计意图]

本环节的情境是格力电器"机器人代工",反映工业区位因素的变化。任务设计旨在引导学生认识到在科技进步的影响下,机械化自动化水平不断提高,对劳动力数量的依赖下降,对劳动力素质的要求提高;交通条件的改善和运输能力的提高,对原料和燃料的依赖下降;工业产业对信息的依赖程度提高,对市场的依赖程度提高。

• 环节三

[情境素材]

材料一:格力电器落户郑州高新区后,为郑州增加了近万个就业岗位,格力具有自主知识产权的高新技术产品,加快了郑州家电产业的自主创新和结构调整,推动了产业升级。格力基地除了自己的产能外,这一"标杆作用",还带动了相关配套产业的发展,每年直接和间接拉动河南省和郑州市GDP增长超过300亿元,大大促进了郑州市的快速发展。

材料二:郑州大学机械电子专业副教授苏宇锋,对于电器电子产品拆解行业非常熟悉。因为他在平时的课程中就经常要做此类实验。对于格力电器要在郑州高新区建新厂即新增湿法提取贵金属处理线的二期工程,他说,这个新厂要提取电器电子产品中的贵金属,必然会对电器电子产品进行拆解。但就目前国内技术来看,势必会造成污染,这个工厂将回收处理废弃电器电子产品,而格力回收来自全国各地的废旧电器和电子产品肯定不会是小数目。

[任务]

1.格力电器落户郑州,将给郑州带来哪些影响。

2.考虑环境因素,工业应如何区位选择。

3.作为高新区的市民,为了高新区的发展,请你为政府的招商引资献言献策。

[评价]

问题	水平1	水平2	水平3
1	能从有利和不利两个方面概要说出格力电器给郑州带来的影响	能从有利和不利两个方面准确说出格力电器给郑州带来的影响	能从有利和不利两个方面概要说出格力电器给郑州带来的影响，并归纳出一般规律
2	考虑环境因素，能够说出工业布局应考虑哪些因素	考虑环境因素，能够准确说出工业布局应考虑的因素	考虑环境因素，能够准确说出工业布局应考虑的因素，并归纳出一般规律
3	基本能理论联系实际；材料全面、客观，但不够精确、具体，基本能如实反映区域发展问题	基本能理论联系实际；材料比较全面、客观、精确、具体，能如实反映区域发展问题	能理论联系实际；材料全面、客观、精确、具体，能准确反映区域发展问题

[设计意图]

本环节的情境是格力电器对郑州的影响。任务1旨在引导学生思考工业区位布局时，不仅应考虑社会经济效益，还应兼顾环境效益。任务2旨在引导学生考虑环境效益时，工业如何进行区位选择。任务3旨在引导学生在区域发展中要树立可持续发展意识，实现社会、经济、环境协同发展。

➜ 课堂小结

通过本节课的学习，我们知道了影响工业区位的主要因素，如何确定工业区位因素的主导因素，并且区位因素会随着科技发展会发生怎样的变化。在工业区位选择时要兼顾社会效益、经济效益、环境效益，树立区域可持续发展观念。

➜ 板书设计

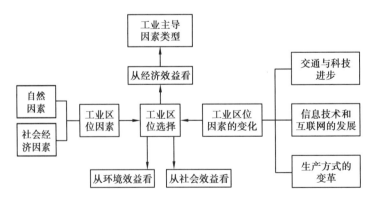

✦ 自主探究

通过网络、报刊或实地考察郑州某一工厂情况(如富士康),评价该企业发展的区位条件,从地理专业角度,提出该企业的发展建议,完成调查报告。

【教学反思】

在实际授课过程中,本节课的优势体现在以下3个方面:

1.根据课程标准和教材内容精心设计,设置了合理的教学活动,精心选取现实生活中工业发展案例,通过任务驱动教学,让学生在真实情境中深刻理解影响工业的区位因素及其变化,从而提高学生的地理思维能力和培养学生的地理核心素养。

2.取材于真实情境的"真问题"让学生学到了"真知识",提升了学生在课堂上主动探究和解决问题的能力,学习效率得到很大提高。

3.活动设计丰富,培养了学生地理实践力。

但在实际授课过程中,本节课的教学设计还有待改进:

1.如何更好地平衡教材与情境;本节课在授课过程中,学生在教师的引导下成功地解决了真实情境中的问题,但在教材内容的掌握方面则略显不足,因此在教学设计中需要更多地考虑融入教材内容。

2.授课时间有限,个别问题探讨深度不够,还需精心设计问题。

【专家点评】

本节教学设计结构清晰,目标明确,贴近生活,突出学科特点。始终以问题链的形式引导学生思维,地理核心素养的培养贯穿整节课,突出优点表现在以下3个方面:

1.以格力电器在郑州发展相关资料的真实情境为切入点,认识地理现象,引出本节课的核心概念和核心问题,并调动学生获取解读信息的能力。

2.以格力电器在郑州发展出现的"机器代工"等材料,设计问题链,分析地理原理,构建核心知识体系,培养综合思维能力。

3.通过材料"格力电器对郑州的影响",以及"作为高新区的市民,为了高新区的发展,请你为政府的招商引资献言献策"的活动设计,让学生运用所学知识解决身边的地理问题,树立人地协调的发展理念。

同时,也提出以下两点建议:

1.部分任务设计值得再商榷,以提高有效性。

2.学生的课堂活动形式可以再丰富一些。

【参考文献】

中华人民共和国教育部.普通高中地理课程方案(2020年版)[M].北京:人民教育出版社,2020.

4.13　区域发展对交通运输布局的影响——"轨道"上的郑州都市圈

【课程标准内容要求及解读】

内容要求	必修2.6　结合实例，说明运输方式和交通布局与区域发展的关系。		
行为条件	行为动词	概念体系	必备知识和关键能力
结合实例	说明	**学科大概念**：探究人文地理的基本思路与方法 **本节核心概念**：交通运输布局、区域发展 **子概念**：运输方式、交通运输布局的影响因素、交通运输需求、经济发展与资金、区域发展变化	1.理解并说明交通运输布局的一般原则； 2.结合实例，对比分析说明不同区域发展对交通运输布局的影响； 3.结合实例，对比分析说明某区域不同发展阶段下资金对交通运输布局的影响； 4.说明并评价某区域发展变化下，因时因地规划交通运输布局的变化过程及原因

　　行为条件为"结合实例"，能够结合不同区域发展与交通运输布局的案例，根据当地发展特点，考虑自然、人文多种要素以及区域时空发展变化特点，综合分析说明区域发展对交通运输布局的影响。学生需要综合分析并说明区域发展多种要素和时空变化趋势（综合思维），对比不同区域对交通运输布局需求的差异（区域认知），结合学校所在区域经济发展状况，评价其交通运输布局的合理性并预测未来发展趋势（地理实践力），理解交通运输因时因地制宜、适度超前进行交通运输布局的重要性（人地协调观）。

　　行为动词为"说明"，学生要在理解的基础上进一步说明，即要求学生能够分析并说明区域发展影响交通运输布局的机制，学生在探明成因前先要掌握交通运输布局的一般原则，进而结合区域发展的主要方面综合说明其对交通运输布局的影响（综合思维）。

　　核心概念为"区域发展"与"交通运输布局"，首先要明确交通运输布局的一般原则；在此基础上结合实例具体分析交通运输需求以及区域发展中经济发展水平对交通运输布局的影响，深刻理解区域运输布局是因时因地综合考虑多种因素权衡下的结果（区域认知、综合思维）。

　　在教学过程中，教师应注意结合真实情境，注意联系本区域发展与交通运输布局特点，通过当地交通运输布局变化历程反映出区域发展对交通运输布局的动态综合影响，领悟因时因地进行交通运输布局的产业观,培养学生从时空变化视角并结合当地区域发展趋势,用发展的眼光规划与评价区域交通运输布局的能力。

【核心概念知识地图】

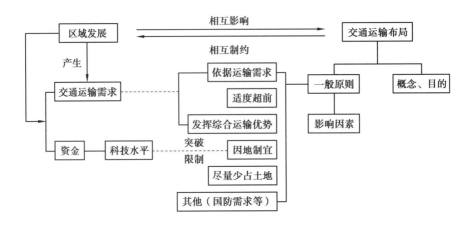

【教材与学情分析】

本节内容位于人教版新教材高中地理必修二第四章第一节。教材按照人文地理内容的内在逻辑从人口、聚落、产业、交通运输、环境和发展5个方面对人文地理进行介绍,并将交通运输布局与区域发展内容置于产业区位因素之后,帮助学生进一步巩固交通运输作为产业重要区位因素与区域发展之间的关系。

本节教材首先给出了交通运输布局的概念及目的,然后补充其影响因素及一般原则,为后续进一步说明区域发展对交通运输布局的影响作理论铺垫。区域发展过程中产生不同交通运输需求促成该区域现有交通运输布局。教材以京沪高铁站点分布案例思考框和上海虹桥综合交通枢纽为例进行详细阐述,培养学生说明实际生活中某一区域发展下交通运输布局特点形成原因的综合思维能力;并将国内外不同区域(国内选取义乌,国外选取非洲)之间对比分析,培养学生区域认知素养。另外安排"分析交通线、站布局与运输需求的关系"活动,以北京首都机场为例说明依据运输需求、适度超前原则下进行交通运输布局的重要性,培养学生的综合思维和人地协调观。此外,交通运输布局与区域发展之间存在不相适应的情况。区域发展水平较低往往交通运输布局不能适应工业化的快速发展,当区域发展到一定水平后资金和技术水平的提升能进一步推进区域发展,满足社会发展的需要。教材从资金角度,以青藏高原和我国西部山区为例说明资金推动交通运输布局突破自然条件限制的难题,帮助学生理解它们之间的相互关系,培养学生综合思维能力。

在知识储备上,学生已经学习了产业区位因素的相关内容,对人文、地理、事物之间相互联系、相互制约的关系有了基本认识,并且对交通运输方式有生活上的直观体验,但是对区域发展与交通运输布局之间的关系理解仅停留在表层。本节课通过乡土真实情境,借助郑州发展与交通运输布局的发展历程相关材料与数据,有助于激发学生探究两者之间关系的求知欲并通过问题探究、构建起相应的知识思维网络。

【教学设计思路】

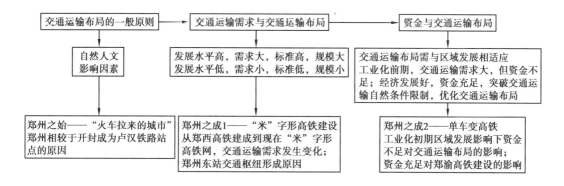

【教学设计方案】

学习目标

1.结合案例,说明交通运输布局的一般原则。

2.结合实例,说明交通运输需求和资金对交通运输布局的影响。

3.对比分析区域发展不同阶段,描述郑州区域交通运输布局的变化,评价其规划的合理性,说明区域发展对交通运输布局的影响。

第一课时

情境导入

有人说郑州是"火车拉来的城市",郑州便捷的交通网络是如何形成的? 交通运输布局一般遵循什么原则? 在郑州发展历程中,又有哪些因素影响着郑州交通运输布局? 郑州的发展离不开交通,郑州的发展也促进了郑州交通运输布局进一步完善优化,今天我们一起探究"轨道"上的郑州都市圈的形成过程与原因,导入新课的学习。

教学过程

• 环节一

[情境素材]

材料一:光绪十五年(1889年),两广总督张之洞向清政府建议修筑从卢沟桥经由河南至汉口的铁路。光绪三十二年(1906年)卢汉铁路全线通车,改称京汉铁路。而后,督办铁路大臣盛宣怀即奏请清政府修建作为该线支线的汴洛(开封府至河南府)铁路(陇海铁路的前身）。1908年汴洛线全线通车，两大铁路干线在郑州交会，郑州就这样前行在铁路十字中心的位置上。(源自《河南省志》)

材料二：晚清时期，开封府是当时河南的政治、经济、文化中心。清雍正二年郑州升为直隶州，隶河南省，12年仍属开封府。清光绪年间郑州曾升为直隶州，1913年郑州改为郑县。1928年改郑县为郑州市。1931年撤市复改郑县。1933年郑县为河南省第一行政督察专员公署驻地[1]。

材料三：黄河开封段河道长74 km，堤防长87.67 km，有险工5处，滚河防护工程1处，控导(护滩)工程9处，总长47 593 m，有坝垛、护岸447道。该河段"悬河"形势突出，河道宽、浅、散、乱，是典型的游荡性河段，且冲淤变化剧烈，往往造成工程出险抢护困难。历史上该河段决口频繁[2]。

[任务]

1.阅读教材，明确交通运输布局的概念和目的。

2.阅读教材，结合案例从不同角度阐释卢汉铁路和汴洛铁路最终选址在郑州交会的原因。

3.结合3则材料与教材内容，说明晚清时期郑州交通运输布局遵循的原则。

[评价]

问题	水平1	水平2	水平3
1	能够说出交通运输布局的概念和目的	结合实例阐述交通运输布局的概念和目的	
2	能够说出1~2个影响因素	能够全面说出其原因，能够阐述多种因素下因地制宜进行交通运输布局的原因	能够准确、全面地阐释其原因
3	能够说出晚清时期郑州交通运输布局的1~2个原则	能够结合材料，说明交通运输布局的一般原则和影响因素，以及相互关系	能够结合材料，准确、全面说明交通运输布局的一般原则和影响因素

[设计意图]

本环节的情境是以晚清时期卢汉铁路选址及郑州成为交通枢纽的历史缘由出发，联系乡土特点引导学生思考分析，最终说明交通运输布局的一般原则。任务1旨在通过教材内容对核心概念进行了解，为后续进一步探究提供基础。任务2旨在引导学生从自然条件和经济条件分析交通运输布局的影响因素，培养学生综合思维能力，从而引发学生思考交通运输布局应遵循的一般原则。任务3旨在结合乡土案例，帮助学生理解并归纳总结交通运输布局应遵循的一般原则。

● 环节二

[情境素材]

材料一：卢汉铁路不断发展为京汉铁路，又进一步延伸为现在的京广铁路。随后，我国高速铁路快速发展，2012年京广高铁投入使用。除铁路运输外，广东白云机场和北京首都机场等先后建设投用，使区域间交通运输方式多样化。

材料二：2005年9月，郑西高铁开工建设，2010年2月开通运营，画下了"米"字形高铁网第一"横"；2015年6月，郑焦城际铁路建成通车运营；2016年9月，郑徐高铁正式开通运营；2019年，京港高铁商合段、郑渝高铁郑州至襄阳段、郑阜高铁开通运营；2022年6月，济郑高铁濮郑段、郑渝高铁全线开通运营，濮阳东站、郑州航空港站正式投入运营；河南历时18年，在全国率先建成"米"字形高铁网，成就"高铁汇中原""米字通八方"。

"米"字形高铁网全面落成，不仅极大地改善了中原人民的出行，更拉近了郑州与全国各大城市的时空距离。以郑州为中心，4 h即可覆盖1 000 km交通圈，快速连接京津冀、长三角和成渝经济圈，有效辐射全国68.71%的人口（9.62亿人）和70.9%的GDP产值区域（85.76万亿元）。郑州东站也因此变得熙熙攘攘，一年来累计发送旅客超过3 000万人次，单日最高开行列车760趟，相当于不到两分钟，就有一趟高铁列车从这里发出。[3]

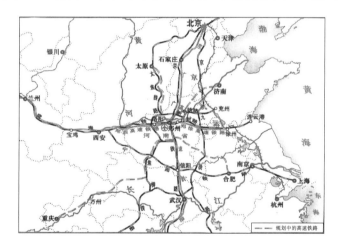

郑州市交通网络分布图（图片源自湘教版地理2第86页图4-1）

[任务]

1.结合材料一，思考京广铁路建成后建设京广高铁并设立机场的原因，结合不同交通运输方式的特点说明布局多种交通运输方式的意义。

2.阅读教材内容并结合材料实例，说出区域发展对交通运输需求的影响，分析说明郑州"米"字形高铁核心站点和线路的布局特点以及郑州东站作为"米"字形高铁网重要枢纽的作用。

[评价]

问题	水平1	水平2	水平3
1	认识到多种交通运输方式的差异，简单说出交通运输布局多样化的优势	能够结合实例分析各种交通运输方式的优劣势，说明交通运输布局多样化的作用	能够综合分析某区域选择合适的交通运输方式并阐述原因
2	能够说出站点、线路分布特点与交通运输需求有关，能简要说出交通枢纽的作用	能够结合实例从运输需求差异和时效等方面说明站点和线路的布局与城镇化过程中区域发展带来交通运输需求的关系	能够说明其他区域交通运输需求对该区域交通运输布局的影响，并对未来交通运输布局进行合理的预测规划

[设计意图]

本环节的情境以郑州铁路的发展为出发点,结合郑州"米"字形高铁网呈现的交通运输布局特点与交通运输需求的变化,引导学生在乡土真实情境中分析并总结区域发展下交通运输需求对交通运输布局的影响。任务1旨在引导学生通过京广沿线交通运输方式的多样化过程,理解交通运输需求催生多条交通线及多种交通运输方式的集聚及作用。任务2旨在通过分析郑州"米"字形高铁网站点和线路的布局特点,归纳总结交通运输需求对交通运输布局点线面的综合影响,培养学生的区域认知能力和综合思维能力。

• 环节三

[情境素材]

材料一:改革开放初期,知青大量回城,但城内的交通百废待兴,我国大部分地区盛行单车潮。图1为20世纪80年代,北京长安街上的自行车洪流。图2为广州海珠桥的单车潮,名为《上班时间的交通》。

图1　北京长安街上的自行车洪流[4]

图2　广州海珠桥的单车潮[5]

此图刊登于《人民画报》1980年第2期。

摄影报道　张长江　孙树清　曾湘敏/人民画报

材料二：郑渝高铁2022年6月建成通车，郑渝高铁对加快中原城市群、成渝地区双城经济圈的发展，具有十分重要的意义。郑渝高铁沿线地质复杂，建设难度极大，被业内称为"地铁式"高铁，全线新建桥梁91座，隧道57座（图3）。其中，襄万段隧道占比高达98%，新华隧道位于其中。新华隧道地处湖北神农架喀斯特地貌区，全长18.79 km，最大埋深1 023 m，工程难度极大（图4）。

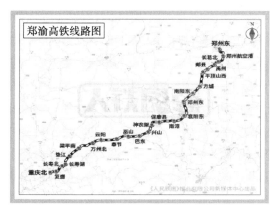

图3　郑渝高铁线路图（图源自《人民铁路》报业）　　　　图4　新华隧道施工图

[任务]

1.结合材料一，说明我国在工业化初期资金对交通运输布局的影响。

2.结合材料二，说明郑渝高铁建设需要的资金条件以及资金对交通运输布局的影响。

［评价］

问题	水平1	水平2	水平3
1	认识到工业化初期资金不足对交通布局产生的影响	能够阐述区域发展过程中资金变化对交通布局的影响	能够迁移应用到世界各个区域，说明资金不足对交通运输布局的影响
2	认识到恶劣自然条件限制下应因地制宜进行布局的原则，但区域发展到资金充足情况下可突破自然条件的限制	能够结合实例说明自然条件对交通运输布局的限制以及资金对自然条件限制地区交通运输布局的影响	能够综合自然、人文因素分析说明资金充足情况下对世界其他区域交通运输布局的影响

［设计意图］

本环节的情境通过改革开放背景下交通运输布局与交通运输需求不相适应所导致的单车潮现象和资金充足情况下郑渝高铁高标准建成通车的对比，引导学生分析不同发展水平下的资金条件对交通运输布局的影响。任务1旨在引导学生以我国为例探讨工业化初期发展水平下资金不足对交通运输布局带来的影响，培养学生时空发展的综合思维能力和与城镇化等知识之间的联系能力。任务2旨在通过郑州快速发展的"米"字形高铁网中重要一撇郑渝高铁成功建设案例，引导学生与区域发展初期进行对比，说明资金充足对交通运输布局的影响，培养学生比较思维能力和综合思维能力。

✦ 课堂小结

通过本节课的学习，我们知道了什么是交通运输布局以及布局的一般原则，区域发展如何通过交通运输需求和资金对交通运输布局产生的影响。交通运输布局总是适度超前安排，对区域发展也会产生深远的影响。郑州作为国际性综合交通枢纽，被誉为中国铁路的心脏。郑州快速发展的交通运输网给当地发展带来了哪些影响？是通过何种途径产生的？我们下节课继续学习。

✦ 板书设计

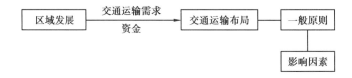

✦ 自主探究

1.选择你感兴趣的城市或区域,搜集相关资料并说明当地发展与交通运输布局的关系。

2.结合近年来郑州交通运输布局的特点,搜集资料探讨郑州航空港站建设将给区域发展带来哪些影响?

3.2023年年底郑许线开通运营,结合郑州市都市圈轨道交通"四网融合"规划图[7],搜集资料探究说明中原城市群建设和郑州同城化建设与交通运输布局之间的关系。

【教学反思】

本节课利用典型实例郑州区域发展与交通运输布局关系的乡土资源,从学生的实际生活出发进行情境设计。郑州"米"字形交通网建设与学生生活体验紧密相连,学生能够快速代入并感受情境,结合递进式任务问题有针对性地培养学生分析问题和解决问题的能力,在解决问题中培养学生的地理思维和地理学科核心素养。但是在对学生学习成果的反馈方式和评价方面缺乏多元化,学生高阶思维培养下与知识的迁移应用能力相关的情境问题设计还有待加强。

【专家点评】

本节教学设计立足乡土特色,自古及今立足郑州交通运输布局发展变化,融合培育学生的乡土情怀和家国使命感,情境真实、思路清晰,问题导向任务驱动下培养学生的地理学科核心素养,突出优点表现在以下3个方面:

1.以郑州市是"火车拉来的城市"到"米"字形高铁网络建设的典型案例,融合真实情境的丰富资料,重视学生的思维过程,注重培养学生的地理学科核心素养。

2.注重区域间对比和区域内时间变化的对比,以变化的视角从时空综合角度出发培养学生的综合思维能力和区域认知素养。

3.自主探究活动进一步丰富了本节课案例,充分结合了本土区域发展和交通运输布局的热点内容,进一步拓宽了学生思维,树立正确的发展观和产业观,有利于培养学生的人地协调观与地理实践力。

同时,也提出以下3点建议:

1.素材的完整性、呈现的多样性需进一步丰富提升。

2.真实情境的部分环节需要与教材进一步结合。

3.自主探究活动可增加国外的典型案例进行拓展,增强学生的迁移应用能力。

【参考文献】

［1］杨丽.试论古都郑州的发展历史及特点［J］.三门峡职业技术学院学报,2006,5(4):53-56.

［2］王良玉,孟昭岭,朱松立.黄河开封河段新结构坝技术探析［J］.黄河水利职业技术学院学报,2002,14(1):9-10.

4.14　交通运输布局对区域发展的影响——
幻乐之城——中牟

【课程标准内容要求及解读】

内容要求	必修2.6	结合实例，说明运输方式和交通布局与区域发展的关系。	
行为条件	行为动词	概念体系	必备知识和关键能力
结合实例	说明	**学科大概念**：探究人文地理的基本思路与方法	1.结合实例，理解并说明交通运输布局的变化； 2.结合实例，说明区域发展包括经济、社会、文化等方面； 3.结合实例，多角度多层次理解交通运输布局对区域发展的影响； 4.结合实例，说明交通运输布局对聚落发展的影响
		本节核心概念：交通运输布局、区域发展	
		子概念：运输方式、经济要素、聚落、区域发展	

　　行为条件为"结合实例"，能够结合交通运输布局与不同区域发展的案例，根据当地交通运输的方式及布局特点，综合分析其对区域经济发展及聚落发展起作用的主要方面(综合思维)。通过分析更加深入地了解交通运输布局的差异给当地区域发展带来的差异(区域认知)，理解发展交通运输布局必须与区域发展相协调(人地协调观)。

　　行为动词为"说明"，要求学生在结合实例的前提下能够对所学知识进行理解并运用其学习案例掌握的基本分析方法，实现知识与能力的迁移(综合思维)。

　　核心概念为"交通运输布局"与"区域发展"，首先明确交通运输布局应有利于区域经济发展各要素之间的流动，便于实现要素之间的优化配置、加强区域间的联系，促进区域发展；在此基础上又探究影响聚落发展方面的具体表现，尤其是交通运输布局的变迁对不同形态聚落的兴衰具有重大意义。

　　在教学过程中，教师应注意结合真实情境与本地交通运输布局的实际情况，综合时空角度，辩证动态地看待区域发展态势，主要侧重于对区域经济的促进作用，以及对地域聚落形态发展的影响，重点考查学生的综合思维与辩证思维能力。

【核心概念知识地图】

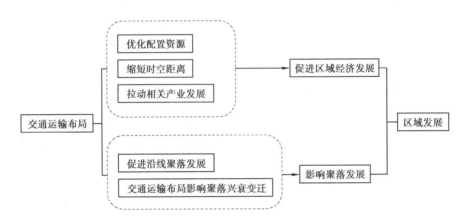

【教材与学情分析】

本节内容为人教版新教材高中地理必修二第四章第二节。在学习了第一节区域发展战略对交通运输布局的基础上，从其他方面阐述两者之间的相互关系，重点突出交通运输布局给区域经济及沿线聚落的兴衰带来的影响。

本节以京杭大运河对于扬州的发展为背景，首先阐述京杭大运河对沿线城市发展的促进作用，同时通过其他交通运输线路的不断升级与完善，给运河沿线城市发展带来了严重的冲击，更深层地表达了交通运输线路的改变对于区域兴衰的重要作用，引导学生对比分析综合考虑。

在知识储备上，学生在初中阶段已经学习了交通运输的分类和特点，并且在高中阶段的前面部分已经学习了人口分布、城乡空间结构及特点等与本节有关的内容，加上本章第一节已经学习了区域发展对交通运输布局的影响，学生们开始思考两者之间的相互影响，这有利于激发学生知识建构的动机。

【教学设计思路】

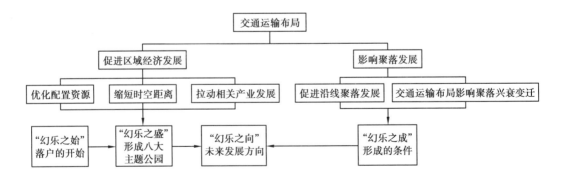

【教学设计方案】

✛ 学习目标

1.结合案例,说明交通运输布局对区域经济发展的促进作用。

2.结合实例,说明交通运输布局对聚落发展的影响。

✛ 情境导入

位于郑州市和开封市中间的这座县城,本以西瓜和大蒜驰名全国,然而竟在短短的10年时间、8 km之间,利用文化、农业、产业集聚的综合优势,成功打造了"中国主题公园第一县"新标签。"中国中牟——幻乐之城",就此成为这座县城的新名片,今天我们一起探究这座县城华丽蜕变的原因,导入新课的学习。

✛ 教学过程

• 环节一

［情境素材］

中牟东西距开封、郑州各30 km,"郑开同城"的加速发展,让中牟融入了郑州和开封的"半小时生活圈"。目前,中牟拥有多家全球知名主题公园,是中国主题公园第一县。郑州绿博园、郑州方特欢乐世界、梦幻王国、水上乐园、建业电影小镇、只有河南·戏剧幻城、郑州海昌海洋旅游度假区等八大主题公园沿着郑开大道8 km内集中布局(图1)。

图1　中牟八大主题公园分布及主要道路分布图

中牟集"铁、公、机"交通优势于一体,陇海铁路、郑开城际轨道在境内分别设有站点,西距郑州高铁站20 km,郑州K2快线贯穿中牟至开封,郑州市区延伸至中牟的地铁8号线正在建设;全县每百平方千米道路密度300 km,连霍、郑民、安罗等高速在中牟设有下道口,全县域15 min车程可上高速;南距郑州国际机场25 km,郑民高速可直通机场。

[任务]

1.阅读教材,说出交通运输布局对区域经济发展产生的主要影响。

2.结合材料,说出中牟县交通运输方式有哪些类型并分别说出对该县文旅产业发展的有利影响。

3.结合材料和所学知识,分析多数主题公园选择落户中牟县的主要原因。

4.结合材料,指出交通运输道路的建设还会对区域发展带来哪些有利影响?

5.结合材料与教材内容,推测中牟主题公园未来发展的方向及依据。

[评价]

问题	水平1	水平2	水平3
1	能够简要说出交通运输布局促进区域经济发展的3个方面及其拉动作用	能够准确说出交通运输布局促进区域经济发展的3个方面及其拉动作用	能够结合实例,说出交通运输布局促进区域经济发展的3个方面及其拉动作用
2	能够说出中牟县交通运输方式;简要说出对该县文旅产业发展的有利影响	能够说出中牟县交通运输方式;能准确说出对该县文旅产业发展的有利影响	
3	能够说出便利的交通运输是其主要原因	能够说出便利的交通运输方式、政策、市场、地理位置等因素	能够结合其中某个主题公园说出具体的影响因素
4	能够说出交通运输本身就是重要的产业部门	能够说出具体的如增加就业、建筑业、旅游业等有利影响	能够举例说出不仅能够带动经济发展,而且能够协调中西部发展的有利影响
5	能够简要说出大致发展方向	能够结合所学知识,说出发展的方向及依据	能够结合实例,具体说出发展的方向及主要依据

[设计意图]

本环节的情境是以中牟主题公园的发展为背景,结合教材设计问题链,把问题串联起来,不断引导学生深度思维。任务1旨在通过教材内容了解交通运输布局对区域经济发展的具体影响,为后续进一步探究提供基础。任务2旨在引导学生结合已学知识具体说出不同方式带来的有利影响。任务3综合分析主题公园落户中牟的主要原因,不仅涉及本节课的内容,还需考虑已学过的区位因素,引导学生多方面思考。任务4旨在引导学生综合思考在明确交通运输布局对区域经济发展的同时,不得忽略其自身发展也可以带动相关产业的发展。任务5为开放性问题,引导学生结合所学知识,面对具体事例能够迁移应用。

• 环节二

[情境素材]

从2004年开始，国道107在郑州境内3次东移，前两次东移后的国道107分别改名为中州大道、四港联动大道，2017年9月28日G107国道东移东五环即万三公路正式通车。万三公路、郑开大道、绿博大道等多条干线的修建与通车，对于该区域内主题公园的客流量带动作用十分明显，同时也优化了区域环境，完善了住房、商业等配套产业。但是在旅游旺季尤其是"五一"和"十一"黄金周，道路拥堵严重，并且出现住宿、就餐难、贵，随意丢弃垃圾等突出问题。

小冉庄原本是中牟县的一个普通村落，当时周围没有一条像样的公路。2012年12月30日划归郑东新区管辖，2016年城中村改造拆迁，村落消失，新建设成为豫兴家苑1号院并集中安置了周边数十个村落的村民，地址位于平安大道与万三路交叉口西邻，在当地政府的统一规划下，新的安置社区逐渐形成了完善的商业区、居住区、休闲区等板块，呈现出一派"繁华"景象。

[任务]

1.随着该区域交通线路的不断完善，中牟县城区发展也逐渐向西干线交通交会处靠拢，结合材料，说明其对城区的发展的促进作用。

2.阅读教材内容并结合材料实例，说出交通运输线路的变迁对乡村发展的体现。

3.结合材料与所学知识，说出旅游旺季来临时对于缓解主题公园周围交通及公共设施产生的巨大压力可以采取的有效措施。

[评价]

问题	水平1	水平2	水平3
1	能够说出交通运输线路的交会处交通便利	能够说出交通干线交会处利于客货集散，便于功能分区的完善	能够结合实例，分析交通运输布局的完善有利于产业结构的发展与城市发展
2	能够说出交通线路的布局有利于乡村的发展	能够说明交通线路的改变会带来乡村的兴衰	能够结合实例，分析交通运输布局对当地及更广阔区域的影响
3	能够简要说出带来了哪些问题	能够从完善交通线路布局、分时段错峰等方面提出建议	能够针对具体的拥堵路段提出对应的解决措施

[设计意图]

本环节的情境是在第一个环节的基础上，深入探究该地区交通运输布局的不断变化对区域发展的多方面影响。任务1主要是交通运输布局的不断发展与完善，尤其是通过交通枢纽的位置选择有利于功能分区的形成,逐渐形成城镇,能够让学生了解其发展的原因。任务2从交通运输线路的变迁给乡村的发展带来的兴衰,更加明确其主要作用。任务3结合当地实际情况,探究交通运输布局的合理性及产生的问题的解决方法,引导学生在结合实际情况的同时注意综合考虑各种影响因素,作出正确的判断并提出合理化建议,培养学生的区域认知、综合思维、人地协调等学科核心素养和能力。

✤ 课堂小结

通过本节课的学习,我们全面了解了交通运输布局与区域发展的相互关系。交通运输布局对区域发展的影响不仅仅表现在区域经济方面,还与聚落的形成和发展紧密相关,尤其是在乡村发展方面,对于社会主义新农村建设具有引导作用。

✤ 板书设计

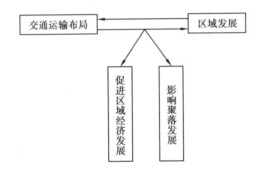

✤ 自主探究

1.任意选择一个主题公园,搜集相关素材、了解其主要功能,并分析其有利的区位条件。

2.查阅相关资料,结合所在学校周边交通运输布局的特点,分析给学校周边区域发展带来的具体影响。

3.选取一个聚落进行实地调查并搜集相关数据,分析交通运输布局给其发展带来的影响。

4.搜集素材,分析中牟县从"瓜蒜之乡"向"幻乐之城"转变的主要影响因素。

【教学反思】

对案例的学习与分析,有助于学生把教材知识与实际情况相结合,同时有助于培养学生关注生活中的常见现象,多角度多层次综合分析产生的原因,引导并培养学生热爱家乡、建设家乡的情怀。但是在实际教学过程中,学生对于有效信息的筛选,对于问题的深度思考比较缺乏,思辨能力有待提高。

【专家点评】

本节教学设计立足区域实例,从新名片——"幻乐之城"引入,激发学生的学习兴趣,引导学生逐层探究,以问题导向任务驱动下培养学生的地理学科核心素养,突出优点表现在以下3个方面:

1.以中牟县交通运输的布局特点与主题公园的兴起,探究形成幻乐之城的新名片案例,融合真实情境的丰富资料,重视学生的思维过程,注重培养学生的地理学科核心素养。

2.通过阅读分析材料,能够培养学生获取信息及对比总结的能力。

3.问题的设置以问题链的形式呈现,有利于培养学生的深度思考与综合思维能力。

同时,也提出以下3点建议:

1.问题的设置应更具有明确的导向性,便于引导学生提高效率。

2.真实情境的部分环节缺乏充实的数据支撑,另外与教材的融合还需进一步加强。

3.环节一和环节二的衔接及问题的设置有待优化。

【参考文献】

李金玲,刘春艳."交通运输布局对区域发展的影响"教学设计[J].中学地理教学参考,2021(10):63-64,75.

4.15　人类面临的主要环境问题　走向人地协调—可持续发展
——联合国环境大会与环境问题

【课程标准内容要求及解读】

内容要求	必修2.10　运用资料，归纳人类面临的主要环境问题，说明协调人地关系和可持续发展的主要途径及其缘由。			
行为条件	行为动词	概念体系		必备知识和关键能力
运用资料	归纳说明	**学科大概念：人地关系**		1.分析环境问题产生的原因； 2.归纳主要环境问题及其表现； 3.说明环境问题的区域差异和全球化趋势； 4.说明区域实现可持续发展的主要途径； 5.设计并实施环境保护的方案
		本节核心概念：主要环境问题、主要途径		
		子概念：环境污染、生态破坏、资源短缺、技术途径、经济途径、制度途径、教育途径		

　　行为条件为"运用资料"（地理实践力），表明在本节课的教学中，教师应该为学生提供具体案例，帮助学生学习。

　　行为动词之一为"归纳"，重点在于学生借助教师提供的具体案例，总结分类后抽象得出一般的环境问题类别、分布和特征；行为动词之二为"说明"，学生需结合多个因素分析，得出协调人地关系和可持续发展的主要途径及其缘由（综合思维）。

　　核心概念为"主要环境问题"，重点关注全球普遍存在或者具有全球影响的环境问题。环境问题具有明显的地域性，是在一定的自然环境和人文活动的共同作用下产生的，因此消除环境问题的"主要途径"同样存在明显的区域差异（区域认知）。同时，在教学过程中教师需要提供具体案例，让学生在实际环境问题中体会人地协调的重要性，有利于培养学生尊重自然、保护自然的意识（人地协调观）。

　　在教学过程中，教师应多展示我国和世界环境问题相关资料，注重结合真实情境，引导学生搜集、整理环境问题相关资料并进行课堂交流分享，以促进学生地理核心素养的培养与提升。

【核心概念知识地图】

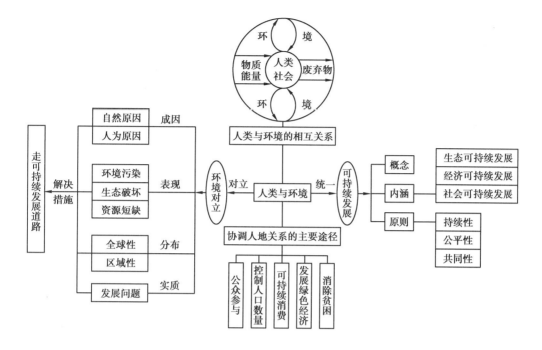

【教材与学情分析】

本节内容位于人教版新教材高中地理必修二第五章第一节和第二节。引导学生学习了自然地理与人文地理基础知识后,进一步深入学习人地关系,是对以往各章节人地矛盾的总结与升华,重点在于培养学生的人地协调观。

教材第五章第一节以联合国人类环境会议通过的《人类环境宣言》为导言,首先介绍了环境问题及其产生的原因,以八大环境公害事件为案例,并设计活动主题"过度垦荒带来的环境影响",然后图文结合介绍了主要环境问题及其表现。同时,第五章第一节也为学生进一步学习第二节协调人地关系和可持续发展的主要途径,第三节中国国家发展战略举例及可持续发展实践做好认知铺垫。

第五章第二节在第一节的基础上探讨了走可持续发展道路的背景,首先介绍了可持续发展的概念、内涵、原则,并以2030年可持续发展目标为案例,设计了在全球环境治理的国际合作中各类国家应尽的责任活动主题。然后从政府、企业和公众3个角度得出走可持续发展道路的具体措施,并设计了学生在校园中如何进行闲置物品交换的活动主题,倡导学生作为公众的一员积极参与到环境的保护中,真真切切地走可持续发展道路。最后教材以自学窗的形式,介绍了人地关系思想的历史演变,揭示了人地关系思想的演变,既是一个由自发到自觉的过程,也是一个充满曲折、反复的过程,对人地关系思想的研究和实践将是一个永恒的主题。

在知识储备上,本课标对应的知识点已在学生的义务教育阶段学习过,并在实际生活中已经接触到大量的环境问题,他们已经具备了对环境问题的一些感性认识,只是欠缺系统的理论分析,还没有形成清晰的知识体系。

本节课的授课对象是高一年级的学生,学生已经对中学自然、人文地理具有一定的认知,并初步具备一定的地理分析能力。因此,在本课标的学习中,教师需要结合具体案例引导学生,激发学生思考,进一步分析环境问题产生的原因,并针对原因提出走可持续发展道路的具体措施,使学生树立正确的人地协调观。

【教学设计思路】

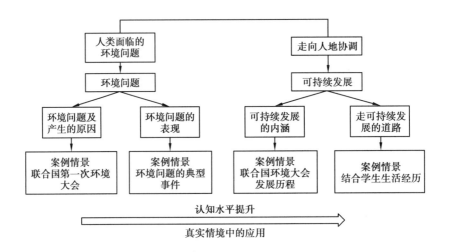

【教学设计方案】

✦ 学习目标

1. 结合模式图,说明环境问题的含义及其成因。

2. 举例说明环境问题的主要分类与表现。

3. 分析资料,区分环境问题的分布差异。

4. 分析资料,说出可持续发展的概念、内涵和原则。

5. 举例说明区域实现可持续发展的主要途径。

6. 运用所学知识并搜集资料,结合自身实际考察,提出促进某区域可持续发展的可行性措施。

第一课时

✤ 情境导入

2024年3月1日,为期一周的联合国环境大会第六届会议在肯尼亚内罗毕落下帷幕。联合国环境大会每两年举行一次,是世界上最高级别的环境议题决策机制,旨在助力恢复人类与自然的和谐,改善世界上最弱势人群的生活。那么,联合国环境大会是在什么背景下成立的? 其发展及走向又如何? 今天,我们带着这些问题开始新课的学习。

✤ 教学过程

• 环节一

[情境素材]

联合国在环境与发展领域一直担任着重要的角色,召开全球环境大会是联合国展现全球环境治理能力的重要途径,历史上具有里程碑意义的全球环境大会共3次,这三次会议是一个逐级深入的过程,每一次都比前一次有创新点与行动方案。

在20世纪前60年里,一系列重大公害事件给经济和社会发展带来严重冲击后,人类努力寻求新的发展模式。联合国人类环境会议就是在这种背景下召开的,此次会议于1972年6月5—16日,在瑞典斯德哥尔摩市举行,通过了世界上第一个具有里程碑意义的重要宣言——《斯德哥尔摩人类环境宣言》,并决定成立联合国环境规划署。这次会议标志着人类对环境问题的觉醒,也是人类第一次在全球范围内携手面对环境问题的挑战。值得注意的是,根据这次会议的精神,同年召开的联合国第27届大会把每年的6月5日定为"世界环境日",此后,世界各地都在这一天举行各种环境纪念活动,提醒人们保护共同的家园。

[任务]

1.阅读教材,明确环境问题的概念,说明1972年联合国人类环境会议召开的背景。

2.阅读教材图5.2,归纳总结人类社会与环境的关系。

3.阅读教材,说明环境问题产生的原因,归纳总结威胁人类的生存和持续发展的主要问题。

4.结合教材活动,说明过度垦荒带来的环境影响。

[评价]

问题	水平1	水平2	水平3
1	能够通过阅读课本,简要说明环境问题的含义	能够通过阅读课本,简要说明环境问题的含义,并能结合材料归纳环境问题的实质	

续表

问题	水平1	水平2	水平3
2	能够通过阅读课本，简要说明人类社会与环境的关系	能够通过阅读课本，简要说明人类社会与环境的关系，并能结合材料形成朴素的人地关系思想	
3	能够通过阅读课本，简要说明环境问题产生的原因	能够通过阅读课本，简要说明环境问题产生的原因，并能判断环境问题的类型	能够通过阅读课本，简要说明环境问题产生的原因，并能判断环境问题的类型，说明环境问题产生的影响
4	结合材料，能判断人类对环境不同的态度和行为是否合理	结合材料，说明人类对环境不同的态度和行为，会产生不同的环境效应	

[设计意图]

本环节的情境是联合国第一次召开全球性质的人类环境大会,介绍了此次大会召开的背景、取得的成果以及此次大会召开的意义,引导学生结合课本认识环境问题的含义、形成机制及其成因。任务1、任务2和任务3旨在提高学生结合相关材料获取地理知识的能力,并运用获得的知识解读本环节的情境。任务4旨在引导学生能将所学知识迁移应用到新的情境中,从而提高学生的认知水平,更好地落实学习目标和课标要求。

• 环节二

[情境素材]

材料一:通过前面的学习我们知道,20世纪前60年经历的一系列重大公害事件是1972年联合国人类环境大会召开的背景。下面,我们来了解其中最严重的八次重大公害事件。

多媒体展示世界自工业革命以来的八大公害环境事件。

材料二:环境问题不仅包括重大公害事件,还包括其他一些事件,下面我们一起来了解美国的"黑风暴"事件。

18世纪末至19世纪末的美国西进运动,是一次大规模的移民拓殖运动。在宜耕的气候带,扩大了耕地面积,农业迅速发展。但由于对土地的过度开发,导致林地锐减。1934年5月11日,美国西部草原地区发生了一场人类历史上前所未有的黑色风暴。风暴整整刮了3天3夜,形成一个东西长2 400 km、南北宽1 440 km、高3 400 m的迅速移动的巨大黑色风暴带。风暴带所经之处,溪水断流、水井干涸、田地龟裂,庄稼枯萎,牲畜渴死,千万人流离失所。

[任务]

1.结合材料一,说出材料中的八大公害事件所属的环境问题类型,说明这种类型的环境问题给人类社会带来的影响,并提出解决这类环境问题的可行性措施。

2.结合材料二,说明美国的"黑风暴"事件所属的环境问题类型,说明这种类型的环境问题给人类社会带来的影响,并提出解决这一类环境问题的可行性措施。

3.除了上述两类环境问题,请搜集其他类型的环境问题,说明这种类型的环境问题给人类社会带来的影响,并提出解决这类环境问题的可行性措施。

[评价]

问题	水平1	水平2	水平3
1	结合案例,能判断环境污染这一环境问题的类型	结合案例,准确判断环境污染的具体表现	能够结合实例(问题),全面、准确地分析具体的环境污染问题,并提出解决这类环境问题的可行性措施
2	结合案例,能判断生态破坏这一环境问题的类型	结合案例,准确判断生态破坏的具体表现	能够结合实例(问题),全面、准确地分析具体的生态破坏问题,并提出解决这类环境问题的可行性措施
3	通过搜集材料,能判断资源短缺这一环境问题	结合案例,能说明资源短缺的具体表现	能够结合实例(问题),全面、准确地分析具体的资源短缺问题,并提出解决这类环境问题的可行性措施

[设计意图]

本环节的情境是八大公害事件和美国的"黑风暴"事件,该情境既体现了不同类型的环境问题的特点,也反映了人类对自然环境采取的不同做法,相应地也得到了自然的不同回应。任务设计旨在引导学生运用上一环节的所学知识,从性质上区别环境问题的类型,理解环境问题的具体表现,并提出解决这类环境问题的可行性措施。

• 环节三

[情境素材]

材料一:通过前面的学习,我们知道环境问题不仅有类型上的差异,还存在地区之间的差异。下面,我们通过多媒体展示当今世界主要环境问题的分布示意图,并结合教科书的相关内容,探究相关问题。

材料二:环境问题是动态发展的,目前有愈演愈烈,逐步蔓延之势。其中,全球变暖等问题已演变成为全球性环境问题。

[任务]

1.阅读教材并结合材料一,举例说明发达国家、发展中国家环境问题的主要差异,并推测城市与乡村之间环境问题的主要差异。

2.结合材料一展示的"当今世界主要环境问题的分布"图,举例说明可能影响其他地区甚至全球的环境问题,并推测环境问题的变化趋势。

［评价］

问题	水平1	水平2	水平3
1	能区别发达国家、发展中国家环境问题的主要差异	能区别发达国家、发展中国家环境问题的主要差异，并能推测城市与乡村之间环境问题的差异	
2	结合材料，能简单说出全球性环境问题	结合材料，能举例说明全球性环境问题	结合材料，能举例说明全球性环境问题，并推测全球环境问题的变化趋势

［设计意图］

本环节的情境源自教材,较为直观地体现了发达国家、发展中国家环境问题的主要差异。任务设计旨在检测学生对环境问题的掌握水平,强化学生对环境问题的认识。

◈ 课堂小结

通过本节课的学习,我们认识了世界主要的环境问题,了解了环境问题的形成机制,知道了环境问题产生的原因、危害以及地区差异。实际上,这些问题已在联合国第一次人类环境大会上提出,但是当时的人类还没有找到解决这类问题的办法。那么,联合国通过接下来的几次人类环境大会能找到解决环境问题的办法吗? 我们下节课接着学习。

◈ 板书设计

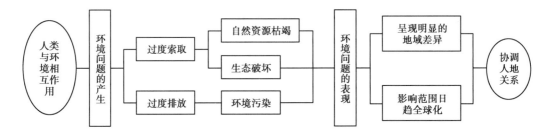

◈ 自主探究

1.查阅资料,了解联合国环境大会每次召开的时间、解决的环境问题。

2.阅读课本相关内容,了解人类解决环境问题的途径和具体措施。

第二课时

◈ 情境导入

上节课我们一起学习了环境问题的成因、危害及区域差异,了解了联合国第一次召开人类环境大会的概况,那么联合国为了解决全球环境问题,还做了哪些重要工作呢? 我们人类面临的环境问题到底应该怎样解决呢？通过本节课的学习我们来探究答案。

✦ 教学过程

• 环节一

［情境素材］

材料一：20世纪70年代以来，可持续发展的思想逐步形成并得到公认。1972—1992年是可持续发展思想的理论探讨阶段。1972年联合国在瑞典首都斯德哥尔摩召开了人类环境会议，只是唤醒人们关注环境问题，并未提出可持续发展的概念。直到1987年，世界环境与发展委员会发表了《我们共同的未来》之后，可持续发展才引起了世人的重视和关注。1992年，《21世纪议程》是可持续发展思想发展的里程碑，标志着从理论探讨走向实际行动，推动全球的可持续发展。下图为"环境与发展国际大事件"示意图。

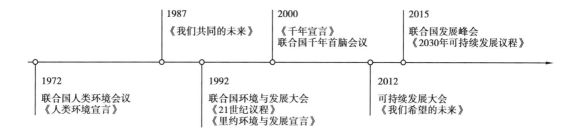

材料二：每年6月5日为世界环境日，每年的这一天联合国环境规划署都会确定一个主题，呼吁各国政府和人们为改善人类环境，造福子孙后代而共同努力。

1974年：只有一个地球。

1981年：保护地下水和人类食物链，防治有毒化学品污染。

1991年：气候变化——需要全球合作。

2000年：2000环境千年，行动起来。

2008年：促进低碳经济。

2014年：提高你的呼声，而不是海平面。

2018年："塑"战速决。

2019年：蓝天保卫战，我是行动者。

2020年：关爱自然，刻不容缓。

2021年：生态系统恢复。

2022年：只有一个地球。

［任务］

1.阅读课本相关内容，并结合材料一，说明实施可持续发展的必要性。

2.阅读课本，说出可持续发展的概念，并举例说明可持续发展的内涵。

3.总结所学知识，并结合材料二，举例说明实现可持续发展的基本原则。

[评价]

问题	水平1	水平2	水平3
1	能够结合课本和材料简单说出实施可持续发展的必要性	能够结合课本和材料说明实施可持续发展的必要性	
2	简要说出可持续发展的概念	能够结合可持续发展的概念，说出可持续发展的内涵	能够通过举例的形式从生态、经济、社会等角度说明可持续发展的内涵
3	能够说出实现可持续发展的基本原则	能够运用具体案例，说明实现可持续发展的基本原则	

[设计意图]

本环节的情境是联合国环境大会发展的历程，体现了人类对环境问题不断探索的精神。任务设计旨在引导学生通过阅读课本及材料认识到可持续发展思想的逐步形成并得到公认的过程，同时了解可持续发展的概念、内涵和实现可持续发展的基本原则，从而正确认识可持续发展道路，并形成保护环境的正确价值态度。

• 环节二

[情境素材]

实现可持续发展意味着世界观、价值观、伦理观的变革，是人类行为方式的深刻变革。世界各国纷纷探索适合本国国情的可持续发展道路。实现可持续发展是一项长期而艰巨的任务，需要政府、企业和公众的共同努力。

[任务]

阅读材料并结合课本和生活经验，从政府、企业和公众中任选一个角度举例说明实现可持续发展的具体措施。

[评价]

问题	水平1	水平2	水平3
1	结合材料，总结实现可持续发展的具体措施	结合材料与生活经验，举例说明实现可持续发展的具体措施	

[设计意图]

本环节以教材内容为素材，展示了人类社会经济发展的新模式。任务设计旨在引导学生结合材料并调动生活经验，认识到实现可持续发展的具体措施，在此基础上通过让学生举例的形式达到课标要求。

➡ 课堂小结

通过本节课的学习，我们认识了可持续发展，知道了解决环境问题的根本途径就是走可持续发展道路,实现可持续发展是一项长期而艰巨的任务,需要我们一起用本节课学习的知识坚持不懈地探索,让我们为建设美丽家乡和美丽中国共同努力!

❖ 板书设计

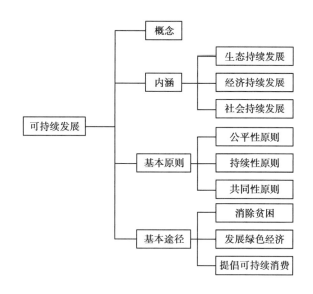

❖ 活动实践

在学校进行闲置物品交换:

1.你的闲置物品包括哪些?想要交换的物品有什么?

2.通过社交平台,发起"闲置物品交换"话题。参与者需要整理出自己的闲置物品,通过"拍照""描述""上传"等步骤,完成闲置物品的信息介绍。参与者通过浏览他人的闲置物品,找到想要交换的物品,通过线上联系,最终达成交换协议。

3.向学校申请场所,举办"闲置物品交换"活动。已达成交换协议的人员可在此完成交换,其他人可在现场进行物品交换。

4.未完成交换的衣物、文具等可捐赠给贫困地区的学生。

【教学反思】

在实际授课过程中,本节课的优势体现在以下两个方面:

1.通过分析真实案例,让学生理解和应用所学知识,避免照本宣科,提高学习效率。

2.让学生在真实或模拟的情境中,通过解决问题、完成任务等实践活动,能够将所学知识应用到实际中。这种实践性学习方式能够加深学生对知识的理解和记忆,并培养他们解决问题的能力。

但在实际授课过程中,还存在一些实施难度:

1.面对学生参差不齐的知识水平和认识水平,如何设计适合每个学生思考的问题,避免过于简单或复杂。

2.如何更好地平衡地理课程的基础性与综合性。本节课属于必修课程部分,课程设计应当具有基础性,但在实际授课过程中由于本节课综合性较强,部分学生在完成学习任务时未能达到较高的水平要求,因此在教学设计中要注意考虑学生的能力水平,适当调整学习任务的难度。

【专家点评】

本节教学设计目标明确,思路清晰,突出了学生思维、地理核心素养的培养,突出优点表现在以下3个方面:

1.从教学目标的制订来看:能从知识、能力、思想情感等方面来把握,知识目标有量化要求,能力、思想情感目标也有所要求,符合学生的认知规律,难易适度。关注学生分析综合能力和知识迁移能力的培养,和新课标要求的教学目的相符。

2.从目标达成来看:教学目标能体现在每一教学环节中,教学环节设置紧紧围绕目标,为实现目标服务。课堂上能较快地接触重点内容,重点内容的教学时间得到保证,重点知识和技能得到巩固和强化。注重学生主体性的发挥,从提问到练习,都能把"以学生为本"的教学思想贯穿课堂始终。

3.从教材处理上分析:对这节课知识内容的传授较准确,在教材处理和教法选择方面突出了重点,突破了难点,抓住了关键。

同时,也提出以下两点建议:

1.本节课案例较多,整节课下来略显繁冗,应化繁为简。

2.部分任务的设计值得再商榷,以提高有效性。

第5章　基于真实情境的选择性必修课程教学案例

5.1　塑造地表形态的力量——岩石圈的物质循环

【课程标准内容要求及解读】

内容要求	选必1.2　运用示意图，说明岩石圈物质循环过程。			
行为条件	行为动词	概念体系		必备知识和关键能力
运用示意图	说明	**学科大概念**：自然环境中的物质运动与能量交换		1.识别常见岩石类型； 2.描述主要岩石的特征； 3.分析各类岩石的转化以及与岩浆之间的关系； 4.阐述岩石圈物质循环过程
		本节核心概念：岩石圈各类岩石和岩浆的转化		
		子概念：岩浆、岩浆岩、变质岩、沉积岩、外力作用、变质作用、岩浆活动、重熔再生		

　　行为条件为"运用示意图"，关于岩石圈物质循环的示意图有很多种绘图方法，学生对示意图的运用相对比较熟练，在教学过程中，可以适当增加示意图的复杂性，例如岩浆岩类型的区分、沉积岩形成的两个阶段等，以提高学生的读图用图能力。

　　行为动词为"说明"，要求学生能够理解并描述岩石圈各类物质的转化关系，能够理解岩石圈物质循环的过程，并具备一定的语言表达能力。

　　核心概念为"岩石圈物质循环"，首先应重点关注岩石圈的组成及物质存在形式，其次要结合内力作用与外力作用形式，以三大类岩石和岩浆的转化为例，引导学生掌握岩石圈物质的循环过程。

　　在教学过程中，教师要注意结合真实情境，引导学生利用生活中常见的岩石实物进行观察和鉴别，还要搜集岩石标本进行对比，并对搜集到的岩石进行归类，分析各类岩石之间的转化关系。

【核心概念知识地图】

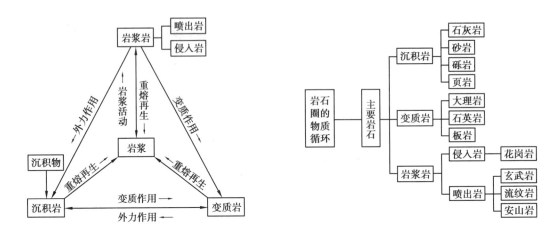

【教材与学情分析】

本节内容位于人教版新教材高中地理选择性必修一第二章第一节。根据课程标准的内容设计,选择性必修一为自然地理基础,主要包括3个部分的内容:地球运动、自然环境中的物质运动和能量交换过程、自然环境的整体性和差异性。本节从地表形态的角度落实课程标准中的两个要求,分别为"运用示意图,说明岩石圈物质循环过程"和"结合实例,解释内力和外力对地表形态变化的影响,并说明人类活动与地表形态的关系"。

在必修第一册的教材中已经有地貌观察的相关内容,所选择的4种地貌形态是从成因角度进行划分的。必修阶段学习地貌相关内容是以观察为主,有关成因的内容涉及较少、层次较浅,选择性必修模块在此基础上进一步深入,引导学生进行过程分析,从感性认识逐步上升到理性认识。本节课"塑造地表形态的力量"从宏观的角度分别介绍了内力和外力在地表形态形成过程中发挥的作用,在内力和外力作用塑造地表形态的过程中,也发生着岩石圈物质的循环转化,因此本节课第二课时重点落实"运用示意图,说明岩石圈物质循环过程"这一内容标准。

岩石圈的物质循环相对比较抽象,尤其是变质岩、沉积岩、侵入岩的形成过程人类难以观察,其形成的时间尺度和空间尺度都很大,只能去想象。教材内容在讲清三大类岩石形成的基础上,设计了更加详细、更加形象的岩石圈物质循环示意图,图中将三大类岩石循环过程分环节表示,且构建了不同环节发生的具体场景,帮助学生以空间和时间的视角认识三大类岩石和岩浆的转化过程。

为了提升学生的地理实践能力,引导学生认识不同岩石的差异,新教材在介绍三大类岩石时,补充了代表性岩石的图片,还配有文字介绍,以此引导学生学会欣赏自然景观,独具认识自然地理现象的慧眼,理解地表形态存在差异的本质原因。

本节课后设计"自学窗"内容,介绍了地质学研究的核心思想"将今论古"的由来,让学生尝试通过现在了解过去,帮助学生学会地理学科的研究方法,增进学科理解,为以后的职业生涯奠定基础。

在知识储备上,由于初中地理未涉及"岩石圈的物质循环"这部分知识,学生只能通过生活体验、课外知识的学习来了解岩石相关的基本知识。岩石的形成及岩石圈物质循环过程涉及地球内部圈层和外部圈层。部分学生地理空间思维能力较弱,读图和析图的能力相对较差,因此,学生在读图分析、说出岩石圈的物质循环过程、绘制岩石圈物质循环简图会有一定的难度。

受限于生活环境,学生对不同类型岩石的特点缺乏认识,大部分学生缺少深入观察岩石特征的经验,不知道应该如何鉴别、区分不同类型的岩石,对岩石的成因、物质变化等现象了解较少;同时受限于知识水平,学生对岩石圈物质的转化缺乏认识,不能够深入分析三大类岩石与岩浆之间的联系,因此对岩石圈的物质循环还未形成系统认知。

【教学设计思路】

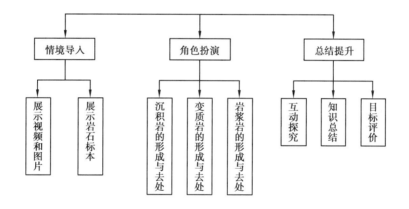

【教学设计方案】

✦ 学习目标

1.观察岩石标本,结合图像资料,说出各类岩石的形成过程及特征。

2.运用图像、视频及示意图,描述岩石圈物质循环过程。

✦ 情境导入

展示常见岩石的图片,给学生观察花岗岩、玄武岩、页岩、砂岩、板岩、大理岩等岩石标本,让学生观察岩石标本,描述岩石特征,并提出问题:这些岩石是如何形成的? 它们经历了哪些内力和外力作用过程? 从而导入本节课的学习。

🕂 教学过程

• 环节一

［情境素材］

给学生提供岩浆岩、沉积岩、变质岩三大类石头标本若干,具体岩石有花岗岩、玄武岩、页岩、砂岩、板岩、大理岩等,根据班级学生人数,把学生分成6~8个学习小组,让学生以小组为单位进行岩石标本的观察,并结合课件展示的岩石图片,研究对比各类岩石的特征。

［任务］

1.观察岩浆岩标本和课件展示的岩面图片材料,研究花岗岩、玄武岩两种岩浆岩的主要成分、有无气孔、硬度、光泽、密度等特征,结合教材课本内容,通过对比说出岩浆岩的主要特点及成因。

2.观察沉积岩标本和课件展示的岩面图片材料,研究砾岩、砂岩、页岩、石灰岩4种沉积岩的主要成分、颗粒大小、硬度、光泽、有无化石等特征,结合教材课本内容,通过对比说出沉积岩的主要特点及成因。

3.观察变质岩标本和课件展示的岩面图片材料,研究大理岩、板岩两种变质岩的主要成分、颗粒大小、硬度、光泽、结晶状况等特征,结合教材课本内容,通过对比说出变质岩的主要特点及成因。

［评价］

问题	水平1	水平2	水平3	水平4
1	通过观察岩浆岩标本,简单描述岩浆岩的成因	通过观察岩浆岩标本,简单描述岩浆岩的成因,并能区分岩浆岩的种类	通过观察岩浆岩标本,能够描述岩浆岩的具体成因,并能区分岩浆岩的种类,解释形成过程	通过观察岩浆岩标本,能够描述岩浆岩的具体成因,并能根据特征区分岩浆岩的种类,解释具体岩浆在不同条件下的转化过程
2	通过观察沉积岩标本,简单描述沉积岩的成因	通过观察沉积岩标本,简单描述沉积岩的成因,并能区分沉积岩种类	通过观察沉积岩标本,能够描述沉积岩的成因,并能区分沉积岩种类,解释该岩石的特点	通过观察沉积岩标本,能够详细描述沉积岩的具体成因,并能根据沉积岩的特征区分沉积岩种类,说明沉积岩的不同特点
3	通过观察变质岩标本,简单描述变质岩的成因	通过观察变质岩标本,简单描述变质岩的成因,并能说明发生变质作用的条件	通过观察变质岩标本,能够描述变质岩的成因,能说明发生变质作用的条件,并能鉴定常见变质岩的种类	通过观察变质岩标本,能够详细描述变质岩的成因,能说明发生变质作用的条件,描述变质作用发生过程,能鉴定常见变质岩的种类,并能说明变质岩变质前对应的岩石种类

[设计意图]

本环节的情境是可观察、可触摸的岩石标本,以及形象直观的图文材料,学生可以根据亲眼所见的石头特点,判断岩石的类型和特征,有助于学生理解和探究岩石背后的成因。任务设计旨在引导学生通过观察和对比来发现不同岩石类型的特点,通过实物和图文材料判断各类岩石的特征,探究各类岩石形成的内外力条件,从而更好地落实学习目标和课标要求。

• 环节二

[情境素材]

播放视频《一块石头的生命历程》,播放岩浆的喷发和流动视频。

借助视频材料,让学生进行角色扮演。例如:1.假如我是一块岩浆岩(沉积岩或变质岩),那么我从哪里来? 我可能会遇到什么样的地质环境? 我将会有什么样的变化? 2.假如我是一滴岩浆,想去地表旅行,我会有什么样的奇遇? 我将会发生什么样的变化?

[任务]

1.阅读教材并根据视频材料,思考假如我是岩浆岩(沉积岩或变质岩),我从哪里来? 我可能会遇到什么样的力量? 我将会有什么样的变化? 将思考结果用思维导图的形式表现出来。

2.阅读教材并根据视频材料,思考假如我是一滴岩浆,我从哪里来? 我可能遇到什么样的地质环境? 我将会有什么样的变化? 将思考结果用思维导图的形式表现出来。

[评价]

问题	水平1	水平2	水平3	水平4
1	通过观看视频,借助教材图文信息,代入角色,能够简单描述所饰角色的形成过程	通过观看视频,借助教材图文信息,代入角色,能够简单描述所饰角色的形成过程以及下一步可能发生的转化	通过观看视频,借助教材图文信息,代入角色,能够简单描述所饰角色的形成过程以及下一步可能发生的转化,并能绘制思维导图或者逻辑图进行解释说明	通过观看视频,借助教材图文信息,代入角色,能够简单描述所饰角色的形成过程以及下一步可能发生的转化,能绘制思维导图或者逻辑图进行解释说明,并描述中间转化过程与内外力形式
2	通过观看视频,借助教材图文信息,代入岩浆的角色,能够简单描述岩浆与三大类岩石的转化关系	通过观看视频,借助教材图文信息,代入岩浆的角色,能够根据示意图,描述岩浆与三大类岩石的转化关系以及对应的内外力作用	通过观看视频,借助教材图文信息,代入岩浆的角色,能够自己绘制岩石圈物质循环示意图,解释岩浆与三大类岩石的转化关系以及对应的内外力作用	通过观看视频,借助教材图文信息,代入岩浆的角色,能够自己绘制岩石圈物质循环示意图,解释岩浆与三大类岩石的转化关系以及对应的内外力作用过程,并能分析不同地质作用过程对地表形态的影响

[设计意图]

本环节的情境是展示两段关于岩石圈物质循环的视频,并让学生通过角色扮演亲身体会岩石圈物质的转化过程,以及所经历的内外力作用形式,引导学生推测某一类岩石的"前世今生"。根据课本图文资料,结合自身角色代入后的体会,想象不同环节发生的具体场景,帮助学生以空间和时间的视角认识不同岩石之间的转化。旨在通过角色扮演增加趣味性,帮助学生形象地理解岩石圈的物质循环过程。

✦ 课堂小结

通过本节课的学习,我们认识了主要的岩石类型和特征,了解了三大类常见岩石的形成过程,知道了三大类岩石与岩浆之间的转化关系,明白了地表分布各种岩石的原因,理解了岩石圈物质和能量的循环转化。那么,影响岩石圈物质转化的内力和外力都有哪些具体情况呢?内力和外力是如何影响岩石圈物质循环的呢?我们下节课接着学习。

✦ 板书设计

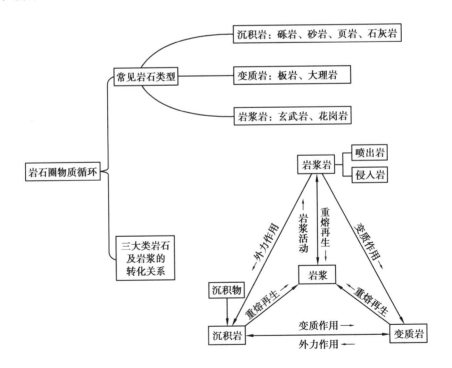

✦ **自主探究**

1.查阅资料并结合所学知识,对照岩石标本,运用手机识图软件或网络搜索功能等方式,在校园内展开岩石种类的调查,将校园内的岩石进行分类,对于仅凭外观无法识别的岩石,在实验室利用放大镜、化学溶剂等进行深入探究。

2.搜集相关资料了解岩石主要种类和结构特点,前往当地地质博物馆或者野外山地,通过观察各种岩石的形态、结构、特点,大致判断其所属类型,探究某山地形成的地质历史过程;采集不同类型的岩石标本,体验地质科考工作。

【教学反思】

在实际授课过程中,本节课的优势体现在以下3个方面:

1.利用岩石标本,学生看得见摸得着,直观性强,立足真实情境,学生积极性高,在课堂上主动探究和解决问题,学习效率得到极大提高。

2.通过角色扮演,代入对应角色,通过想象身临其境体验岩石圈物质的转化,趣味性强,更加形象和真切,有利于培养学生地理实践力和综合思维能力。

3.本节课设计了部分需要学生观察、触摸、对比等活动环节,并与课后室外地质考察探究活动有机结合,较好地培养了学生地理实践力。

但在实际授课过程中,本节课的教学设计还有待改进:

1.如何更好地把控课堂秩序并提高课堂效率,如何避免有些同学看热闹、参与度低的情况。

2.本节课在授课过程中,学生在教师指导下才勉强完成了岩石圈物质循环示意图的绘制,教师应该如何调整教学以便更好地发挥学生的主观能力,黑板上的板书能否交由学生独立完成等都是值得思考并提高的问题。

3.如何更好地把生活情境和教材知识进行融合,如何更好地平衡地理课程的基础性与综合性。本节课课程设计应具有基础性和综合性,但在实际授课过程中由于本节课综合性较强,部分学生由于基础欠缺,在完成学习任务时未能达到较高的水平要求,因此在教学设计中要注意考虑学生的能力水平,适当调整学习任务的难度。

【专家点评】

本节教学设计思路清晰,形式新颖,贴近生活情境,突出学科特点,利用真实素材和情境引导学生深度思维,学生参与度高,氛围活跃,地理核心素养的培养贯穿整节课,突出优点表现在以下3个方面:

1.以常见的岩石标本导入课堂,让学生体验真实情境,激发学生学习兴趣,根据地理实物引出本节课核心问题,充分调动学生的综合思维能力,并培养学生的地理实践力。

2.利于图片和视频展示地理事象,充分利用多媒体设备直观、形象地展示地理要素的形成及变化过程;让学生通过角色扮演,身临其境地体验并分析地理原理,培养学生的综合思维能力。

3.通过小组合作探究的学习方法,充分调动学生互帮互助的学习热情,真正让学生成为课堂的主体,通过同学之间直接合作交流、深度思考,解决疑难问题,自我消化,比教师直接讲解更高效。学生通过深入分析岩石圈物质循环过程和原理,理解自然地理要素的物质运动和能量交换遍布各个圈层。培养学生解决身边的地理问题的能力,达到"知行合一"。

同时,也提出以下3点建议:

1.本节课环节一和环节二略有重复,整节课略显繁冗,建议简化环节一。

2.情境设置可以更丰富,部分任务的设计还需提高针对性,任务内容与要求应当更明确。

3.针对学习目标达成度的检测,可以设计更加多元化的检测形式。

5.2 常见天气系统

【课程标准内容要求及解读】

内容要求	选必1.4 运用示意图，分析锋、低压（气旋）、高压（反气旋）等天气系统，并运用简易天气图，解释常见天气现象的成因。		
行为条件	行为动词	概念体系	必备知识和关键能力
运用示意图和运用简易天气图	分析、解释	**学科大概念**：物质运动和能量交换	1.分析冷锋、暖锋、准静止锋等天气系统； 2.分析低压（气旋）、高压（反气旋）天气系统； 3.解释常见天气的成因
		本节核心概念：天气系统、天气现象	
		子概念：气团、锋、气旋、反气旋、高压、低压	

行为动词分别是"分析"和"解释"，重点是让学生通过示意图分析天气系统中的大气运动特征和天气系统的结构特征(综合思维)，运用简易天气图解释常见天气现象的成因(地理实践力)。

行为条件之一是"运用示意图"，示意图可以是教师展示也可以是学生绘制，绘制示意图对学生的能力要求更高，通过绘制天气系统示意图可以极大地提升学生的地理素养(地理实践力)。

核心概念为"天气系统"和"天气现象"，"天气系统"和"天气现象"都是在一定区域和一定时间内出现的现象，因此分析和解释它们需要学生结合具体区域的环境特征，并从不同的时空尺度去认知(区域认知)。强烈的天气系统会导致剧烈的天气现象，甚至会发展成为气象灾害，这就需要学生正确地看待气象灾害和人类活动之间的关系(人地协调观)。

在教学过程中，教师要注意结合真实情境，既要利用学生亲身经历过的天气现象和过程引导学生思考和分析天气系统，也要利用所学的天气系统相关知识，运用天气图解释常见天气现象。在此过程中，实现学生从现实到抽象，再由抽象到现实的过程。

【核心概念知识地图】

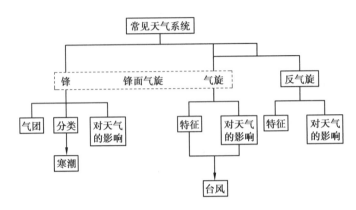

【教材与学情分析】

本节内容位于人教版新教材高中地理选择性必修一第三章第一节。教材的主要内容是自然环境中的物质运动与能量交换，本章"大气的运动"位于第一章"地球的运动"和第二章"地表形态的塑造"之后，第四章"水的运动"之前，这种安排主要考虑以下两个方面：第一，从对内容本身的认识过程来看，全球性和局部性的大气运动，都强烈地受到地球运动和地表形态等的影响，同时也会直接影响地球表层系统中的水分运动，以及其他物质、能量的交流与转换。第二，大气运动作为地球表层系统中能量流、物质流的重要组成部分，与其他章节内容（如水的运动、太阳辐射、岩石圈物质循环等）一起阐明地球表层系统中的主要自然地理过程，是学生学习自然地理的基础知识。

本节以天气等大气运动为主要内容，涉及天气的成因等内容，旨在使学生能够科学地解释大气运动现象，深刻认识大气运动原理，客观分析大气运动的地理意义，致力于培养学生的人地协调观、综合思维、区域认知和地理实践力等中学地理核心素养。

本节教材从情境设计到正文再到"活动"都紧密联系实际，首先是超强台风"莫兰蒂"，接着是我国不同区域的冷锋、暖锋、准静止锋、气旋、反气旋等，最后还引用了2008年5月26日11时亚洲部分地区海平面等压线分布实况。大量的真实情境贯穿于教材，教学时要基于具体情境，进行理论提升与规律总结，最后再回到真实的案例情境，解决生活中的现实问题。

在知识储备上，学生在初中阶段已经学会识别常见的天气符号，必修一也掌握了大气的受热过程和大气的水平运动规律，再加上学生已学过等值线判断基础，基于以上已掌握的内容，学生可以更好地理解不同天气系统对气温、风等天气要素的影响；在生活经验上，天气现象和天气变化是学生生活中时刻都在经历的，学生对不同天气现象有一定的了解。因此，大部分学生都能理解常见的天气系统和天气现象的一般特征。

但从天气现象到天气系统，抽象程度在增加，认知难度也在增大，而学生在实际生活中对天气现象的认知又是孤立、感性的,因此学生欠缺从要素综合、区域综合、时空综合等方面分析天气系统示意图的意识和能力。同时,气象要素在简易天气图中被抽象化、多样化表达,天气现象又在不断地发展变化,因此学生分析和理解起来难度较大。

【教学设计思路】

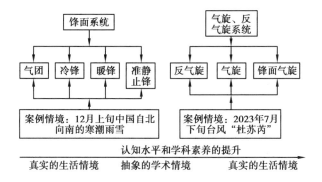

【教学设计方案】

✦ 学习目标

1.运用示意图,对比分析冷锋、暖锋、准静止锋等天气系统,并运用简易天气图,解释锋面天气系统常见天气现象的成因。

2.运用示意图,对比分析低压(气旋)和高压(反气旋)天气系统,并运用简易天气图,解释气旋、反气旋天气系统常见天气现象的成因。

3.运用简易天气图,解释锋面气旋的形成过程及对天气的影响。

第一课时

✦ 情境导入

展示冷锋云系图片,请学生思考,为什么云系两侧一侧是晴天而另外一侧是阴云密布? 为什么云向晴天一侧倾斜? 让学生带着疑问和思考进入新课的学习。

✦ 教学过程

• 环节一

[情境素材]

我们每天都在经历各种不同的天气现象和天气过程,刚才展示的图片就是教师某年暑假在郑州北边某地拍摄的,这幅图片中左半边阴云密布,右半边天空晴朗,云层从下而上倾向右侧晴朗的天空。像这样,大气中经常发生阴晴风雨雪等天气现象,都与天气系统的活动密切相关,锋面、气旋、反气旋等都是常见的天气系统,教师展示的是一幅冷锋云系图。

[任务]

1.阅读教材,了解什么是气团,气团的空间尺度一般有多大,分析单一气团控制下的天气状况及成因。

2.阅读教材,结合展示的图片,说出什么是锋面、锋线和锋;推断锋面附近常见的天气现象及成因。

[评价]

问题	水平1	水平2	水平3
1	能够说出气团的概念，大致描述气团的空间尺度	能够说出气团的概念，能用数据准确描述气团的空间尺度，能准确推断单一气团控制下的天气状况并分析成因	
2	能说出与锋相关的概念，大致描述锋面附近的天气现象	能说出与锋相关的概念，准确描述锋面附近的天气现象并分析成因	

[设计意图]

本环节的情境是真实的天气现象过程。将真实情境的图片和学科情境(抽象化)的图片进行对比,更有利于学生理解气团和锋的概念及对天气现象的影响。任务1旨在提高学生从空间角度认知地理事象的意识和能力,并为后续学习锋的概念做铺垫。任务2旨在引导学生理解锋面天气系统的结构特点,并帮助学生建立抽象概念和现实天气现象及天气要素的关系,提高学生综合分析问题的能力。

• 环节二

[情境素材]

冷暖气团相遇形成锋,按照冷暖气团势力强弱和锋面移动方向,锋可以分为冷锋、暖锋、准静止锋。教师展示冷锋、暖锋、准静止锋的示意图,并通过动画(视频)方式播放冷锋、暖锋和准静止锋过境对天气的影响。

[任务]

1.阅读教材并观察冷锋、暖锋、准静止锋的示意图,判断锋的类型、说明判断依据,指出锋前、锋后的位置并说明理由,判断雨区的位置。

2.观察动画(视频),判断锋面类型,说明不同类型的锋过境对天气的影响。

[评价]

问题	水平1	水平2	水平3
1	根据示意图识别不同类型的锋，说出冷暖气团的位置及移动方向，判断雨区的位置	能正确绘制不同类型的锋面示意图，并能区别锋的类型	

续表

问题	水平1	水平2	水平3
2	观察动画（视频），能判断锋面类型，并简单说出锋面过境对天气的影响	观察动画（视频），能判断锋面类型，并准确说出锋面过境前、过境时、过境后的天气变化	

[设计意图]

本环节的情境是展示锋面示意图和锋面过境动画,抽象化后的学科情境在学生理解和学习锋面系统过程中的作用不可替代,由于真实的情境和天气过程比较复杂,在抽象化后通过示意图和动画的方式让学生能更好地理解锋面过境对天气的影响,这为后续学生分析真实情境下典型的天气过程做铺垫。

• 环节三

[情境素材]

我们每天都在经历各种不同的天气过程和天气现象,2023年12月上旬郑州经历了一次非常明显的降温雨雪天气,这次降温雨雪天气影响的远不止郑州及所在的华北地区,12月16日导致本次大范围降温的冷空气移动到了华南沿海,甚至冲入南海,这就是冬半年易出现的寒潮。在本次寒潮之前一个月,11月12日前后有一次强冷空气自北向南侵入我国,在云贵高原形成了一次"教科书"式的天气现象——昆明准静止锋。

[任务]

1.根据所给气象资料,指出影响郑州天气变化的天气系统类型,推断本次天气系统过境时间,说明本次天气系统过境对郑州产生的主要影响。

2.根据播放的视频资料,说明此次昆明准静止锋的形成过程及对云贵高原不同区域的影响。

3.课下查询资料,说出冬半年影响中国的寒潮移动路径,分析寒潮对中国不同区域影响的差异及成因,总结寒潮的危害及应对措施。

[评价]

问题	水平1	水平2	水平3	水平4
1	能说出锋面类型,大致推断出锋面过境时间	能说出锋面类型,准确推断锋面过境时间,简单说出锋面过境对郑州的影响	能说出锋面类型,准确推断锋面过境时间,准确描述锋面过境对郑州的影响	能说出锋面类型,准确推断锋面过境时间,准确描述锋面过境对郑州的影响,分析推断锋面过境郑州后的变化

续表

问题	水平1	水平2	水平3	水平4
2	能简要说出昆明准静止锋的形成过程及对云贵高原不同区域的影响	能准确描述昆明准静止锋的形成过程及对云贵高原不同区域的影响	能准确描述昆明准静止锋的形成过程及对云贵高原不同区域的影响，且能正确分析影响产生的原因	
3	能通过小组合作等方式搜集和整理资料，能说出寒潮影响中国的主要路径及对中国不同区域影响的差异，简要分析差异的成因	能通过小组合作等方式搜集和整理资料，能说出寒潮影响中国的主要路径及对中国不同区域影响的差异，简单分析差异的成因	能自主搜集和整理资料，能准确说出寒潮影响中国的主要路径及对中国不同区域影响的差异，对比分析差异的成因，简要说明寒潮的危害及应对措施	能自主搜集和整理资料，能准确说出寒潮影响中国的主要路径及对中国不同区域影响的差异，对比分析差异的成因，举例说明寒潮的危害及应对措施

[设计意图]

本环节的情境源于2023年12月华北及11月云贵地区真实的天气资料,任务设计旨在检测学生在真实情境中根据所给资料,运用所学知识分析问题的能力。课下通过小组合作或者独立自主等方式搜集、整理资料,并分析和解决问题,有助于提升学生地理实践力。

➡ 课堂小结

通过本节课的学习,我们认识了常见天气系统——锋面系统,从气团到不同类型的锋面,能够利用所学知识分析现实生活中部分天气现象及其形成过程。那么,常见的天气系统还有哪些? 它们和锋面系统之间又有什么关系? 我们下节课接着学习。

➡ 板书设计

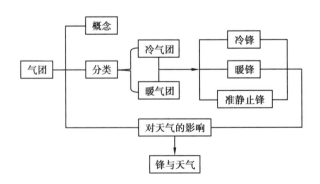

⬥ 自主探究

1. 登录中央气象台官网,查找当日中国天气图,找出当日影响中国的天气系统中有没有锋面,如果有,请分析其对郑州市的影响。

2. 预习高压、低压与天气,登录中央气象台官网,查找当日中国天气图,找出当日中国主要的高压和低压系统,及高压脊线和低压槽线的位置。

第二课时

⬥ 情境导入

台风"杜苏芮"于2023年7月21日上午在西北太平洋洋面生成,此后逐渐发展增强为超强台风;于7月26日凌晨登陆菲律宾富加岛;于7月27日傍晚再次升格为超强台风;于7月28日上午被中央气象台认定以强台风级登陆福建省晋江市沿海。其后于7月29日在安徽省境内减弱为热带低压并旋即停止编号,此后其残余环流仍继续北上并持续影响中国北方多地。这是2023年中国十大天气事件之一。那么,为什么"杜苏芮"生成于西北太平洋? 为什么在中国登陆后逐渐减弱? 台风属于什么天气系统? 和锋面天气系统有什么关联?

⬥ 教学过程

• 环节一

[情境素材]

登录中央气象台官网查询中国天气图,在天气图中有各种形态的等压线,也有很多闭合的中心,气压场就是由这些等压线组成的。在气压场分布图中,显示的是某时刻、某区域内的气压高低分布状况,这些不同类型的气压分布状况又会引起气流的水平和垂直运动,气流的运动会形成不同的天气现象。

[任务]

1. 根据中国天气图,指出图中高压、低压、高压脊、低压槽,并说明判断的依据。

2. 绘制理想状态下高压、低压东西南北4个方位的风向,观察高压、低压近地面气流运动方向并说出南北半球气旋、反气旋的气流运动特点,分析其对天气的影响。

项目		气旋	反气旋
气压状况			
近地面水平气流	北半球		
	南半球		
垂直气流			
天气状况			

［评价］

问题	水平1	水平2	水平3
1	能正确指出相应天气系统并说明判断依据		
2	能绘制气旋、反气旋的气流水平运动方向并说出气流运动特点	能准确绘制气旋、反气旋的气流水平运动方向并说出气流运动特点，能分析气旋、反气旋对天气的影响	能准确绘制气旋、反气旋的气流水平运动方向并说出气流运动特点，且能举例分析气旋、反气旋对天气的影响

［设计意图］

本环节的情境是海平面气压场分布模式图以及理想状态下的气旋和反气旋分布图。学生在认识复杂的天气图之前，要能准确判断模式图和理想状态的示意图。任务设计旨在引导学生学会判断气压场分布图，通过动手绘制气旋、反气旋示意图，对比分析这两种天气系统的大气运动特征及对天气的影响。在此过程中，学生的综合思维能力和地理实践力得到锻炼。

• 环节二

［情境素材］

2023年7月21日上午，台风"杜苏芮"在菲律宾以东洋面生成；随后向西北方向移动，强度逐渐增强，最强达到超强台风级；7月28日09时55分前后在福建省晋江市沿海登陆，登陆时中心附近最大风力15级(50 m/s，强台风级)；登陆后强度迅速减弱，7月29日08时在安徽省安庆市宿松县境内减弱为热带低压；中央气象台7月29日11时对其停止编号。

［任务］

1.根据所学知识，分析"杜苏芮"为什么生成在菲律宾以东洋面，描述其形成过程，推断其向西北方向移动过程中强度增大的条件。

2.根据所学知识，分析为什么"杜苏芮"登陆后逐渐减弱？

3.根据所学知识和资料，分析台风天气会带来哪些危害？如何应对台风造成的灾害？

［评价］

问题	水平1	水平2	水平3	水平4
1	能简要描述台风的形成过程并推断其移动过程中增强的影响因素	能准确描述台风的形成过程，准确推断其移动过程中增强的影响因素	能准确描述台风的形成过程，详细分析其移动过程中增强的原因	能结合"杜苏芮"移动路径图不同阶段的强度变化，准确描述台风的形成过程，详细分析其移动过程中增强的原因

续表

问题	水平1	水平2	水平3	水平4
2	能简要描述台风登陆后减弱的影响因素	能准确描述台风登陆后减弱的原因	能结合"杜苏芮"移动路径图不同阶段的强度变化，详细分析台风登陆后减弱的原因	
3	能简述台风的危害及应对措施	能详细概括台风的危害及应对措施	能结合"杜苏芮"登陆的影响，详细分析台风的危害及原因，并全面概括台风灾害的应对措施	

[设计意图]

本环节的情境是2023年暑假期间真实的台风天气过程,学生亲身经历过的天气现象。任务设计旨在引导学生根据资料并结合生活经验,利用所学知识分析真实情境中的问题,培养学生学以致用的能力,提高学生综合思维、地理实践力、区域认知、人地协调观等地理核心素养。

• 环节三

[情境素材]

识别常见天气系统并推测天气,2008年5月25—28日亚洲部分地区发生大范围冷空气活动。视频展示5月26日11时亚洲部分地区海平面等压线分布图,图中甲、乙两线示意锋面的位置。

[任务]

1.指出图示气旋东西部水平气流运动方向,比较北京和乌兰巴托风向及风力大小。

2.判断甲、乙锋的类型并说明判断理由。

3.描述P地在乙锋过境前后的天气变化。

[评价]

问题	水平1	水平2	水平3	水平4
1	能说出气旋东西部水平气流运动方向及两城风力大小			
2	能判断甲、乙锋的类型	能判断甲、乙锋的类型并简要说明理由	能判断甲、乙锋的类型并结合气旋及锋面天气系统相关知识详细说明理由	能判断甲、乙锋的类型,结合气旋及锋面相关知识详细说明理由,且能说明锋面气旋的移动方向及影响

续表

问题	水平1	水平2	水平3	水平4
3	能简述P地在乙锋过境前后的天气变化	能详细描述P地在乙锋过境前后的天气变化		

[设计意图]

本环节的情境源自真实气压场中的天气系统分布,是在学生学完锋面系统和气旋、反气旋系统后,在更加真实的气压场分布图中分析锋面和气旋等常见天气系统及相互结合情况下对天气的影响。任务设计旨在提升学生在真实情境中分析和解决问题的能力,更好地落实本节课程标准的内容要求。

✦ 课堂小结

通过常见天气系统这节课的学习,我们了解了不同类型的常见天气系统,能够从专业的角度看天气预报,甚至可以根据简易天气图自己"预报"天气。同时,我们也了解了常见天气系统可能带来的气象灾害,能正确地看待天气现象、气象灾害与人类的关系,从而在灾害可能到来时从容应对。

✦ 板书设计

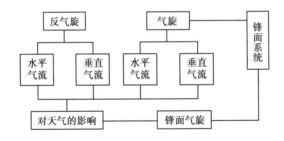

✦ 自主探究

1.登录中央气象台官网,查找当日中国天气图,找出当日影响中国的主要常见天气系统并分析其对天气的主要影响。

2.查找近3年来影响中国的主要台风源地及其移动路径,概括影响中国的台风移动路径有哪些特征并分析其成因。

【教学反思】

在实际授课过程中,本节课的优势体现在以下3个方面:

1.立足真实情境,贴合学生生活实际,激发学生学习兴趣,学生积极性高;取材于学生实际生活中经历过的真实情境,学生思考和分析问题更有针对性、更加积极,课堂学习效率得到明显提升。

2.探究活动丰富,提高了学生动手能力,有利于提升学生的地理实践力。本节课设计了动手绘制示意图、搜集整理资料等活动,能较好地提升学生实践动手能力。

3.本节课教材案例(学科情境)和精选案例(生活情境)在一定程度上相互配合、相互补充,帮助学生实现由具体到抽象,再由抽象到具体的思路切换。

但在实际授课过程中,也存在一些实施难度:

1.如何处理教材案例(学科情境)和精选案例(生活情境)之间的关系,尤其是教材案例对学生理解一些基本概念和地理过程、原理的作用不可替代,其设计和使用与精选案例应如何更好地融合。

2.如何更好地把握课堂的难度和进度。本节课学业质量水平要求达到了最高的第4级,加上本节课兼顾课本案例和精选案例,因此课堂教学的节奏很紧,学生学习的难度很大。

【专家点评】

本节教学设计目标明确,结构清晰,联系生活,突出核心概念,以案例式教学和问题式教学为主要教学方式,注重引导学生主动分析和解决问题,地理核心素养的培养贯穿整节课,突出优点表现在以下两个方面:

1.以学生生活中经历的天气现象为切入点,激发学生兴趣,引出本节课的核心概念和核心问题,调动学生主动学习、积极分析和思考问题。

2.精选案例(生活情境)和教材案例(学科情境)交替切换,帮助学生从现实到抽象,再用抽象的学科概念、过程、原理等分析复杂、真实的生活情境中的具体问题。实现了由生活中来到生活中去、"学习对生活有用的地理"的目的。

同时,也提出以下3点建议:

1.本节课案例较多,内容多、节奏紧凑,课堂主线稍显混乱,建议用问题链条串联所有教学内容。

2.部分任务的设计和教学评价还可以进一步调整,显得更加精细化。

3.课堂教学方式可以更多样化。

5.3 洋流——世界表层洋流的分布规律及其对地理环境的影响

【课程标准内容要求及解读】

内容要求	选必1.7　运用世界洋流分布图，说明世界洋流的分布规律，并举例说明洋流对地理环境和人类活动的影响。		
行为条件	行为动词	概念体系	必备知识和关键能力
运用世界洋流分布图、举例	说明	学科大概念：地理要素的演变过程	1.掌握洋流的分类； 2.结合气压带风带相关知识，能够说明不同纬度盛行风对风海流形成的影响； 3.能够结合世界海陆分布状况总结洋流分布规律； 4.分析并总结洋流对地理环境和人类活动的影响
		本节核心概念：世界洋流的分布规律及其对地理环境的影响	
		子概念：寒流、暖流、风海流、密度流、补偿流	

　　行为条件为"运用世界洋流分布图"（地理实践力），要求学生具有基本的认图识图能力，教师在教学中应辅以视频和图像，便于学生认知并总结。

　　行为动词之一为"说明"，重点在于"理解并描述"，学生要想准确说明世界洋流的分布规律，首先需要了解大规模海水运动的动力条件，并按成因对洋流进行分类；其次结合世界地图自行绘制世界洋流分布示意图并总结规律。

　　行为动词之二为"举例说明"，学生需结合典型案例理解洋流是如何影响地理环境和人类活动的。

　　核心概念之一为"世界洋流的分布规律"，首先应重点关注洋流的成因，并能根据海区的纬度及海陆位置判断洋流流向和性质，同时将其落实在世界地图中。

　　核心概念之二为"洋流对地理环境和人类活动的影响"，教师在教学过程中应结合真实情境，多举实例，帮助学生增强真实感，深入理解洋流是如何对流经海域的气候、渔业资源、航行安全等方面产生影响的。

【核心概念知识地图】

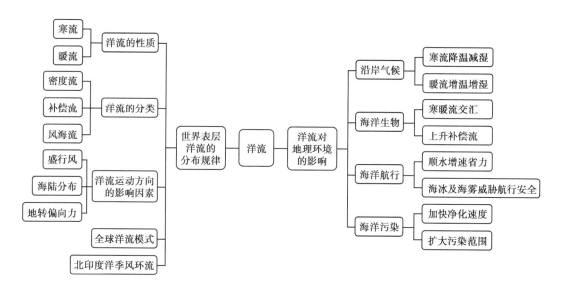

【教材与学情分析】

本节内容位于人教版新教材高中地理选择性必修一第四章第二节,属于水圈部分的重要章节。本册教材在地、气、水、生、土5个方面对自然环境进行介绍的基础上,对各个要素进行更深入的教学,拓宽广度,增加深度。并将本节置于大陆水体之后,引导学生了解海洋水体这一地球最大水体类型,在了解水循环的基础上更全面地了解海洋水体运动规律,也为后续学习海—气相互作用奠定基础,较为综合地认识自然环境,培养学生的综合思维。

本节教材从洋流的基本概念、分类、形成机制以及洋流对全球气候、生态系统和人类活动的影响等方面进行了阐述。通过这一节的学习,学生可以了解洋流系统的基本格局和运行规律,认识洋流在全球地理环境中的重要作用。

在学习本节内容之前,学生已经学习了经纬度、气压带风带、气候类型、海陆分布、洋流分类等相关知识,为接下来学习洋流知识奠定了基础。然而,由于洋流较为抽象和复杂,学生在初次接触时可能感觉比较难,并且该节内容与学生的日常生活联系不够密切,因此部分学生可能对洋流知识缺乏兴趣。有鉴于此,为了激发学生的学习兴趣,教师可以结合生活实例和趣味案例进行讲解,使学生认识到洋流知识的重要性和趣味性。高中生的学习能力和空间想象力正在逐步发展,但仍然存在一定差异。对于一些空间思维能力较差的学生,可以通过图示法和动画演示等方式帮助他们更好地理解和掌握洋流知识。同时,鼓励学生进行小组讨论和合作学习,提高学生团队合作和解决实际问题的能力。

【教学设计思路】

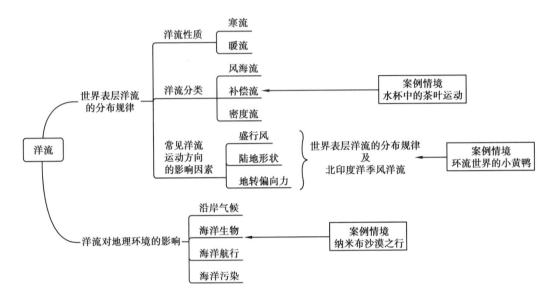

【教学设计方案】

✦ 学习目标

1.理解洋流的概念,能够说明洋流的分类及不同类型洋流的成因。

2.利用地图及洋流成因说明世界洋流的分布规律。

3.结合案例,说明洋流对沿岸地理环境和人类活动的影响。

第一课时

✦ 情境导入

展示小黄鸭的奇幻漂流动画,请同学们思考,小黄鸭的漂流动力来自哪里? 为什么它会沿着一定的方向运动? 引导学生产生"海水为什么有如此大规模的运动? 是什么因素导致的? 有没有规律?"的疑问和思考,从而导入新课的学习。

✦ 教学过程

• 环节一

[情境素材]

1992年1月10日,太平洋上的一场猛烈风暴引发了人们对全球洋流的研究热情。

一艘货轮从中国驶往美国的途中遭遇了风暴,导致数个集装箱落海,其中一个集装箱内装有由中国制造的28 800个沐浴玩具。

这些玩具包括黄色的小鸭子、红色的海狸、绿色的青蛙和蓝色的乌龟。由于受到海水的浸泡以及海流和海浪的撞击，这些橡皮玩具从集装箱中散落，并随着海流漂浮。在玩具鸭子意外散失的10个月后，第一批鸭子在漂流了3 200 km后，于1992年底抵达了阿拉斯加海岸。

一年之后，第二批玩具也抵达了阿拉斯加湾的东海岸。

经过多年的漂流，这些鸭子和海狸在阳光的照射和海水的侵蚀下逐渐褪变为白色，只有乌龟和青蛙还保持着原有的色彩。这次意外散失的玩具鸭子为科学家研究洋流路径提供了新的数据。

通过对这些鸭子的追踪，科学家们最终揭示了洋流完成一次循环所需的时间——大约3年。

［任务］

观看动画，结合教材，推测小黄鸭漂流的动力是什么，据此总结洋流的概念。

［评价］

问题	水平1	水平2	水平3
1	能够得出表层海水运动在不断运动的结论，并且理解洋流的概念		

［设计意图］

本环节的情境是小黄鸭的全球漂流，以玩具的漂流体现了表层海水在不断运动，有助于提高学生对洋流的学习兴趣，自主探究并总结表层海水运动的原因。任务设计旨在提高学生获取和解读信息、总结和归纳的能力。

• 环节二

［情境素材］

展示视频——水杯中的茶叶运动，观察表层及垂直方向上茶叶的运动状况。

［任务］

1. 表层茶叶原本静止不动，在风的吹拂下向什么方向运动？结合气压带风带的相关知识，推测在盛行风的影响下，低、中、高纬地区的海水是如何运动的？

2. 表层茶叶运动后，垂直方向上的深层茶叶如何运动？为什么？结合海陆分布情况，推测并总结低纬信风离岸风海域，垂直方向上海水的运动情况。

3. 推测并总结影响洋流的因素有哪些，并结合简图绘制在理想状态下洋流分布模式。阅读教材，结合洋流分布模式及世界表层洋流分布，总结不同海区、不同纬度的洋流分布规律。

[评价]

问题	水平1	水平2	水平3	水平4
1	根据视频能够推断出盛行风是表层海水运动的主要动力			
2	根据视频能够观察到在盛行风上风向位置出现表层水位降低，深层水上泛补充的情况	根据视频能够观察到在盛行风上风向位置出现表层水位降低，深层水上泛补充的情况，并分析其成因	能够结合海陆分布及风带的分布，指出垂直补偿流在世界海洋的分布	能够根据垂直方向上海水的温度变化规律，说出补偿流的性质及其对海域温度的影响
3	通过对比简要辨析出不同纬度、不同海域的洋流流向不同	能够结合纬度及海陆分布特点分析不同海域洋流流向的影响因素，并在简图中画出全球洋流分布理想模式图	结合模式图及全球洋流分布图，通过对比整理，明确风海流及补偿流在各纬度、各海域的分布情况并总结不同海域的洋流分布规律	能够根据纬度及陆地轮廓迅速判断沿岸洋流的流向及性质

[设计意图]

本环节的情境是水杯中的茶叶在风的吹拂下，其表层及深层茶叶是如何运动的，将其类比为风海流及上升补偿流的形成过程，用视频的形式将原本难以想象的海水运动具象化，有助于学生直观地感受洋流的形成过程。任务1旨在提高学生通过各类型材料获取信息及运用相关知识总结思考的能力；任务2旨在根据视频中展现的水的连续性，引导学生理解上升补偿流的含义；任务3旨在引导学生结合已学知识及先前思考过的问题，分析洋流的成因并总结其在全球的分布规律，更深入地理解洋流的形成及分布，落实学习目标及课标要求。

✦ 课堂小结

通过本节课的学习我们认识了不同性质的洋流，掌握了不同类型洋流的成因以及影响因素，并且能够据此总结、整理全球表层洋流的分布规律。那么，洋流对流经地区的地理环境将产生什么样的影响？如何指导人类活动？我们下节课接着学习。

✤ 板书设计

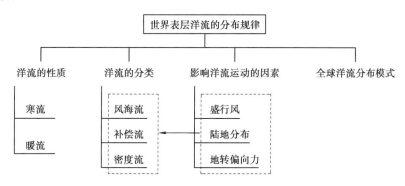

✤ 自主探究

1.北印度洋海域的洋流运动情况随季节的变化而变化,试着总结其变化规律,绘制模式图,并分析其影响因素。

2.观察南北纬45°海区洋流运动方向及性质的异同,并分析其原因。

第二课时

✤ 情境导入

上节课我们一起学习了洋流的部分知识,知道了洋流的不同性质及不同分类,也熟练掌握了不同海区洋流的分布特征。那么不同性质的洋流对沿岸地理环境有何影响? 对人类活动有何指导意义? 通过本节课的学习,我们来探究答案。

✤ 教学过程

• 环节一

[情境素材]

高中生张华在暑期随父母开启了"纳米比亚沙漠之旅",在旅行过程中见到了许多不同寻常的景色及神奇的现象。

纳米比亚坐落在非洲西南的大西洋沿岸,其国土的西部紧邻世界上最古老、最干燥的纳米布沙漠的沿海地段。在这里,张华一家惊奇地发现山坡上有一排排竖立的网子,经导游解释得知这些网被称为捕雾网,是当地民众获取生活用水的关键工具。

与陆地上的荒芜形成鲜明对比,纳米布沙漠附近的海域却充满了生机。导游兴奋地介绍,这里的鱼类品种繁多,包括沙丁鱼、凤尾鱼、鳕鱼和竹荚鱼等。此外,还有数量较少但价值不菲的鱼种,例如鲷科鱼、墨鱼、深海螃蟹、大鳌虾和金枪鱼等。这些丰富的海洋资源使纳米比亚在全球渔业产量中名列前茅。

[任务]

1.结合地图,查找纳米布沙漠的具体位置,并判断其气候及成因。

2.分析当地降水稀少却多雾天的原因。

3.分小组讨论为什么纳米布沙漠临近的海域鱼类品种丰富,与洋流有何关系,探讨与其地理位置相似的地区渔业资源是否丰富。

[评价]

问题	水平1	水平2	水平3	水平4
1	能够在地图册上找到纳米布沙漠的具体位置,包括经纬度位置及海陆位置并准确描述	能够根据位置判断其气候类型并说明原因		
2	能够结合纳米布沙漠盛行风向及海陆位置判断该地沿岸洋流的流向、性质及成因	能够结合热力环流知识,说明寒流为何对沿岸气候产生降温减湿的影响	能够类比并反推暖流如何对沿岸气候产生增温增湿的影响	
3	能够根据生物资源丰富反推纳米布沙漠附近的海域食物充足,并准确说明该海域临岸区域垂直方向上海水的运动情况并说明原因	能够将海水上泛及食物丰富相联系,并分析上升流能够形成丰富渔业资源的原因	结合地图册,找出全球上升流海域,并能准确分析此类地区渔业资源丰富的原因	能够类比并反推中纬寒暖流交汇处渔业资源丰富的原因,并在地图上定位全球四大渔场的位置

[设计意图]

本环节的情境是以"纳米布沙漠之行"为主线设置的问题情境,以视频、图片及文字讲解等方式生动地展示了非洲纳米布沙漠的风景,并设置相对应的问题引导学生思考洋流如何影响沿岸自然地理环境。任务设计旨在引导学生通过分析材料,认识到洋流是如何通过影响周边热力环流进而影响天气及气候,并能够认识到海水运动是如何使营养盐富集并影响该海区的生物资源量,培养学生的地理实践力和综合思维。

• 环节二

[情境素材]

张华在欣赏美丽景色的过程中,发现岸边有大片死亡的鱼类,便通过查阅资料调查出现这种现象的原因。

2012年2月下旬,美国宇航局地球观测站发布了一张引人注目的卫星照片(图1)。照片中,纳米比亚沿岸呈现出一道淡绿色的海流。与其他因浮游植物而显得色彩斑斓的海流不同,这道淡绿色的海流实际上是被硫化氢污染的标志。

科学家们早已注意到,纳米比亚沿岸的海水会定期释放出硫化氢气体。这主要是由于洋流将含氧量较低的海水带到这一地区,而海底沉积物中富含的有机物在缺氧环境下会发生衰变,从而产生硫化氢气体。在过去,当地居民甚至可以通过空气中弥漫的臭鸡蛋味来察觉硫化氢的排放。如今,借助卫星的敏锐观测能力,人们能够更准确地了解这一地区硫化氢的排放规模和持续时间。

2012年2月29日,美国宇航局泰若卫星携带的中分辨率成像光谱仪捕捉到了这一自然奇观。照片中,淡绿色的海水沿着纳米布沙漠蜿蜒流淌,绵延约150 km之遥。

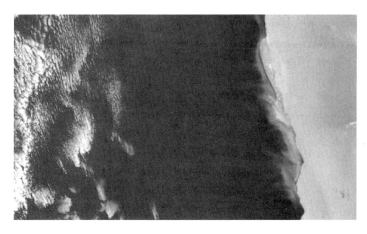

图1　纳米比亚沿岸淡绿色流

这种特殊的海流颜色组合揭示了海水中高浓度的硫和低浓度的氧气含量,尽管看起来景致不错,但实际上充满了毒性。缺氧的海水环境导致鱼类大量死亡,进而成为鸟类的食物来源。

[任务]

1.阅读材料并结合已学知识,分析该海域海底沉积物中为何含有丰富的有机物。

2.观察卫星图片,描述淡绿色海流的延伸方向并分析原因,思考不同海域污染浓度的差异及其原因。

[评价]

问题	水平1	水平2	水平3
1	结合材料及常识,能够认识到含有丰富有机物意味着纳米布沙漠附近海域生物资源丰富		
2	能够从图片上获取信息,描述淡绿色海流的延伸方向	能够结合纳米布沙漠附近的海域洋流运动情况推断出洋流能够扩大污染范围的结论	能够描述污染浓度随洋流运动发生的变化并得出洋流有利于污染物的扩散,并加快净化速度的结论

[设计意图]

本环节的情境是上一情境的延续,根据卫星图片及相关资料的补充,引导学生自主探究并归纳总结洋流对海洋污染的影响。任务设计旨在引导学生结合资料并调动生活经验,认识洋流对海洋污染的影响,培养学生的综合思维,树立人地协调观。

• 环节三

［情境素材］

纳米比亚沙漠之行结束,张华一家乘坐飞机返回中国的途中,感慨长途飞行时间太长。张华爸爸便与他分享了郑和下西洋的历史。

郑和下西洋是明朝永乐、宣德年间的重要海上活动,始于1405年,终于1433年,前后共7次。在这7次壮丽的航行中,郑和率领庞大的船队从南京出发,途经江苏太仓的刘家港集结后,一路驶向福建福州长乐太平港驻泊伺风开洋。他们勇敢地航行于西太平洋和印度洋之间,拜访了30余个国家和地区。这些地区包括爪哇、苏门答腊、苏禄、彭亨、真腊、古里、暹罗、榜葛剌、阿丹、天方、左法尔、忽鲁谟斯以及木骨都束等地(图2)。据史书记载,他们最远航行到了东非和红海地区。每次航行的时长都达到了惊人的2~3年。

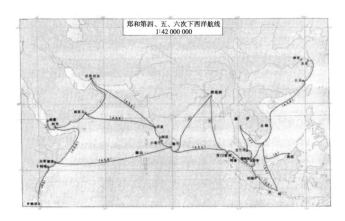

图2 郑和第四、五、六次下西洋航线示意图

郑和下西洋不仅是中国古代规模最大、船只和海员最多、时间最久的海上航行壮举,更是在15世纪末欧洲地理大发现之前世界历史上最辉煌的海上探险之一。

经过查阅资料发现,在郑和7次下西洋的28年间,船队多在夏季自我国东部沿海出发,冬季从红海返回。

［任务］

1.阅读材料,查阅全球洋流分布图,找出郑和下西洋航行过程所遇到的洋流。

2.小组讨论,分析郑和的船队多选择夏季出发,冬季返回的原因。

[评价]

问题	水平1	水平2	水平3
1	能够描述郑和船队出发及返回的路线,并通过查阅地图册,准确描述途经海域的洋流名称及流向		
2	能够根据所学知识说出洋流影响	能够结合世界洋流分布和郑和下西洋路线,说明夏去冬归的原因	

[设计意图]

本环节的情境借助郑和7次下西洋的史实,引导学生通过查阅资料,结合上一课时的学习内容,探讨洋流对海洋航行的影响。任务设计旨在调动学生自主探究、看图识图能力,认识洋流如何指导人类活动,帮助学生树立人地协调观。

➕ 课堂小结

通过洋流这节课的学习,我们认识了世界表层海水的运动规律,了解了洋流对地理环境和人类活动产生的影响。请同学们完善相关知识体系,在以后的学习和生活中,能够尝试应用这些原理去解决不同情境下的问题,更好地认识世界,了解世界!

➕ 板书设计

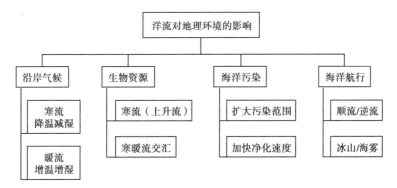

➕ 自主探究

1.2023年8月24日起,日本正式开始排放福岛第一核电站的核污染水,引起全球关注,众多国家及民众对日本这一行为表示强烈谴责。尝试在本节课学习的基础上分析其原因。

2.1912年泰坦尼克号在其出航时触礁冰山而沉没,该事件被改编为经典电影《泰坦尼克号》。请在课后查阅相关资料,定位泰坦尼克号的沉没位置,分析此处冰山的来源,探讨海上航行需注意的危险。

【教学反思】

在实际教学过程中,本节课的优势体现在以下两个方面:

1.通过引入真实情境,极大地增强了课堂的趣味性,有效地激发了学生的学习热情。相较于传统的照本宣科式教学,这种以真实情境为背景的教学方法能使学生学到更为实用的"真知识"。在这样的课堂环境下,学生会更加主动地参与探究和解决问题,进而有效地提高学习效率。

2.本节课精心设计了一系列活动,旨在培养学生的地理实践能力。这些活动包括搜集资料、实地观察以及方案设计等,与课后的探究活动实现了有机结合,有效地锻炼了学生的实践能力。

但在实际授课过程中,本节课的教学设计还有待改进:

1.如何确保真实情境教学有效性的同时,能更好地融入教材内容,确保学生在掌握基础知识的同时,也能在不同情境中灵活运用。

2.本节课作为选择性必修课程,其课程设计应当兼具基础性和综合性。但在实际教学中,由于综合性较强,部分学生在完成学习任务时遇到了一定的困难。因此,在未来的教学设计中,我们需要充分考虑学生的能力水平,适当调整学习任务的难度,以更好地平衡课程的基础性与综合性。

【专家点评】

本节教学设计展现出清晰的结构,具备明确的教学目标,内容贴近学生生活实际,并凸显学科特色。整个教学过程以问题链为引导,有效地启迪学生思考,地理核心素养的培养始终贯穿整节课。显著优点表现在以下两个方面:

1.以小黄鸭环游世界的真实情境为切入点,并以动画的形式呈现,激发学生对本节课的学习兴趣,认识地理现象与生活息息相关,调动学生获取解读信息的能力,引出本节课的核心概念和关键问题。

2.利用真实情境,设计多个问题链,层层递进引导学生学会思考,分析原理,培养学生区域认知能力,训练地理综合思维,构建核心知识体系。并且通过适当的课后探究活动锻炼学生的知识迁移和应用能力。

同时,也提出以下两点建议:

1.本节课使用的案例数量较多,导致课堂内容略显冗杂,学习过程稍显疲惫。为了优化教学效果,能否换用更为合适的情境,尝试采用"一境到底"的教学方法,使课堂更为紧凑和高效。

2.部分任务的设计可能有效性不足,需要进一步探讨,确保它们能够真正促进学生的学习和发展。

5.4　海—气相互作用

【课程标准内容要求及解读】

内容要求	选必1.8　运用图表，分析海—气相互作用对全球水热平衡的影响，解释厄尔尼诺、拉尼娜现象对全球气候和人类活动的影响。			
行为条件	行为动词	概念体系		必备知识和关键能力
运用图表	分析、解释	学科大概念：物质运动和能量交换		1.说出海—气间水分和热量交换过程； 2.分析海—气相互作用对全球水热平衡的影响； 3.分析图文资料，举例说明厄尔尼诺、拉尼娜现象的影响
		本节核心概念：海—气、厄尔尼诺、拉尼娜		
		子概念：水热交换、水热平衡、沃克环流、厄尔尼诺、拉尼娜		

　　行为条件为"运用图表"，即要求学生能够运用各种数据图表、示意图、结构关系图等，分析海—气相互作用的过程、原理，并说明其对全球水热平衡的影响。理解此部分内容，需要学生复习/回顾必修一大气的受热过程和水循环部分内容，综合大气圈、水圈等要素（综合思维—要素综合），进一步分析探讨得出结论。

　　核心概念为厄尔尼诺、拉尼娜，厄尔尼诺和拉尼娜现象目前在科学界依然存在一些争论，还需进一步观测、研究。因此，对于此部分的学习，教师要引导学生形成正确、严谨、科学的探索精神，对已经形成定论的科学原理和规律应及时掌握，对未形成定论的研究鼓励学生勇于表达自己的观点（地理实践力）。

　　厄尔尼诺、拉尼娜现象表现为地球表面特定区域的海水温度异常，其影响对不同区域也不一样，教学过程中应注意引导学生从区域联系的角度分析地理现象及影响（区域认知、综合思维）。厄尔尼诺、拉尼娜现象对不同区域的影响有积极的也有消极的，需要辩证地看待，正确认识和理解人类活动和自然环境的关系（人地协调观）。

　　在教学过程中教师要注意选取真实情境，既要利用课本精选的案例，又要收集各种图文资料作为补充，帮助学生理解抽象的地理现象及影响，还要引导学生利用已有知识和经验分析和思考问题，建立起抽象的知识和直观、真实的具体情境之间的联系，从而帮助学生归纳得出相应结论。

【核心概念知识地图】

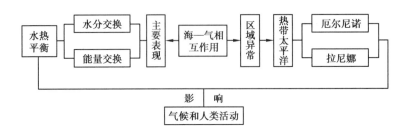

【教材与学情分析】

本节内容位于人教版新教材高中地理选择性必修一第四章第三节。教材的主要内容是自然环境中的物质运动与能量交换,本章主要介绍水圈与其他圈层要素之间的物质运动和能量交换,且本章三节内容相互联系、互为支撑。第一节和第二节侧重介绍水圈的组成要素、运动,体现水循环的不同环节和过程;第三节侧重介绍水圈和大气圈的相互作用及其区域表现(以赤道附近太平洋区域的厄尔尼诺和拉尼娜现象为例)。

教材以2016年底2017年初发生在秘鲁的异常气候为例,说明海—气相互作用异常的区域表现及其影响导入新课,真实情境和异常现象易吸引学生探究问题的兴趣。"活动1"通过图4.16用数字帮助学生从定量的角度理解全球水量平衡原理。"活动2"综合分析厄尔尼诺现象和拉尼娜现象发生时,大气要素和大气环流状态的变化,这主要通过与正常年份的图式相比较得出。"自学窗"补充了很多与厄尔尼诺和拉尼娜现象相关的资料,进一步帮助学生思考这两种现象产生的原因及其带来的影响。

本节课之前,学生已经学过大气受热过程和水循环,这两部分内容为学生学习本节课做了重要铺垫。因此,学生更容易理解海—气之间的物质和能量交换过程以及海—气相互影响带来的大气运动及其对气候的影响,本节课适宜采用"复习回顾—归纳提升"的方式展开教学。大部分学生能结合所学知识理解海—气相互作用及其对全球水热平衡的影响。相比之下,厄尔尼诺和拉尼娜现象更加抽象,需要更多的图文资料和教师对学生进行引导。

【教学设计思路】

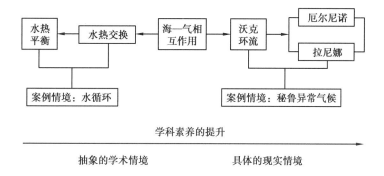

【教学设计方案】

⬥ 学习目标

1.运用图表,说出海—气间水分和热量交换过程,分析海—气相互作用对全球水热平衡的影响。

2.运用图表,说出厄尔尼诺和拉尼娜现象及其命名地点和主要发生时间。

3.结合景观图等资料,解释厄尔尼诺和拉尼娜现象对全球气候和人类活动的影响。

⬥ 情境导入

介绍2016年底、2017年初发生在秘鲁的气候异常现象,并展示相关的图片、视频等资料,说明海—气相互作用在异常区域的表现及其影响,引出本节课的内容;吸引学生注意力,引导学生思考气候异常的原因及影响。

⬥ 教学过程

• 环节一

[情境素材]

同学们在高一必修一已经学过大气的受热过程和水循环,请同学们回忆这两部分内容并动手绘制大气受热过程示意图和水循环示意图(学生自行动手绘制大气受热过程示意图和水循环示意图),随意抽调两位学生在黑板绘制并展示这两幅示意图。教师帮助学生订正自行绘制的示意图并引导学生回顾相关问题。展示海洋与大气间水分和热量交换示意图,引导学生据此分析海气之间的水热交换。展示全球水量平衡示意图,引导学生据图分析全球水量平衡原理。

[任务]

1.绘制大气受热过程和水循环示意图,简要描述大气受热过程和水循环过程。

2.说出海洋和大气之间的水热交换过程,分析海—气相互作用对全球水热平衡的影响。

[评价]

问题	水平1	水平2	水平3	水平4
1	能部分绘制两幅示意图,大致说出两个过程	能准确绘制两幅示意图,准确描述两个过程		
2	能指出海洋是大气的主要热源和水源	能运用示意图说明海洋和大气之间水热交换过程	能运用示意图分析海—气相互作用的过程及其对全球水热平衡的影响	能运用示意图以及大气环流和大洋环流相关知识分析海—气相互作用对全球水热平衡的影响

[设计意图]

本环节的情境是秘鲁的气候异常现象。任务1旨在引导学生复习/回顾大气受热过程和水循环,为学生后续学习海—气之间水热交换做铺垫。在此过程中,学生通过绘制示意图、分析大气受热过程和水循环,提升了地理实践力和综合思维。任务2旨在引导学生运用不同类型的示意图,从地理要素间的相互作用角度分析海—气相互作用及对全球水热平衡的影响。在此过程中,学生定量分析地理问题(地理实践力)的能力和要素综合(综合思维)分析问题的意识与能力都得到了提升。

• 环节二

[情境素材]

展示正常年份赤道太平洋东西部海水温度分布示意图,引导学生分析正常年份赤道太平洋东西部之间的大气环流(沃克环流)及影响。展示厄尔尼诺现象发生时太平洋表面水温异常示意图,引导学生分析厄尔尼诺发生时沃克环流的变化及这种变化对太平洋东西部气候及人类活动的影响。

[任务]

1.绘制正常年份热带太平洋上空的大气环流模式图,举例说明在此环流影响下太平洋东西部气候特征及自然景观的差异。

2.根据图文资料,解释厄尔尼诺和拉尼娜现象对全球气候及人类活动的影响。

[评价]

问题	水平1	水平2	水平3	水平4
1	能较为准确地绘制模式图	能准确绘制模式图,并简要说明其对太平洋东西部气候及景观的影响	能准确绘制模式图,并举例说明其对太平洋东西部气候及景观的影响	

续表

问题	水平1	水平2	水平3	水平4
2	能说出两种现象是赤道太平洋海面水温异常的表现	能说出两种现象的异同点，并能指出两种现象对赤道太平洋东西两岸气候的影响	能对比分析两种现象的异同点，能解释两种现象对全球气候及人类活动的影响	能解释厄尔尼诺和拉尼娜现象对全球气候及人类活动的影响，对问题的探究有较强的主动性与兴趣，始终保持对未知世界的探索精神

[设计意图]

本环节的情境是赤道太平洋东西部正常水温及异常水温分布情况,以及赤道太平洋东西部相关国家和地区的气候及自然景观类型,该情境体现了海—气之间的相互作用。任务设计旨在引导学生运用上一环节的所学知识,在认识海—气相互作用的前提下,结合实际情况对比分析正常年份和异常年份赤道太平洋东西部的水温异常及对大气环流和气候的影响,进而分析这种变化对人类活动的影响。

🔱 课堂小结

通过本节课的学习,我们知道海—气之间以水分和热量交换为核心的相互作用及其对全球水热平衡的影响,据此分析厄尔尼诺和拉尼娜现象对全球气候和人类活动的影响。为此,我们要科学看待自然环境要素之间的相互作用及影响,同时也要正确看待人与自然环境之间的关系,形成科学的人地协调观念。

🔱 板书设计

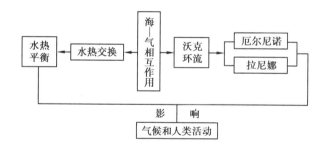

🔱 自主探究

登录中国气象局、中央气象台、香港天文台等网站查询"西太平洋暖池""南方涛动"等资料,利用所学知识对厄尔尼诺和拉尼娜现象产生的原因提出自己的看法。

【教学反思】

在实际授课过程中,本节课的优势体现在以下3个方面:

1.通过绘制示意图,引导学生复习/回顾已学内容并为新知识的学习做铺垫。

2.通过案例引导学生定量分析地理问题,提高学生定量分析地理问题的意识和能力。

3.通过图文、视频等资料激发所学知识和真实情境的冲突,然后引导学生利用所学知识分析和解决问题。

但在实际授课过程中,本节课的教学设计还有待改进。例如,如何引导学生进行开放性问题的探究。科学家关于厄尔尼诺、拉尼娜现象发生时间、结束时间、时间强度、时间类型等具体判断标准异议较大,包括厄尔尼诺、拉尼娜的成因等均有不确定性,如何引导学生查询资料并利用已有知识分析相关问题,提出自己的见解。

【专家点评】

本节教学设计目标明确,结构清晰,资料丰富,突出学科特点。地理核心素养的培养贯穿整节课,突出优点表现在以下3个方面:

1.精选典型案例,通过真实情境和所学知识的冲突激发学生探究问题的兴趣,在问题探究过程中引导学生从不同区域的差异性出发分析和解决问题(区域认知)。

2.通过情景和问题引导学生从要素综合、区域综合(综合思维)等角度分析地理问题,通过对真实情境中问题的分析引导学生秉持正确的人地关系理念(人地协调观)。

3.利用案例中的数据引导学生定量分析地理问题,提高学生定量分析地理问题的意识和能力(地理实践力)。关于厄尔尼诺和拉尼娜现象的成因及对全球其他区域的影响,引导学生根据所学知识提出自己的见解,培养学生的开放性思维能力。

同时,也提出以下两点建议:

1.本节课课堂教学方式和教学活动相对单一,可以尝试不同类型的教学方法、组织更多样的教学活动。

2.本节课教学情境主线相对混乱,建议进行有效梳理,尝试通过一个主线情境串联教学过程、组织教学活动。

5.5　区域整体性和关联性——山海情

【课程标准内容要求及解读】

内容要求	必修2.2　结合实例，从地理环境整体性和区域关联的角度，比较不同区域发展的异同，说明因地制宜对于区域发展的重要意义。			
行为条件	行为动词	概念体系		必备知识和关键能力
结合实例	比较、说明	**学科大概念：** 区域可持续发展		1.说明区域整体性与各要素之间的关系； 2.对比不同区域间的差异性； 3.简述区域间通过要素的流动实现区域关联； 4.树立因地制宜的区域发展理念
		本节核心概念： 区域整体性、区域差异性与区域关联、区域发展		
		子概念： 自然要素（地貌、气候、水文、土壤、植被）；人文要素（人口、经济、交通、政策、文化等）		

　　行为条件为"结合实例"，教材选取了若干案例分别说明每个核心概念，具有针对性，但是割裂了各核心概念之间逻辑上的连贯性。教材选取中央统筹战略下福建对口帮扶宁夏的实例，既有两个省级行政区划间（福建和宁夏）的区域联系，也有自治区内两个地级市（西海固和闽宁）之间的区域差异和关联，可以围绕"西海固苦瘠甲于天下"学习区域整体性，围绕闽宁从干沙滩到金沙滩的蝶变学习区域发展。最后通过聚焦谢兴昌老人由苦到迁再到富的人生故事，将3个核心概念联系起来，贯穿课堂始终。

　　行为动词为"比较，说明"。"比较"即两个及以上区域从不同区域要素进行对比；"说明"不仅注重结论的描述，而且也关注结论的分析过程和逻辑关系。

　　核心概念为"区域整体性、区域差异性与区域关联、区域发展"。区域要素包括自然要素和人文要素，各要素相互作用、相互制约，共同构成了区域的整体性。区域整体性是相对的，区域差异性是绝对的。区域差异是区域关联的基础。区域间通过要素的流动实现区域关联。区域间流动的要素种类、方向、强度的变化，可以改变区域生产、生活方式，进而影响区域的发展方向。区域发展要遵循因地制宜这一基本原则。

【核心概念知识地图】

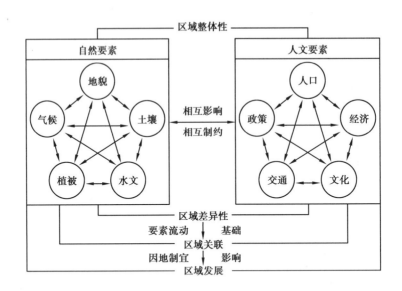

【教材与学情分析】

本节内容位于人教版新教材高中地理选择性必修二第一章第二节,是区域地理学的开篇,对整本教材起着统领作用。教材从宏观角度介绍区域的整体性和关联性,为后续介绍不同区域的资源、环境、城市、产业、区际联系与区域发展作铺垫,是学习区域地理的基础。

本节课的教学对象是高二学生。通过高一必修地理的学习,学生能说出具体的区域要素及其特征,但是对区域要素之间的相互关系和区域之间的关联性,分析能力不足;对于在真实情境中,利用相关理论知识因地制宜地制订发展战略的能力,需要提升强化。

【教学设计思路】

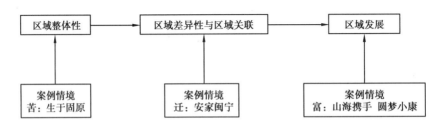

【教学设计方案】

🔸 学习目标

1. 从区域整体性的角度,分析固原生存条件差的原因。

2. 对比固原和闽宁地理环境的差异,分析闽宁作为移民搬迁地的理由及可持续发展的方向(教学重点)。

3. 运用区域整体性和关联性原理,分析理解福建省与宁夏回族自治区之间的对口帮扶战略,树立因地制宜的区域发展理念(教学难点)。

🔸 情境导入

播放视频《谢兴昌老人的故事》,激发学生学习兴趣,提出感兴趣的问题。梳理学生提出的问题,生成本节课的探究任务。

🔸 教学过程

• 环节一

[情境素材]

谢兴昌老人的家乡位于宁夏回族自治区南端的固原地区。固原地区6个县,以及同心县部分(东部和南部)统称为西海固。晚清名臣左宗棠曾在奏折中称"苦瘠甲于天下"。

镜头切回到村委会现场,1997年,时年42岁,任红太村党支部书记的谢兴昌接到国家移民搬迁政策通知,正在召开村生态移民动员会。

[任务]

在村委会现场,请大家根据图片和学习资料一、学习资料二,化身固原红太村村民,你选择搬迁至闽宁还是固守家乡? 并说明理由。

[评价]

问题	水平1	水平2	水平3
1	观点明确,能说出闽宁或固原某地的个别要素	观点明确,能对比闽宁和固原两地不同的地理要素,但无法建立各要素之间的相互关系	观点明确,能对比闽宁和固原两地不同的地理要素,且能够建立各要素之间的合理关系

[设计意图]

本环节的情境是在村委会现场。设计任务旨在通过对比闽宁和固原两地不同的地理要素,帮助学生建立各要素之间的相互联系,构建区域整体性观念,落实学习目标,培养学生的地理辩证思维、区域认知和综合思维。在学生分析这些要素的过程中,一方面培养学生从图文资料中获取信息的能力,另一方面在区域各要素之间的相互作用和相互影响过程中,注重培养学生的因果逻辑关系,可以是一因一果,也可以是多因一果,或一因多果,甚至某一要素牵一发而动全身,影响整个区域自然环境的整体性。

• 环节二

[情境素材]

1996年9月召开的中央扶贫开发工作会议作出了推进东西对口协作的战略新部署,其中确定福建省对口帮扶宁夏回族自治区。

[任务]

1.回到现场,2002年春节,时任闽宁镇闽贺村党支部书记48岁的谢兴昌和迁出的村民,以及到福建务工的村民,返回家乡团圆。作为外出务工人员,你选择孔雀东南飞到福建还是回到家乡贡献力量?

2.根据福建和宁夏的区域差异,列举两地对口帮扶的区域要素流动和区域关联。

[评价]

问题	水平1	水平2	水平3
1	观点明确,能说出个别影响要素	观点明确,能较全面地对比宁夏和福建两地不同的地理要素	观点明确,能全面对比闽宁和固原两地不同的地理要素,且能够结合自身条件进行关联阐述
2	能说出一个或两个流动要素	能对比两地经济发展水平,进行要素流动分析	能从宏观上结合两地经济发展水平,进行要素流动分析和区域关联阐述

[设计意图]

本环节的情境是春节阖家团圆现场,引导学生迁移运用刚学习的区域差异和区域关联的知识,放大空间尺度,对比福建和宁夏的区域差异,列举两地对口帮扶流动的区域要素和区域关联,对接第二个核心概念,落实学习目标。在学生分析这些要素的过程中,一方面在区域差异的基础上,运用推拉理论进行人口迁移的总结;另一方面引导学生理解区域差异是区域关联的基础,固原与闽宁之间通过人口这一要素的流动产生了区域关联。

• 环节三

[情境素材]

自此,远隔千山万水的福建和宁夏两省区结下了一段情,一批批援宁的福建干部和企业家,从闽江水畔来到相距2000多千米的六盘山下。镜头回到闽宁招商引资大会现场。

[任务]

选择其中一个角色,为闽宁的发展出谋划策。

1.作为福建投资商,通过前期的实地考察并结合资料,选择投资项目,说服董事会通过你的决策。

2.作为村民代表,对投资项目进行评价和决策。

3.作为援宁干部,为闽宁的可持续发展出谋划策。

[评价]

问题	水平1	水平2	水平3
1	有明确的投资项目,能简单说出发展条件	有明确的投资项目,能根据当地自然和社会经济条件进行较全面的分析	有明确的投资项目,能分析当地自然和社会经济优势条件,能因地制宜地发展项目
2	观点明确,能用简单的地理术语,说出1~2个理由	观点明确,能用较规范的地理术语,对各投资商的项目进行对比和某些方面的简单评价	观点明确,能用准确规范的地理术语,对各投资商的项目,进行全面、辩证的评价,并给出个人建议
3	能从经济或社会的某一角度提出发展建议	能从经济、社会、生态中的某两个角度提出合理的可持续的发展建议	能因地制宜从经济效益、社会效益和生态效益3个方面进行全面阐述,树立可持续发展理念

[设计意图]

本环节的情境是闽宁招商引资大会现场,通过角色分工,以投资项目竞标、三方论证(投资方、村民代表、援宁干部)进行小组讨论,探讨闽宁的发展方向,对接第三个核心概念——因地制宜与区域发展,落实学习目标。在学生活动过程中,一方面引导学生学会倾听其他代表的观点,从农作物生长习性与当地自然环境的适应性、投入成本、市场需求、运输费用、利润等方面获取信息,全面考虑,认真对比,最后做出决策;另一方面突出因地制宜的区域发展理念,并建立区域发展的全局观,不仅包括区域经济发展,还要关注区域内的生态和社会可持续发展。

✦ 课堂小结

通过本节课的学习,一方面通过山海情案例的学习,深刻理解了"区域整体性、区域差异性与区域关联、区域发展"3个核心概念及相互之间的关系,以及区域发展要遵循因地制宜这一基本原则;另一方面见证了谢兴昌老人"苦—迁—富"的人生故事,也见证了闽宁镇从无到有、从干沙滩到金沙滩的蝶变,还见证了福建和宁夏在国家对口扶贫政策下结下的兄弟般情谊。闽宁模式是中国脱贫攻坚的一个缩影,正是这一个个故事书写了中国的"脱贫奇迹"。

➕ 板书设计

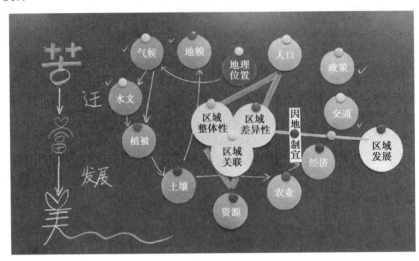

【教学反思】

1.实现课堂内容结构化

通过解读课程标准,提取"区域整体性、区域差异性与区域关联和区域发展"3个核心概念,构建核心概念知识地图,将课标内涵转换为课堂设计的知识结构。在建构知识结构的基础上,以谢兴昌老人由苦到甜再到富的人生故事,以完整连续的故事主线,将3个核心概念串联起来,推动课堂内容的结构化。结构化的内容有助于学生认知结构化的构建。现在我们正在探究的项目式学习、大单元学习都是综合程度较高的实现学生认知结构化的组织方式。

2.凸显学生的主体性

其主体性主要体现在以下3个方面:

(1)探究任务的生成性:课堂引入阶段,看完短片后,提问学生"你感兴趣的问题是什么?"通过学生的提问,板书关键词,进行逻辑整理,生成本节课的学习目标。

(2)板书的生成性:结合学生作答逐步完善板书,随着黑板上一个一个模块被填充,引导学生优化思维方式,实现思维的可视化。

(3)学生主体的探究活动:通过角色分工,以投资项目竞标、三方论证(投资方、村民代表、援宁干部)为架构,引导学生体验任务驱动、多维视角、模拟现实的探究过程。激发学生的情感共鸣,培育学生的核心素养。

【专家点评】

本节教学设计以谢兴昌老人的故事导入,激发学生的兴趣,通过学生提问,生成本节课的探究主题。教学探究活动设计合理,按照故事线通过"生于固原、安家闽宁和山海携手圆梦小康"3个活动的设计,由浅入深,循序渐进,让学生在探究问题的过程中理解"区域整体性、区域差异性与区域关联和区域发展"3个核心概念。课程实施始终以学生为主体,让学生在故事中发现问题、提出问题、解决问题。通过角色扮演、小组合作等形式,帮助学生理解国家东西部的对口帮扶战略,树立因地制宜、人地和谐的区域协调发展观。教学重难点突出,板书设计新颖,课堂效率高,教师点拨及时得当,语言亲和,总结到位,学习效果良好,重视对学生能力的培养。通过学生分组角色任务探究,进行大任务式教学评价,极大地提高了学生参与的积极性,并针对问题展开开放性讨论,培养学生的辩证思维和综合思维。

【参考文献】

中华人民共和国教育部.普通高中地理课程标准(2017修订版)[S].北京:人民教育出版社,2018.

5.6　城市的辐射功能——"二七"大罢工100年看郑州城市辐射功能

【课程标准内容要求及解读】

内容要求	选择性必修2.3　以某大都市为例，从区域空间组织的视角出发，说明大都市辐射功能。		
行为条件	行为动词	概念体系	必备知识和关键能力
以某大都市为例	说明	**学科大概念**：区域差异与联系	1.城市形成发展条件；
		本节核心概念：城市发展、城市辐射	2.认识城市要素流动内容；理解城市腹地变化及影响因素；
		子概念：城市、经济腹地、辐射功能	3.说出城市辐射功能表现及产生的影响

　　行为条件为"以某大都市为例"，案例的选取既典型又能引起学生共鸣和探究的兴趣。区域资源的挖掘需符合学生的需求和课标的要求，因此选择郑州市作为本课时的情境线索。从区域空间组织的视角出发，在时间轴的贯穿下，从辐射范围的变化，认识辐射功能的体现和产生的影响。

　　行为动词为"说明"，重点在于认知建构的过程。学生要想说明"某大都市的辐射功能"，就需要从城市的发展变化过程中，用区域差异和联系的观点，建构以某都市为核心区与其他区域间的联系表现，并能深入理解其合理性和必然性（综合思维）。

　　核心概念为"辐射功能"，首先应从空间概念出发，在不同时间阶段认识不同区域的特征（综合思维）。通过区域特征的分析，用因地制宜的理念，认识区域遵循内在差异的基础上要素的分布和流动（人地协调观）。其次以大都市为例，引导学生掌握不同区域特征下的城市与辐射功能的关系及产生的影响。

　　在教学过程中，教师应以真实情境为故事线，既利用学生身边的乡土资源进行问题设计和认知建构，也要整合其他地区典型案例的图文资料作为补充，利于学生进行对比，同时也可采用多样化的教学手段或作业设计，收集学生对城市辐射功能的认知。

【核心概念知识地图】

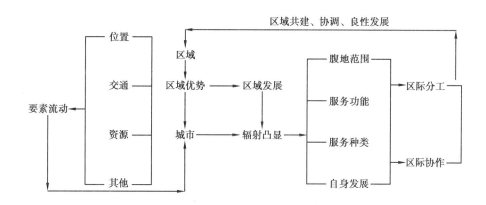

【教材与学情分析】

本节内容位于人教版新教材高中地理选择性必修二第三章第一节。教材核心为区域发展；理解区域的概念、类型，从区域关联性和差异性的视角出发，在区域认知的基础上，深入理解区域发展与自然环境、资源、生态之间的关系，区域发展与城市、产业之间的关系，区际之间的联系及区域协调发展。教材将城市辐射功能置于区域与资源环境基础之后，符合区域发展认知的一般规律，由区域发展的条件到区域发展中的资源环境问题及区域的可持续发展，既提高了学生对区域发展过程的认知，也让学生认识到区域发展的基本理念：即区域优势趋向原则和从联系的视角树立协调发展的理念，培养学生的人地协调观。

城市辐射功能和地区产业结构的变化是区域向前发展的不竭动力，既是区域条件驱动的结果也是区域可持续发展不断向前的方向。因此，对城市、产业与区域发展关系的学习不仅可以让学生认识到区域发展的成果，也能让学生用发展变化的眼光看待区域发展，在发展中解决问题，寻找方向，促进区域可持续发展。

本节教材以某大都市为案例，从概念认知到城市在区域中的作用、城市腹地变化、辐射表现及产生的影响进行设计，认识区域自然环境和资源对城市发展的影响，认识城市发展产生的辐射功能。以时间为轴，用城市发展案例认识城市辐射功能的变化和对区域的影响，既培养学生的区域认知能力，也训练学生的综合思维。

在知识储备上，学生已对城乡结构和城镇化以及产业的区位选择进行了学习，基于已掌握的城乡接合和城镇化的相关知识，学生可以更好地理解城市发展变化的条件。在城市条件不断改善的情况下，区域间的联系和影响也会随之变化。以时间发展为线索，从城市形成功能凸显，城市发展腹地变化，区际联系辐射功能凸显，最终落脚于对区域内及区际间产生的影响，系统性、梯级性地形成学生认知体系。但在知识建构过程中，由于学生知识储备不足，须关注学生对相关概念的理解，帮助学生真正理解城市辐射功能及相关影响。

【教学设计思路】

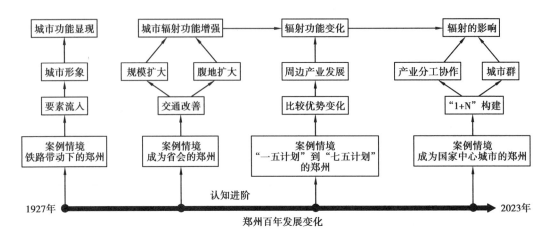

【教学设计方案】

✦ 学习目标

1. 分析郑州市发展资料,说出城市在区域发展中的作用。

2. 结合郑州市发展变化的资料,说明大都市的辐射功能。

3. 结合郑州都市圈规划资料,说出郑州市辐射作用带来的影响。

✦ 情境导入

1923年,郑州发生了一件震惊中外的大事:京汉铁路工人大罢工。2023年是京汉铁路工人大罢工100周年,让我们一起走进二七纪念馆,弘扬"二七"精神,见证郑州百年发展历程。

✦ 教学过程

• 环节一

[情境素材]

20世纪初,京汉铁路建成通车催生了大量铁路工人,同时也推动了沿线工商业的发展,"禹州之药材交易大会""宛南之绸业会""豫南之骡马会"和"怀庆孟县桑坡孟津之皮货会"等先后改迁郑州。清末诗人王莲塘在《王都堂墓》中提到:"古管城西王家墓,前明都堂埋骨处。沧桑一变万事非,此墓逼近火车路。火车停处聚商家……"

[任务]

1. 结合材料,说出此时影响郑州城市发展的地理要素。

2. 结合材料,分析此阶段郑州城市功能的特点。

[评价]

问题	水平1	水平2	水平3
1	能够简单说出城市形成与要素流动的关系	能够结合材料，说出城市的形成过程与要素流动的关系	能够结合材料，用区域联系和比较优势的观点，说出城市的形成过程与要素流动的关系
2	能够简单说出城市具备的功能	能够用材料中的信息归纳城市应具备的功能	能够结合材料，用过程分析的方法准确地分析这一时段郑州具备的城市功能

[设计意图]

本环节的情境是早期郑州城市的发展。在认知进阶思想的指导下，选用郑州城市形成之初与区域要素之间的关系，遵循事物发展变化的一般规律和学生认知规律，层层递进认识区域发展规律。通过材料分析、问题设计，让学生在认识区域特征和区域差异的前提下，以空间的视角用联系的观点认识城市形成与周边要素的关系，从而落实区域认知、综合思维的培养。

• 环节二

[情境素材]

1954年，河南省会由开封迁至郑州，第一批迁郑单位以省政府所属行政单位居多，有办公厅、省财委及省党委群机构、部队、企事业单位等40多家单位，共7 242人；第二批迁郑单位有文委会、教育厅及省保健院等单位，约6 000人，连同陆续迁入的家属将超过3万人。"一五"时期，郑州成为内地五大纺织城中规模最大的城市，是中国重要的工业城市。大量产业工人不断涌入郑州，人口由中华人民共和国成立之初不足16万人猛增至50余万人。

[任务]

1.结合材料，说出与20世纪初相比，20世纪中叶郑州城镇化的特征。

2.说出此时郑州城市服务功能和城市等级发生的变化。

[评价]

问题	水平1	水平2	水平3
1	能够简要说出郑州此时的特征，城镇化的概念理解不准确	能够说出此阶段郑州城镇化的特征，缺少对材料的分析	能够用联系的观点、对比的思维，有针对性地说出郑州此阶段城镇化的特征
2	能够说出郑州城市的发展变化，简单地构建城市服务功能的概念	能够结合材料说出目前郑州城市的服务功能，但缺乏用区域发展的眼光进行分析	能够很好地结合材料，运用区域发展的观点，对比随时间的变化郑州城市辐射功能出现的新变化，从而说明服务功能和城市等级的变化

[设计意图]

本环节以郑州成为河南省会的情境为线索,引导学生用发展变化的眼光,从区域条件和区域发展去认识城市的变化。学生对比归纳此阶段郑州城镇化水平的特征,认识到郑州城市腹地在不断扩大,城市功能由单一到综合,进而理解郑州城市服务功能和城市等级的变化。通过郑州的发展变化,层层进阶,逐渐显现郑州的辐射功能。

- 环节三

[情境素材]

从"一五"计划到1990年的"七五"计划,郑州地区逐渐形成了大大小小几十个工业区,分布在郑州市东南西北各个方位。离城中心近的有棉纺路工业区、华山路工业区,离城中心远的有上街工业区(距郑州市区38 km)、新密煤炭工业区(距郑州市区40 km)、巩义工业区(距郑州市区70 km)。同时,1986年年底,郑州市还完成了小李庄、须水、圃田、上街、新密等多个小城镇的总体规划。

[任务]

从"一五"计划到1990年的"七五"计划,简述郑州市腹地的变化及对周边地区辐射作用的表现。

[评价]

问题	水平1	水平2	水平3
1	简单说出腹地的变化和辐射的表现	较全面地认识腹地的变化特征和对周边辐射的表现	能够较全面地说出郑州市腹地的变化和此阶段对周边的辐射表现,能够用区域发展的观点阐释城市发展与辐射功能的关系

[设计意图]

本环节承前启后,从时空视角展现了随着郑州的快速发展,郑州城市腹地不断扩大、辐射功能不断增强,从而培养学生的综合思维。

- 环节四

[情境素材]

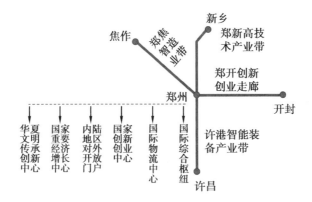

1990年后郑州城市建设越来越快，城市不断扩容。30多年间，郑州"长大"70%。逐渐成为"金融城、商务城、会展城、国际航空大都市、国际物流中心、经济核心增长区、区域科技信息中心"。2016年，国务院正式批复，支持郑州建设国家中心城市，同期郑州谋划并启动建设与周边新乡、焦作、许昌、开封4地市的快速连接通道，打造郑州"1+4"都市圈一体化发展。

[任务]

1.结合材料，说出郑州在"1+4"都市圈协调发展中的地位和作用。

2.从区域关联的角度，说出构建郑州都市圈产生的影响。

[评价]

问题	水平1	水平2	水平3
1	能够简要说出城市的辐射功能	能够较全面地说出核心城市在区域中的辐射功能	能够结合材料，运用城市等级、区域联系的观点简述都市圈中心城市辐射功能的体现
2	能够简单说出郑州城市发展的影响	能够较全面地说出郑州城市发展对周边城市的辐射作用	能够很好地运用区域联系的观点，辩证地描述郑州都市圈的构建与周边城市的双向影响

[设计意图]

本环节的设计，从区域发展和区域空间组织的视角，根据郑州市辐射范围的不断变化，深刻认识辐射功能的不断增强与区域空间联系的变化。同时很好地通过区域联系，认识区域的辐射带动作用，实现区域产业不断的分工和协作，继而进一步促进区域联系，扩大辐射范围，提升大都市辐射带动作用。

✦ 课堂小结

通过本节课的学习，我们认识了城市从缓慢发展到迅速壮大，继而到城市群构建的全过程，运用动态和联系的观点，理解城市空间组织变化下对应的城市辐射功能的逐步变化。同时，通过郑州都市圈构建过程中的产业扩散，重构城市辐射与空间关系的认识，深刻理解城市辐射功能在区域协调发展中的带动作用。

✦ 板书设计

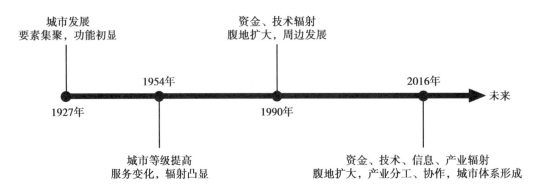

✦ 自主探究

1.试乘郑许地铁,通过调研、走访及查找资料,归纳旅客群体主要类型及出行目的,分析郑许线的开通对郑州辐射功能的影响。

2.未来郑州都市圈将谋划构建"1+1+3+N+X"的都市圈规划体系,请查找资料,自主选择任一城市,撰写200字左右的城市推荐语,作为申请加入的理由。

【教学反思】

在实际授课过程中,本节课的优势体现在以下两个方面:

1.选用本土案例,立足真实情境,学生共鸣性强,学习积极性高;能结合课标对教材内容进行整合,取材于真实情境的"真问题"让学生学到了"真知识",学生在课堂上主动探究和解决问题,学习效率得到有效提高。

2.线索清晰,逻辑严谨,问题设计层层递进,符合学生认知规律的层层进阶,很好地契合了课标关于空间组织视角下城市辐射功能的核心要求。活动设计丰富,有利于培养学生的综合思维和地理实践力。

本节课的教学设计还待改进的地方:

1.教材整合中取舍适度问题,替换情境线的逻辑连贯问题。

2.本节课授课过程中,基于真实情境的教学采用问题导向进行教学推进,但教学过程中对基本概念和基础知识的系统性整合略显不足,需要更精细化地加强对支线的整合,深化课堂教学知识树向广度和深度脉络延伸。

【专家点评】

本节教学设计脉络清晰,引导学生通过时空差异认识区域特征变化和区域发展的关系,应用学生熟知的本土案例设计问题链,呈现在学生面前的既是一部家乡发展历史传记,更是学生家国情怀的感知过程。突出优点表现在以下3个方面:

1.以郑州市真实情境为切入点,激发学生的学习兴趣,认识地理现象,引出本节课的核心概念和核心问题,并调动学生获取解读信息的能力。

2.用时间线索贯穿课堂,节奏紧凑,逻辑性强,认知过程层层递进,培养了学生的综合思维能力。

3.情境设计通过郑州发展历程中周边对郑州、郑州对周边的影响,引导学生用辩证和发展的观点认识区际联系与区域分工,培养了学生区域认知和人地协调观,让学生在学习知识的过程中领悟发展的根本内涵,实现知行合一。

同时,也提出以下3点建议:

1.本节课案例整合下的结论略显隐晦,可以用更加精练的语言和问题设计,更加清晰明了地展示生成的结论。

2.部分任务的设计值得再商榷以提高有效性。

3.可再深入地建构学生的认知逻辑。

【参考文献】

[1] 孙秀英.关于郑州中心城市辐射作用的思考[J].郑州工业高等专科学校学报,2001,17(4):49-52.

[2] 顾万发.汇聚与离散:郑州近代工商业研究(1904—1948)[D].湖北:华中师范大学,2021.

[3] 刘战国,刘艺娃.郑州大都市圈及中原城市群结构优化研究[J].郑州航空工业管理学院学报:社会科学版,2017,36(5):108-114.

5.7 资源枯竭型城市的转型发展——焦作"百年煤城"的创新"涅槃"

【课程标准内容要求及解读】

内容要求	选择性必修2.5 以某资源枯竭型城市为例，分析该类城市发展的方向。		
行为条件	行为动词	概念体系	必备知识和关键能力
以某资源枯竭型城市为例	分析	**学科大概念**：区域特征与转型发展 **本节核心概念**：资源枯竭型城市特征、城市转型发展 **子概念**：城市生命周期、主导产业、产业升级、产业链、可持续发展	1.了解资源型城市发展初期的区位条件； 2.描述资源型城市生命周期中不同发展阶段的特点； 3.分析资源枯竭型城市所面临的问题，并针对性提出适宜的发展方向； 4.对该类城市未来转型发展提出合理建议

　　行为条件为"以某资源枯竭型城市为例"，即要求教师依托具体案例开展教学（地理实践力、区域认知），最好选取学生身边熟悉的家乡案例。但从实际情况看，城市区域范围大，各种产业类型多样，学生较难系统捕捉城市发展脉络，加之学生社会阅历不足，对于城市产业转型具体措施不甚了解。因此，为避免地理实践的盲目性，教师应辅以视频和图像资料教学，帮助学生构建认知。

　　行为动词为"分析"，即要求学生结合该区域的地理背景进行思考（综合思维），把握地理事物的内在逻辑联系，对已学知识进行迁移和应用。核心概念为"该类城市发展的方向"，即要求学生明确资源枯竭型城市的基本概念，掌握资源枯竭型城市生命周期的基本规律，思考该类城市因地制宜、可持续发展的良方（人地协调观）。

　　在教学过程中，教师要注意结合真实情境，利用学生身边的本土资源开展活动探究，辅助学生梳理资源型城市发展周期脉络，理解区域创新发展和转型发展的重要意义，树立因地制宜、人地和谐的区域协调发展观。

【核心概念知识地图】

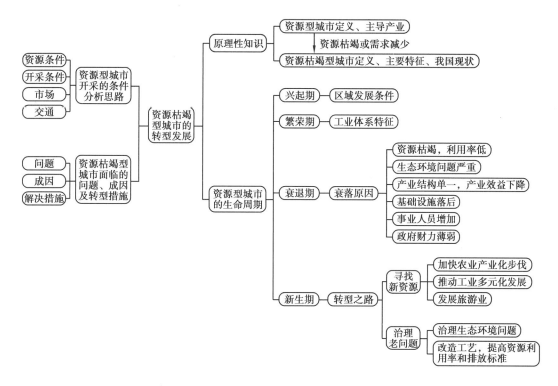

【教材与学情分析】

本节内容位于人教版新教材高中地理选择性必修二第二章第三节,与第二节《生态脆弱区的综合治理》同属于第一节《区域发展的自然环境基础》的具体案例。引导学生关注自然环境与经济发展之间的关系,强调区域可持续发展需要因地制宜。

本节教材呈现了多个城市案例,又以焦作市为主体开展教学。本教学设计选用焦作作为案例,主要有两点考虑:一是焦作市作为教材的重点案例,从时间顺序上完整地呈现了一个城市因资源开发而兴,到资源枯竭而衰,再到"产业转型"的全过程,具有较强的典型性和代表性;二是焦作作为学生身边的本土案例,深入分析焦作城市发展脉络,有助于学生了解家乡,培养学生乡土情怀和家乡自豪感。

本节课的授课对象是高二年级学生。在知识储备上,学生经过高一年级的学习,具备了地理学科的基础知识和一定的学习能力,并且已学习了有关城市、产业、资源等方面的内容;在生活经验上,学生虽对资源型城市有所耳闻,对社会发展中城市的产业结构变化有一定的认识,但缺乏直接的感知和体验。

高二年级学生思想相对成熟,对事物充满好奇,教学过程中应结合具体实例和图文数据,以"焦作市的发展历程"为情境推进教学环节,有利于师生共同厘清焦作市的发展脉络,共同分析资源枯竭型城市的主要特征及其发展过程,为城市发展出谋划策,增强学生的参与感,培养学生人地协调观及因地制宜的城市发展观,并且有利于学生通过教师讲授或小组合作的方式,掌握资源枯竭型城市的基本概念与发展脉络,并因地制宜地为此类城市的可持续发展提出建议。

【教学设计思路】

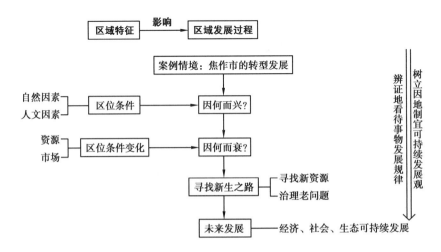

【教学设计方案】

✦ 学习目标

1.阅读材料和图表,总结资源型城市发展初期的区位条件。

2.结合资料,描述资源型城市生命周期中不同发展阶段的特点。

3.结合案例,分析资源枯竭型城市所面临的问题,并有针对性地提出适宜的发展方向。

4.结合案例,对资源枯竭型城市未来发展方向提出合理化建议。

✦ 情境导入

教师展示最近看到的一则题为"焦作,煤炭城市的华丽转身"的新闻报道,作为资源型城市,它的发展与变化颇具故事性。通过查阅资料,教师获取了焦作市发展历程的相关资料。今天这节课就让我们一起来探究焦作市的发展历程。

教学过程

• 环节一

[情境素材]

展示焦作市1979—2003年地区生产总值统计图。

单位：万元

年份	全市	市区	修武县	博爱县	武陟县	温县	沁阳市	孟州市
1979	100 173	41 438	6 451	10 154	12 506	10 325	9 014	10 285
1980	121 092	50 760	8 104	12 794	14 886	10 946	12 545	11 057
1981	131 192	55 215	9 079	13 099	15 911	14 404	12 045	11 439
1982	145 192	62 347	10 680	15 446	19 140	14 107	11 946	11 526
1983	163 855	68 336	12 953	17 729	20 490	14 156	16 823	13 368
1984	199 216	74 337	14 880	24 036	26 239	19 419	20 739	19 566
1985	221 558	89 083	17 804	24 769	25 223	19 659	24 740	20 280
1986	255 458	91 177	20 225	29 458	34 214	23 154	33 248	23 982
1987	304 896	106 029	23 303	40 387	41 928	24 590	40 274	28 385
1988	408 828	142 799	32 378	49 412	57 473	33 923	56 149	36 694
1989	480 020	158 195	35 068	54 010	71 031	49 297	66 546	45 873
1990	563 934	192 464	42 936	63 175	81 608	55 570	75 356	52 825
1991	650 004	212 696	51 323	73 330	90 828	73 190	88 010	60 627
1992	777 474	236 097	69 577	87 167	108 285	88 405	112 051	75 892
1993	1 056 254	290 390	94 040	119 658	138 073	117 658	186 927	109 508
1994	1 424 590	385 485	135 454	159 871	191 015	144 423	244 758	163 584
1995	1 894 551	483 803	182 702	227 354	249 968	196 094	335 892	218 738
1996	2 303 677	517 255	239 285	291 233	317 704	241 266	441 655	255 279
1997	2 397 285	534 228	251 988	327 957	307 072	241 610	476 705	257 725
1998	2 428 578	554 104	245 599	324 143	308 788	259 441	481 974	254 529
1999	2 042 674	546 270	186 412	264 004	268 277	236 679	344 334	196 698
2000	2 196 943	625 936	172 065	283 727	266 068	247 796	377 060	224 291
2001	2 460 408	699 698	196 604	312 813	294 065	272 375	433 238	251 615
2002	2 757 762	770 653	228 169	340 765	324 891	299 919	497 998	295 367
2003	3 289 797	880 659	280 432	405 959	379 667	374 126	611 558	357 396

从1956年建市之初,焦作市就以煤炭工业为基础,一直是全国优质无烟煤生产基地,煤炭工业产值占全市工业总产值的一半。

焦作煤炭开采始于1894年,是外资在中国最早开办的四大现代矿井之一。中华人民共和国成立后,焦作煤矿累计生产煤炭数亿吨,有力地支持了国民经济的恢复和发展,在党和政府的支持下,焦作煤炭工业从小到大,发生了巨大变化。

随着城市人口增多,基础设施趋于完善,城市面积逐渐扩大,焦作形成了以煤炭为基础的化学工业、机械工业、电力工业等较为完整的工业体系。但产业结构比较单一,主要依赖自然资源的开采和加工。

[任务]

1.小组协作,根据统计年鉴中1979—2003年焦作市地区生产总值数据,绘制折线统计图;将焦作市的城市发展划分为不同阶段,并描述该市地区生产总值的变化过程。

2.阅读教材,说出什么是资源型城市,结合资料分析焦作市"煤城"形成的区位条件。

3.利用材料,从不同角度总结归纳此阶段焦作市的城市特点及主导产业,分析形成原因。

[评价]

问题	水平1	水平2	水平3
1	大致能够利用数据绘制城市生产总产值折线统计图,简要描述焦作市地区生产总值的变化过程,能将城市发展划分为不同阶段	能够利用数据绘制城市生产总产值折线统计图,简要描述焦作市地区生产总值的变化过程,能将城市发展划分为不同阶段,并与资源型城市生命周期示意图进行匹配	能够利用数据绘制城市生产总产值折线统计图,描述焦作市地区生产总值的变化过程,能准确地将城市发展划分为不同阶段,并与资源型城市生命周期示意图进行匹配
2	能够结合教材中关于资源型城市的描述,简要分析焦作市"煤城"形成的区位条件	能够结合教材中关于资源型城市的描述,全面、综合地分析焦作市"煤城"形成的区位条件	
3	结合教材,总结归纳此阶段焦作市的城市特点及主导产业,分析形成原因	结合教材,能从不同角度总结归纳此阶段焦作市的城市特点及主导产业,准确分析形成原因	

[设计意图]

创设"讲好中国故事,传播好中国声音"主题下的教学情境,以焦作市发展历程为指引,师生共同探究焦作市的发展过程,激发学生的学习兴趣。引导学生根据真实的统计年鉴数据进行绘图,划分发展阶段并找出材料支撑,提升学生提取信息的能力,落实培养地理实践力的核心素养。引导学生根据教材与教案中大量的材料信息,找到与焦作市"兴起期""繁荣期"对应的图文材料,并从区域的视角分析焦作市选择发展煤炭产业的原因,提升学生提取信息的能力和综合思维。

• 环节二

[情境素材]

20世纪90年代中后期,焦作市国有煤矿无煤可采封井,产量由1 000多万t骤减至400多万t,导致企业开工不足,亏损严重,全市经济连年下降,下岗职工占全市职工的1/6,城市基础设施落后、采煤遗留等各类环境破坏严重。

焦作市经多年地下采煤,已形成地下采空区,导致地面塌陷等地质灾害频发;煤矸石堆和废水排放导致环境污染严重。不完全统计,在转型发展前,全市废弃矿井520个,较大地面塌陷坑18个,造成耕地和生态环境破坏面积达120 km²。

[任务]

1.阅读教材和资料,分析焦作市在"衰退期"面临的主要问题,并进行问题归类。

2.阅读教材和资料,说出资源枯竭型城市基本概念,总结归纳此阶段焦作市的发展特点。

[评价]

问题	水平1	水平2
1	阅读教材和资料,简要分析焦作市在"衰退期"面临的主要问题	阅读教材和资料,详细分析焦作市在"衰退期"面临的主要问题,并能准确地进行问题归类
2	结合教材,能说出资源枯竭型城市基本概念,并大致总结出此阶段城市的发展特点	能准确说出资源枯竭型城市的基本概念,并能详细总结归纳此阶段城市的发展特点

[设计意图]

本环节的情境是焦作市在"衰退期"面临的主要问题。通过图文材料的呈现,学生自主合作学习,培养学生小组合作、提取信息的能力。通过教师提问,引导学生思考资源型城市长期依赖单一自然资源的开发利用会造成的问题。通过材料,引导学生自行归纳焦作市进入"衰退期"后,城市发展面临社会、环境、经济方面的问题,明确资源枯竭型城市的概念及发展特点。

• 环节三

[情境素材]

焦作市在不断改造、提升传统产业的基础上,重点发展有色金属冶炼及加工、汽车零部件制造、化工及医药、农副产品深加工及高新技术等产业。

1999年,焦作市政府作出"把旅游业作为龙头产业进行培育"的重大决策。2001年,着力打造"焦作山水"等旅游品牌,利用独特的地质地貌等自然旅游资源和人文旅游资源大力发展旅游业。

焦作市农业生产条件较好，是全国粮食高产区之一，所产小麦、玉米品质优良。由于特殊的土质、水文和气候条件，成为铁棍山药的主产地。中华人民共和国农业农村部发布了2023年农业品牌精品培育计划名单，温县铁棍山药榜上有名，成为河南省唯一入选的农业品牌，是中国地理标志保护产品。

［任务］

1.阅读教材和材料，总结焦作市"新生期"走转型之路的具体措施，并对措施进行梳理归类。

2.根据统计图和资料，说明1999—2017年焦作市转型发展之后三产占比的变化和城市经济发展的喜人成果。

3.根据资料，说出我国资源型城市和资源枯竭型城市的数量和分布，分别从发展背景、面临问题和主要对策3个方面，总结资源枯竭型城市的发展特征，认识资源枯竭型城市的生命周期图。

4.根据材料，说出大庆市和阜新市作为资源枯竭型城市实现转型升级的措施。

［评价］

问题	水平1	水平2	水平3	水平4
1	阅读教材和材料，总结焦作市"新生期"转型之路采取的具体措施，并对措施进行梳理归类	能够根据"衰退期"面临的问题，说出焦作市"新生期"转型之路采取的具体措施，并对措施进行梳理归类	能够根据"衰退期"面临的问题，准确说出焦作市"新生期"转型之路采取的针对性措施，并从生态、经济、社会角度进行措施归类	
2	根据统计图和资料，说明1999—2017年焦作市转型发展之后三产占比的变化	根据统计图和资料，准确说明1999—2017年焦作市转型发展之后三产占比的变化和城市经济发展的喜人成果		
3	了解我国资源型城市和资源枯竭型城市的数量和分布，认识资源枯竭型城市生命周期图	了解我国资源型城市和资源枯竭型城市的数量和分布，说明资源枯竭型城市的发展特征，认识资源枯竭型城市生命周期图	了解我国资源型城市和资源枯竭型城市的数量和分布，分别从发展背景、面临问题和主要对策3个方面，总结资源枯竭型城市的发展特征，认识资源枯竭型城市生命周期图	了解我国资源型城市和资源枯竭型城市的数量和分布，用思维导图等方式，分别从发展背景、面临问题和主要对策3个方面，总结资源枯竭型城市的发展特征，科学理性地认识资源枯竭型城市生命周期图

续表

问题	水平 1	水平 2	水平 3	水平 4
4	运用所学知识，说出大庆和阜新市作为资源枯竭型城市实现转型升级的部分措施	运用所学知识，多角度说出大庆和阜新市作为资源枯竭型城市实现转型升级的措施	运用所学知识，从经济、社会、生态角度说出大庆和阜新市作为资源枯竭型城市实现转型升级的措施，并归纳资源枯竭型城市转型的一般方向	

[设计意图]

本环节的情境是资源枯竭型城市实现转型升级的措施。通过展示对应的图文材料，引导学生思考并总结焦作市在农业、工业和服务业 3 个方面转型发展的措施，通过学生自主学习和合作学习，增强学生提取信息和合作探究的能力，并掌握焦作市的转型发展方向。

通过资源枯竭型城市生命周期图，引导学生明确资源枯竭型城市的发展过程，培养学生的知识迁移能力。深刻理解资源枯竭型城市的转型措施一定要依托当地的优势条件，因地制宜地选择可持续发展的转型方向。

带领学生从发展背景、面临问题和主要对策 3 个方面进行归纳，加深对资源枯竭型城市的认识，对教学内容进行总结和升华。最后，师生共同总结和归纳本节课的重难点内容，通过梳理表格，帮助学生厘清知识点之间的逻辑关系，深化对资源枯竭型城市各个阶段特点的认识，落实课标要求。将习近平总书记提出的"绿水青山就是金山银山"的发展理念与教学内容建立联系，渗透思政教育，落实立德树人根本任务。

✦ 课堂小结

通过本节课的学习，我们认识了资源型城市的发展历程。起初，依托当地某种特有的自然资源进行开发利用，促进了城市经济的发展，人口向城市集聚，城市面积逐渐扩大，城市由兴起期逐渐进入繁荣期。随着自然资源开采殆尽或市场转移，城市经济发展趋于缓慢，逐渐进入衰退期，转变为资源枯竭型城市。但是，如果及时调整发展战略，通过延长产业链，提升原有资源的利用价值、开发新的资源，培育新的主导产业等措施，资源枯竭型城市也可以迎来新生。我们还了解到社会经济的发展不能忽略环境的承载能力，不能过度地依赖单一自然资源的开发，要树立"绿水青山就是金山银山"的发展观念。以"两山论"指导环境、社会、经济的可持续发展。

➕ 板书设计

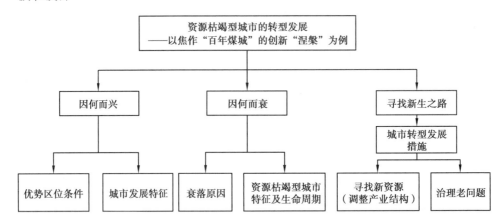

➕ 自主探究

以4人为一小组,从白银市、玉门市、大冶市、伊春市、景德镇市这5个资源枯竭型城市中选择一个作为案例,搜集相关资料,结合城市发展过程,分析该城市发展的方向,制作地理手抄报。

【教学反思】

在实际授课过程中,本节课的优势体现在以下两个方面:

1.立足真实情境,围绕学生身边的焦作市城市转型发展设计教学,融入大量本土资源,真实亲切,学生积极性高;相较于照本宣科的传统课堂,取材于真实情境的"真问题"让学生学到了"真知识",学生在课堂上主动探究和解决问题,学习效率得到极大提高。

2.整节课逻辑性强,活动设计丰富,学生自主探究活动较多,有利于培养学生地理实践力;本节课设计了部分需要学生搜集资料、设计方案的活动,并与课后的探究活动有机结合,较好地培养了学生实践动手能力。

本节课的教学设计有待改进的地方如下:

1.如何平衡学生自由讨论时间和课堂教学时间。将课堂还给学生,以学生为主体,本节课对学生能力提出了较高要求,在实际授课中往往需要学生分组合作讨论,占用较长时间。

2.如何更好地平衡教材与情境。本节课在授课过程中学生在教师的引导下成功地解决了真实情境中的问题,但对教材里诸多案例的掌握尚有欠缺,因此在教学设计时需要更多地考虑融入教材内容。

3.各地区区域背景不同,焦作市的案例教学迁移性不如身边的家乡资源型城市。建议选取身边的本土地理资源,融合课堂教学,效果会更好。

【专家点评】

本节教学设计结构清晰,目标明确,贴近生活,突出学科特点,始终以问题链的形式引导学生思维,地理核心素养的培养贯穿整节课,突出优点表现在以下5个方面:

1.情景设计提升学习兴趣:新课标强调"以主题为引领,使课程内容情景化"。本节课创设了"讲好中国故事 传播好中国声音"主题下的教学情境,引导学生以焦作市发展历程为指引,认识资源枯竭型城市——焦作市的发展过程,激发学生的学习兴趣,落实课标要求。

2.思政元素升华教学内容:本节课立足于资源枯竭型城市的转型发展,深挖学科教学中的思政元素,将"讲好中国故事 传播好中国声音""绿水青山就是金山银山"的时政热点与教学内容有机融合,帮助学生在真实情境的问题解决中树立绿色发展理念。

3.析图绘图培养地理能力:地理图像是地理信息的重要载体,是学习地理的重要工具。教学中以读图、析图和绘图为主,锻炼了学生的提取信息能力;通过让学生动手绘制焦作市地区生产总值图,直观地感受焦作城市发展的变化,同时提高了地理实践力。

4.任务促学确保以学生为主:"新课标"明确指出学生是学习和发展的主体。学生通过小组合作,共同解决教师设计的学习任务,回答教师的问题,培养学生的地理逻辑思维。师生共同厘清知识点之间的关系,并针对某个问题逐层分析,有利于加深思维梯度。从教师"教"转变为学生"学",尊重学生的主体地位。

5.综合分析落实核心素养:以复杂的实际案例为分析对象,以解决实际生活中的问题为目标,引导学生运用地理知识,综合分析地理要素之间的相互关系,落实培养地理核心素养的相关要求。

同时,也提出以下两点建议:

1.部分任务的设计值得再商榷以提高有效性。

2.学生的课堂活动形式可以再丰富一些。

【参考文献】

[1] 刘战豫,孙夏令.资源枯竭型城市产业转型升级研究:以焦作市为例[J].中国集体经济,2017(19):19-20.

[2] 孙越英,刘富有,章秉辰,等.焦作市矿产资源开发利用现状及发展方向[J].矿产保护与利用,2005,25(3):8-11.

5.8 生态脆弱区的综合治理
——以南方喀斯特地区与北方农牧交错带为例

【课程标准内容要求及解读】

内容要求	选择性必修2.6　以某生态脆弱区为例，说明此类地区存在的环境与发展问题，及其综合治理措施。			
行为条件	行为动词	概念体系		必备知识和关键能力
以某生态脆弱区为例	说明	学科大概念：人地关系		1.了解生态脆弱区的含义； 2.掌握生态脆弱区面临的环境与发展问题； 3.学会分析生态脆弱区的综合治理措施； 4.通过对生态问题的治理分析，进一步树立正确的人地协调观
		本节核心概念：自然环境与区域发展		
		子概念：生态脆弱区、土地退化、原因、分析、治理措施		

行为条件为"以某生态脆弱区为例"（区域认知），即要求通过案例学习，说明给定生态脆弱区存在的环境与发展问题及综合治理措施，进而归纳一般生态脆弱区存在的环境与发展问题及综合治理措施。因此，首先要选取恰当的生态脆弱区案例。

行为动词为"说明"，要求学生能明确地理要素之间的相互联系、相互影响、相互制约，以及不同区域之间的相互关联。在教学过程中，教师要多角度提供素材，引导学生综合考量自然地理要素和人文地理要素（综合思维）。

核心概念为"环境与发展问题"。不同生态脆弱区环境与发展问题的形成，往往是自然因素和人为因素综合作用的结果，且以人为因素为主。由于生态脆弱区环境与发展问题形成原因的综合性，需要采取综合治理措施，实现人地和谐发展（人地协调观）。

【核心概念知识地图】

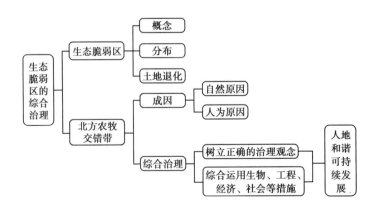

【教材与学情分析】

本节课的内容结合新课程标准的要求,主要从以下 3 个方面对生态脆弱区的综合治理进行讲解。首先,介绍了生态脆弱区的含义,通过南方喀斯特地貌区的石漠化分析生态脆弱区形成的恶性循环。其次,介绍了北方农牧交错带的土地退化及原因,从自然原因和人为原因两个方面分析。最后,介绍了北方农牧交错带土地退化的治理措施。本节课的内容是对第一节自然条件与区域发展的深化,有利于培养学生分析问题、解决问题的地理综合思维能力。

在知识与能力方面,学生已经完成了必修一、必修二和选择性必修一的学习,具有较完善的知识储备和一定的地理思维能力,能够独立读图并结合材料提取关键信息,分析某一地理事象的特征及其产生原因,提出区域发展的基本措施,这些知识都为本节课的学习打下了基础。但多数学生区域地理基础薄弱,对生态脆弱区的地理位置等一无所知,区域自然地理环境特征也无法准确判断,需要教师引导学生回顾已学知识并加以分析。本节课"生态脆弱区""土地退化"等不少概念都是首次出现,需要详细解释,课堂内容较多,教师需通过案例分析,帮助学生理解。

在学生认知水平方面,高中阶段的学生学习目的性强,思维独立性强,逻辑思维能力提升较快。同时,高中阶段也是学生世界观、人生观和价值观的形成阶段,教师在教学过程中应调动学生学习的积极性,引导学生主动思考、学以致用,帮助学生树立尊重自然、保护自然的人地协调观。

【教学设计思路】

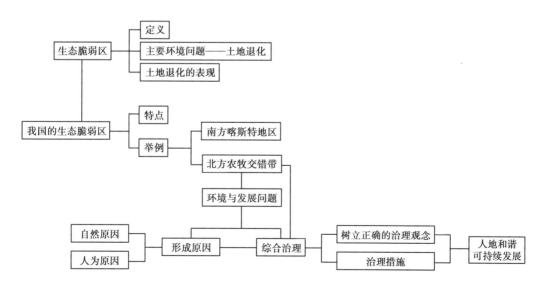

【教学设计方案】

➕ 学习目标

1.运用资料,简述生态脆弱区的自然环境特点。

2.运用资料,以北方农牧交错带为例,说明生态脆弱区存在的环境与发展问题及其综合治理措施。

3.结合图文资料,归纳学习某生态脆弱区自然环境的特点、存在的环境与发展问题及其综合治理措施的一般方法。

➕ 情境导入

播放新华社拍摄的"逆转——浑善达克沙地生态修复纪实"短视频,引导学生思考:20世纪后期,浑善达克沙地为什么草场退化严重? 现在的浑善达克沙地如何从沙源地变成了生态绿洲? 导入新课的学习。

➕ 教学过程

• 环节一

[情境素材]

多媒体展示我国生态脆弱区分布图以及荒漠化、红漠化、石漠化、土地盐碱化等图片资料。

石漠化又称为石质荒漠化,是指因水土流失而导致地表土壤损失,基岩裸露,土地丧失农业利用价值和生态环境退化的现象。石漠化多发生在石灰岩地区,土层厚度薄(多数不足10 cm),地表呈现类似荒漠景观的岩石逐渐裸露的演变过程。

荒漠化除了狭义上的沙漠化,还有一种"红色荒漠"分布在我国江南丘陵以红色砂岩为主的地区,地表红壤因水土流失,露出光秃秃的红色石山,造成土地贫瘠,逐渐形成荒漠,由此称为红漠化。

[任务]

1.阅读教材并结合资料,说出生态脆弱的定义、分布和主要环境问题。

2.阅读教材并查阅资料,找出"石质荒漠"和"红色荒漠"在我国分布的省份,并对比两者成因的异同。

3.结合对土地退化的理解,分析石漠化的危害,提出遏制石漠化的蔓延措施。

［评价］

问题	水平1	水平2	水平3	水平4
1	能够简要描述生态脆弱区的特点与分布，以及简要描述土地退化的特点	能够正确描述生态脆弱区的特点与分布、土地退化的特点，并准确地与教材建立联系	能够正确描述生态脆弱区的特点与分布、土地退化的特点，并能准确区分土地退化的类型	
2	能够对照图表资料找出石漠化和红漠化的大致分布区域，结合教材简要分析二者成因	能够对照图表资料找出石漠化和红漠化的具体分布地区，结合教材简要分析两者成因的异同点	能够对照图表资料找出石漠化和红漠化的具体分布地区，从自然和人为两个方面对比分析两者成因的异同点，并绘制思维导图展示恶性循环的发展问题	
3	能够简单描述石漠化的危害，简单提出石漠化的治理措施	能够具体描述石漠化的危害，详细提出石漠化的治理措施	在详尽分析石漠化的前提下，能够延伸出对红漠化的危害分析和具体治理措施	

［设计意图］

通过阅读教材和景观图片等资料，帮助学生直观地感受土地退化的表现，认识生态脆弱区环境问题的严重性，激发学生的探究欲望，以便更好地理解"生态脆弱区"这一概念及其特征和分布。

本环节的情境是多种生态脆弱区景观的直接呈现，通过石漠化与红漠化成因的同步对比，再紧扣教材喀斯特地区石漠化案例的同时联系江南丘陵红漠化的成因，有助于学生认识生态脆弱区的空间分布特点。本节设计旨在提高学生信息提取和总结归纳能力，引导学生通过对比发现不同类型生态脆弱区形成原因的异同，通过综合分析人地关系，总结归纳石漠化的危害中发现其恶性循环的原因，在此过程中探索治理措施，培养学生人地协调观，从而更好地落实学习目标和课标要求。

• 环节二

［情境素材］

视野转向我国北方农牧交错带，即农区和牧区的过渡地带，这是我国主要的生态脆弱区之一，同时也是贫困地区分布较集中的区域之一。21世纪初，北方农牧交错带80%以上的草场出现不同程度的退化，成为我国北方重要的沙尘源区。

内蒙古乌兰察布市商都县的耕地面积从1949年的9.8万 hm^2（1 $hm^2=10^4 m^2$）增加到1980年的21.93万 hm^2，新开垦的耕地基本上分布在年降水量300 mm左右的地区。然而，这里曾是水草条件优良的草场。

20世纪50年代，浑善达克沙地地区的牲畜量为100万头，到20世纪80年代末，增加到 1 000 万头。从 20 世纪 70 年代起,草场开始退化;到 20 世纪末,1/3 的草场已成沙地,80% 的草场已经退化。

[任务]

1.结合图表信息,描述鄂尔多斯市地理位置和降水特征,并分析鄂尔多斯市降水的变化特征对该地土地退化的影响。

2.结合资料,分析鄂尔多斯地区土地极易遭受风蚀和沙化的自然原因。

3.结合资料,分组讨论人类活动对该地土地退化的影响。

[评价]

问题	水平1	水平2	水平3	水平4
1	在提取图表信息的基础上,简要描述鄂尔多斯市的地理位置和降水特征	在提取图表信息的基础上,具体描述鄂尔多斯市的地理位置和降水特征,并简要描述对该地土地退化的影响	在提取图表信息的基础上,具体描述鄂尔多斯市的地理位置和降水特征,并详细分析对该地土地退化的影响	
2	能够结合教材和资料信息,简要描述鄂尔多斯地区土地极易遭受风蚀和沙化的自然原因	能够结合教材和资料信息,详细分析鄂尔多斯地区土地极易遭受风蚀和沙化的自然原因	能联系问题1从气候和天气等多个角度,详细分析鄂尔多斯地区土地极易遭受风蚀和沙化的自然原因	能从气候、地形、土壤、植被、光照等多种角度对某生态脆弱区土地退化的成因进行详细分析
3	能够从材料给出的角度简要描述人类活动对该地土地退化的影响	能够从材料给出的角度详细分析人类活动对该地土地退化的影响	能够探索出更多人类活动的可能影响因素,多角度详细分析人类活动对该地土地退化的影响,并画出思维导图	能针对某一生态脆弱区详细分析人类活动的可能影响

[设计意图]

本环节的情境是我国北方农牧交错带的土地退化现象。农牧交错带是我国主要的生态脆弱区之一,十分典型。利用教材文本、景观图、地图等素材,引导学生从空间、时间和发展的角度思考区域环境生态问题。任务的梯度设计旨在引导学生分析问题从现象到原因,运用上一环节的所学知识,即在认识到生态脆弱区主要分布特征的前提下,结合实际情境分析北方农牧交错带土地退化的原因,逐步培养学生的地理综合思维。

• 环节三

[情境素材]

浑善达克沙地究竟是怎样从沙源地变成生态绿洲的呢? 我们一起来看视频资料。自

2000年起,20多年来,当地都采用了哪些措施成功实现了"黄色野马"的绿色蜕变。

播放内蒙古新闻"让浑善达克沙海覆绿生金",并展示如今浑善达克沙地的美景。

[任务]

结合视频资料,讨论并归纳北方农牧交错带土地退化的综合治理措施。

[评价]

问题	水平1	水平2	水平3	水平4
1	简单说明北方农牧交错带土地退化的治理措施	较为全面地说明北方农牧交错带土地退化的治理措施	能够设计出详细的综合治理方案,并能够迁移应用相似成因生态脆弱区的治理措施	学生对生态脆弱区问题有深入的理解,能够独立思考并提出相对应的解决方案

[设计意图]

本环节的情境与导入首尾呼应,通过小组讨论梳理土地退化的综合治理措施,引导学生自主搭建环境问题治理措施思维路径,重点理解以地养地、自然恢复是治理生态环境的核心问题。

课堂小结

通过本节课的学习,我们了解了生态脆弱区的概念、土地退化的表现以及我国生态脆弱区的分布与特征,学会从自然和人为因素两个方面对某生态脆弱区土地退化原因进行分析,掌握了生态脆弱区面临的环境与发展问题,并能总结归纳出生态脆弱区的综合治理措施,在具体的生态脆弱区案例分析中深刻领会了自然条件、人类活动与区域发展三者之间的密切联系。那么,具备资源禀赋型城市的发展又将经历怎样的风云变幻呢?我们下节课接着学习。

✦ 板书设计

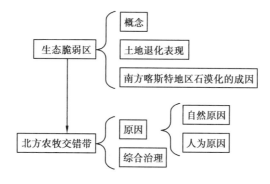

✦ 自主探究

1.分析萨赫勒地区的自然特征,并说明出现荒漠化潜在的自然条件。

2.萨赫勒地区的传统经济以自给性游牧业为主,20世纪以来,随着人口和经济的发展及交通条件的改善,这里的游牧业向商品性定居牧业转变,根据教材图2.15分析这一转变给草场带来的影响。

3.20世纪50年代以来,人口急剧增加,粮食需求迅速增长。这一因素促使萨赫勒地区以南的旱作农业不断向北推进,农牧用地之争加剧。人口过快增长和贫困是萨赫勒地区最突出的社会问题,请解释教材图2.16,试提出一种解决非洲贫困问题的可能办法。

【教学反思】

本节课立足于南北两大方向的典型生态脆弱区的案例情境,将生态脆弱区的主要环境问题——土地退化现象与人类的生产生活相联系,加深了学生对土地退化的理解,包括其不同表现形式如荒漠化、红漠化、石漠化成因与特点的区分。通过引导学生思考环境与发展之间的问题,如喀斯特地区石漠化的恶性循环、北方农牧交错带过垦过牧的恶性循环,培养学生通过现象找本质,通过结果找原因,在培养综合思维的同时树立人地协调价值观,真正领悟"绿水青山就是金山银山"的发展理念。

激发兴趣是促进学生全身心投入课堂学习的基本保障。教学过程中通过动画、图片等方式为学生创设生动、有趣的故事情境,把书面文字活化为形象动态的、可感的事物,引导学生挖掘故事所蕴含的情感、态度、价值观等。教学中采用多种激励评价方式,例如教师评价、学生互评、自我评价等激励学生全面参与课堂教学,使教学能更好地面向全体学生。学生们正是从老师对自己的关心和信任中深受鼓舞,学会了科学地评价自己,最终品尝到成功的喜悦。

本课教学中设计了多个教学环节训练学生思维的开放性,例如最后一个环节,给学生创设了一个开放的讨论空间,让学生结合已学的成因分析,进行讨论和思考,不给明确答案,让学生积极参与,多角度表达。本节课的不足之处在于教学环节比较多,个别环节因时间有限,未能进行充分的练习巩固与迁移运用,在以后的教学中要注意改进。

【专家点评】

本节教学设计结构清晰,目标明确,选材典型,紧扣课标与教材,深入探讨了生态脆弱区的综合治理,始终以问题链的形式引导学生思维,地理核心素养的培养贯穿整节课,突出优点表现在以下3个方面:

1.教学目标明确,层层递进,符合学生认知发展规律。从了解生态脆弱区的概念和特征开始,逐步深入分析南北方典型生态脆弱区所面临的问题和治理策略,引导学生从认识到实践的转变。教师通过案例分析,巧妙地将抽象的理论知识与生产生活实践相结合,提升了教学的针对性和可操作性,贯彻落实学生区域认知与综合思维能力的培养。

2.注重学生的主动参与和合作学习。通过分组讨论、小组报告等多种形式,激发学生的学习兴趣,促进学生进行思维碰撞和交流互动。有助于培养学生的团队合作能力和解决问题的能力,提升课堂教学的实效性。

3.教学评价科学合理,突出了对学生综合能力的考核。评价表明确了4个不同等级的学业质量水平,并针对不同水平的学生给出了具体的表现特征和教学目标评价,有利于全面客观地评价学生的学习状况,为后续的教学调整和个性化指导提供了依据。

同时,也提出以下3点建议:

1.本节课案例较多,整节课略显繁冗,可以尝试"一境到底"。

2.部分任务的设计需要提高有效性。

3.学生的课堂活动形式可以再丰富一些。

【参考文献】

[1] 王春江,杨绪华.指向区域认知素养的高中地理问题式教学设计与实践——以"生态脆弱区的综合治理"为例[J].地理教育,2023(6):57-61.

[2] 任思梦.案例教学在生态脆弱区综合治理中的应用探究——以塞罕坝为例[J].试题与研究,2022(36):16-18.

[3] 张建春,俞蔚,陆炜."学的专家"视角下的高中地理结构教学——以《生态脆弱区的综合治理》教学为例[J].江苏教育(中学教学版),2022(10):48-52.

5.9 区际联系与区域协调发展——"一带一路"建设与国际合作

【课程标准内容要求及解读】

内容要求	选择性必修2.9 结合"一带一路"建设，说明国际合作的重要意义。			
行为条件	行为动词	概念体系		必备知识和关键能力
结合案例	说明	**学科大概念**：区际联系与区域协调发展		1.运用区域地理知识、区域的整体性、关联性和互补性原理，说明区域合作的地理背景； 2.结合数据和情境案例，分析区域活动对区域地理环境的影响； 3.结合数据和情境案例，分析归纳区域合作的意义
		本节核心概念："一带一路"建设、国际合作		
		子概念：区域整体性、区域差异性、区域关联性、区域互补性		

　　行为条件为"结合案例"，本节课以区域的整体性、关联性等基本原理为依据，以"一带一路"建设背景、建设成就为情境素材，分析区域合作的方向和区域协调发展的意义。

　　行为动词"说明"主要是结合"一带一路"建设成就，说明"一带一路"建设成果对沿线国家的积极影响，进一步说明国际合作的意义。在拓宽国际视野的同时，建立科学的世界观，客观认识国家为促进区域协调发展所实施的政策与措施，利用人地关系思想塑造正确的价值观。

【核心概念知识地图】

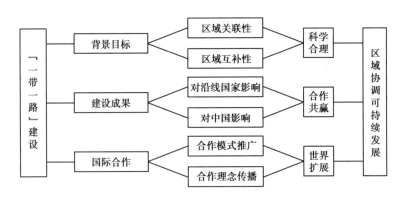

【教材与学情分析】

高中地理教材包括人教版、湘教版、中图版、鲁教版和沪教版5个版本,"一带一路"课例均在各个版本的选择性必修二《区域发展》出现。在内容设置上,各版本教材都包括"一带一路"倡议的地理背景、"一带一路"倡议的具体内容和"一带一路"国家合作的意义。在文本表述上,各版本教材都包括"一带一路"地理背景知识铺垫、国家之间合作发展的基础和国家之间合作发展的重要意义。在分析"一带一路"建设的地理背景时,各版本教材都包括地缘上的联系性、资源禀赋的互补性、交通通信的联通性、经济发展的互助性4个方面。在介绍国际合作的内容时,各版本教材都从政策沟通、设施联通、贸易畅通、资金融通、民心相通5个方面介绍,从全球、区域、沿线各国、中国4个不同空间尺度分析国际合作的意义。本节课可以按照"案例呈现—任务导学—合作探究—思维建构"的模式开展教学,引导学生掌握分析的思路和方法,并能在新的情境中自主进行探究学习。

课程标准要求"结合'一带一路'建设,说明国际合作的重要意义",完成课标要求的主要路径是结合国内外"一带一路"建设成就,引导学生树立区域协调可持续发展观念、树立人类命运共同体的发展理念,真正发挥地理学科的育人价值。但学生在学习过程中,极易脱离区域特征和区际联系,孤立地学习"一带一路"的建设成就和建设案例,缺少区域背景理论支撑,不能全面地分析"一带一路"项目实施的原因和影响,不能深刻地理解"一带一路"对区域协同发展和促进国际合作的重要意义。

【教学设计思路】

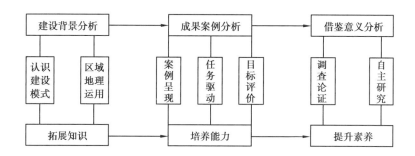

【教学设计方案】

♣ 学习目标

1.结合"一带一路"沿线区域地理特征和相关资料,说明"一带一路"辐射的代表性区域、合作的主要领域和产业,以及未来规划的发展目标。

2.结合"一带一路"合作成果案例,分析"一带一路"代表性合作成果对区域发展的积极影响。

3.结合"一带一路"建设成果,分析"一带一路"建设模式对促进国际合作的启示和借鉴意义。

第一课时

✦ 情境导入

2023年10月17日至18日,第三届"一带一路"国际合作高峰论坛在北京举行,此次活动主题为"高质量共建'一带一路',携手实现共同发展繁荣"。教师介绍高峰论坛开幕式上习近平总书记的重要讲话及中国发布共建"一带一路"未来十年发展展望。通过课堂引入"一带一路"峰会盛况,激发学生的学习兴趣。

✦ 教学过程

• 环节一

[情景素材]

"一带一路"是"丝绸之路经济带"和"21世纪海上丝绸之路"的简称。2013年9月和10月,中国国家主席习近平分别提出建设"丝绸之路经济带"和"21世纪海上丝绸之路"的合作倡议。"一带一路"旨在借用古代丝绸之路的历史符号,高举和平发展的旗帜,积极发展与合作伙伴的经济合作关系,共同打造政治互信、经济融合、文化包容的利益共同体、命运共同体和责任共同体。

"一带一路"贯穿亚欧非大陆,一头是活跃的东亚经济圈,一头是发达的欧洲经济圈,中间广大腹地国家经济发展潜力巨大。"丝绸之路经济带"重点联通中国经中亚、俄罗斯至欧洲(波罗的海);中国经中亚、西亚至波斯湾、地中海;中国至东南亚、南亚至印度洋。"21世纪海上丝绸之路"重点方向是从中国沿海港口过南海到印度洋,延伸至欧洲;从中国沿海港口过南海到南太平洋。

2013—2022年,中国与共建国家进出口总额累计达到19.1万亿美元,年均增长6.4%;与共建国家双向投资累计超过3 800亿美元,其中中国对外直接投资超过2 400亿美元。截至2023年6月底,中国与150多个国家、30多个国际组织签署了230多份共建"一带一路"的合作文件。

[任务]

1.搜集相关资料,分析中国倡议并建设"一带一路"的优势条件及对经济、社会和环境建设的影响。

2.结合所学知识,简述"一带一路"连接的主要大洲、国家和国内外经济区。

3.搜集相关资料,归纳"一带一路"建设所辐射的代表性地区、合作方向和合作制度建设。

［评价］

问题	水平1	水平2	水平3
1	结合专题地图，说出"一带一路"辐射的主要经济区	结合相关资料，整理归纳中国未来受"一带一路"建设促进作用显著的产业类型	分析"一带一路"对中国经济、社会发展和生态环境建设的影响
2	结合专题地图，说出"一带一路"连接的主要大洲、国家和经济区	结合专题地图，说出"一带一路"互联互通的主要交通运输方式及优势	结合专题地图，说出制约"一带一路"互联互通发展的主要自然环境因素
3	通过搜集相关资料，总结目前"一带一路"建设成果较多的主要地区	通过搜集相关资料，总结目前"一带一路"合作建设的领域或产业类型	通过搜集相关资料，总结"一带一路"建设中，中国与其他国家或地区签署的法律法规性文件涉及的主要合作方向

［设计意图］

本环节的情境主要是呈现"一带一路"提出的时代背景，辐射的主要范围及目前建设的主要成就。任务设计首先是引导学生了解"一带一路"的历史沿革，结合所学知识，分析中国建设"一带一路"的主要优势及对经济社会和环境建设的影响，更加坚定地维护国家提出的"一带一路"倡议。同时结合地理知识，分析"一带一路"腹地的区域发展背景，明确"一带一路"建设和互联互通的优势。最后归纳总结目前"一带一路"合作建设的领域或产业类型，中国与其他国家或地区组织签署文件涉及的未来发展方向，带领学生认识未来"一带一路"建设的美好前景。

• 环节二

［情境素材］

2017年12月，中国某港口控股有限公司以特许经营权的方式，正式接手斯里兰卡汉班托塔港项目，进行投资、建设和运营，项目总交易价为14亿美元，特许经营权为99年，并由中国斯里兰卡合资公司负责运营和管理汉班托塔临港产业园。

汉班托塔临港产业园距离印度洋国际主航运线只有10多海里，是连接亚、欧、非的重要枢纽港口，地理位置优越。其背靠南亚次大陆，辐射中巴经济走廊和中印缅经济走廊，市场潜力巨大。濒临码头，"零"物流成本，且充分享受斯里兰卡"自由港"政策及"一站式服务中心"的高效资源。同时，区域周边覆盖立体式陆路交通，通过南部高速公路与首都科伦坡相互连接。港内园区以北30 km，直达斯里兰卡第二大国际机场马塔拉国际机场。

［任务］

1.结合资料，说明中国—斯里兰卡"一带一路"合作模式。

2.分析中国—斯里兰卡共建运营港口和临港产业园对斯里兰卡发展的意义。

3.分析中国—斯里兰卡共建运营港口和临港产业园对中国发展的意义。

[评价]

问题	水平1	水平2	水平3
1	根据资料，总结归纳中国—斯里兰卡"一带一路"合作模式的特点	结合汉班托塔港的地理位置特征，分析汉班托塔港及临港产业园的主要优势	分析汉班托塔港及临港产业园可以带动发展的产业类型
2	总结汉班托塔港及临港产业园的区位优势	分析港口和临港产业园建设运营对斯里兰卡经济、社会发展的有利影响	总结港口和临港产业园对区域发展的辐射带动作用
3	分析港口和临港产业园的建设运营可以利用中国的哪些优势	分析港口和临港产业园的建设运营对中国发展的有利影响	总结中国—斯里兰卡"一带一路"合作模式对国际合作的启示

[设计意图]

本环节的情境是呈现中国—斯里兰卡"一带一路"合作模式和合作成果,介绍汉班托塔港及临港产业园的区位优势,充分地展示了区域合作中要坚持互惠互利、合作共赢的理念。任务设置主要是引导学生学会分析港口及临港产业园的区位优势,分析"一带一路"合作成果对斯里兰卡和中国的积极影响,掌握人类对区域发展影响的一般分析思路。

• 环节三

[情境素材]

自2014年11月从义乌首发以来,"义新欧"中欧班列已成为浙江积极融入"一带一路"建设的标志性工程,截至2023年年底,班列已开通25条线路、覆盖50多个国家或地区、通达160个城市。2023年杭州海关累计监管"义新欧"中欧班列进出口集装箱已突破18.8万标箱。除了进出口标准集装箱量超过去年,班列运输商品也在悄然变化:一方面,高附加值商品越来越多,例如太阳能光伏板、汽车整车及零配件,尤其是手机等电子设备成为班列运输热门货物;另一方面,班列货物来源日趋多元,辐射范围逐渐从义乌拓展到浙江省内其他地区,乃至上海、福建、广东等地。

[任务]

1.结合所学知识,分析"义新欧"班列的运输优势。

2.举例说明开通"义新欧"班列对相关产业的促进作用。

3.分析开通"义新欧"班列分别对欧洲、中亚和中国经济社会发展的影响。

[评价]

问题	水平1	水平2	水平3
1	结合所学知识、说出中欧发展铁路运输和集装箱运输的优势	结合区域特征、中欧开通"义新欧"班列的有利条件	
2	结合区域地理知识，分析欧洲、中亚和中国的资源优势	分析"义新欧"班列的开通，能影响和带动的区域产业	
3	结合区域特征，分析"义新欧"班列对沿线地区经济、社会发展的积极影响	分析"义新欧"班列对亚欧大陆经济发展格局的影响	分析归纳交通运输对区域产业发展和未来区域格局发展的一般影响

[设计意图]

本环节的情境选取"义新欧"班列及发展成就。"义新欧"班列途经中亚,连接东亚和欧洲两大经济体,因此班列的开通对"一带一路"建设意义重大。任务设计意图:一方面引导学生能够结合区位特征,分析"义新欧"班列的优势及能带动的相关性产业;另一方面着重培养学生学会分析交通运输建设,特别是"一带一路"互联互通对区域经济发展的巨大促进作用。

✦ 课堂小结

通过本节课的学习,首先认识了"一带一路"的产生背景、覆盖的区域和取得的巨大成就,提升学生对"一带一路"倡议的认识高度。同时通过任务驱动,引导学生分析中国—斯里兰卡共建运营港口和临港产业园对区域发展的影响、"义新欧"中欧班列开通对区域经济发展的影响,培养学生树立因地制宜、互惠互利的区域合作发展观。

✦ 板书设计

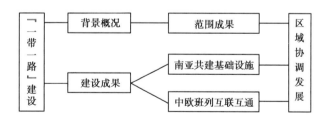

✦ 自主探究

1.查阅资料、整理所在城市与"一带一路"建设相关的产业和建设项目。

2.查阅资料并结合所学知识,完成《"一带一路"沿线地区区域资源优势研究》的研究性学习报告。

第二课时

情境导入

课堂观看"一带一路"概述图,引导学生认识"一带一路"的整体辐射范围及代表性国家和经济区,提升学生对"一带一路"的区域认知。

教学过程

• 环节一

[情境素材]

国内知名新能源汽车公司比亚迪巴西分公司成立于2014年,除了在巴西市场销售电动叉车、货车、卡车和乘用车,该公司还在巴西设立了纯电动大巴底盘厂、太阳能板厂、电池工厂等以满足当地市场需求。位于巴西马瑙斯的电池工厂专注于组装磷酸铁锂电池组,为巴西的电动大巴车提供可靠的新能源动力,推动了当地可持续能源产业的发展,为减少碳排放和环境保护作出了贡献。

2024年1月,中国中车为墨西哥首都墨西哥城研制的轻轨列车投入商业运营,运营线路全长13.04 km,列车采用中国中车完全知识产权的铰接式转向架,设有电制动系统、空气制动系统、磁轨制动系统三重"保险",适用于上述线路复杂曲折路况,应用创新模块化设计,可根据客流密度自动编组。目前,中车株机公司已为墨西哥蒙特雷1、2、3号线,墨西哥城地铁1号线,墨西哥城STE轻轨线,瓜达拉哈拉4号线研制轨道交通装备。中墨双方表示将继续加强合作,共创更美好未来。

[任务]

1.根据上述材料,总结中国与巴西、墨西哥"一带一路"合作项目的特点。

2.分析比亚迪新能源汽车公司在巴西建组装厂和零配件厂对巴西发展的意义。

3.分析中国企业为墨西哥城建设的轨道交通设备对墨西哥发展的意义。

[评价]

问题	水平1	水平2	水平3
1	能够说出中国与巴西和墨西哥"一带一路"合作项目的产业类型	能够说出中国与巴西和墨西哥"一带一路"合作项目的产业类型特点	能够总结中国与巴西和墨西哥"一带一路"合作项目的产业类型对区域发展的一般影响
2	结合区域地理知识,分析国内汽车公司在巴西建厂的区位优势	结合材料分析不同汽车产业环节对巴西经济发展的影响	结合材料分析不同汽车产业环节对巴西社会和环境的影响

续表

问题	水平1	水平2	水平3
3	结合所学知识，分析墨西哥城城市化过快发展产生的主要问题	分析中国企业为墨西哥城生产轨道交通设备对墨西哥城城市化发展的影响	分析中国企业为墨西哥城生产轨道交通设备对墨西哥发展的社会意义

[设计意图]

本环节的情境主要是呈现"一带一路"建设项目辐射到的拉丁美洲地区。中国与巴西和墨西哥"一带一路"合作项目的产业均是高端制造业，不仅能带动当地经济社会的发展，还能促进当地生态环境的改善。任务设计意图：一方面是培养学生分析产业转移对转出区和转入区的一般影响；另一方面是展示"一带一路"建设项目在拉丁美洲发展的时间长、综合效益高，提高学生对"一带一路"建设项目的认同高度。

• 环节二

[情境素材]

2024年2月，由中国参与融资、中国某集团公司承建的乌干达卡鲁玛水电站项目最后一台机组成功发电并网，标志着该国最大水电站全部机组实现发电并网目标。卡鲁玛水电站位于乌干达北部白尼罗河上，距离首都坎帕拉约270 km，工程内容主要包括大坝、水道系统、地下厂房以及配套电力输出工程，设计总装机容量600 MW，是乌干达最大的水电站。项目方介绍，卡鲁玛水电站机组全部并网发电后，乌干达电力装机总量将由1 278 MW提升至1 878 MW，在原基础上提升近50%，每年将节约原煤约131万t、减少二氧化碳排放348万t，为乌干达提供源源不断的"绿色能源"。

2024年3月，由中国公司承包建设的泰国孔敬府乌汶叻水面漂浮光伏电站5日并网发电，泰国乌汶叻水面漂浮光伏电站位于泰国东北部孔敬府，是泰国电力局第一个集水面光伏、清洁水电、高效储能系统及智慧能源管理系统于一体的示范性电站工程项目。

[任务]

1.结合材料，分析"一带一路"中泰能源合作项目的优势。

2.结合材料，分析"一带一路"中乌能源合作项目对乌干达经济社会发展的积极影响。

3.结合材料，分析"一带一路"中泰能源合作项目对泰国经济社会发展的积极影响。

[评价]

问题	水平1	水平2	水平3
1	能分析、归纳水电、光电的比较优势	分析中泰能源合作项目中高效储能系统的意义	分析中泰能源合作项目对中国相关产业发展的意义
2	结合材料，说明中乌合作建设的水电站能发挥哪些综合效益	结合材料，说明中乌合作建设的水电站对乌干达经济社会发展的积极作用	结合材料，说明中乌合作建设的水电站对乌干达生态环境建设的改进作用

续表

问题	水平1	水平2	水平3
3	结合区域地理知识，分析泰国能源短缺的主要原因	结合区域地理知识，分析中国在中泰合作建设水面漂浮光伏电站中的优势	结合材料，说明中泰合作建设的水面漂浮光伏电站对泰国经济社会发展的积极作用

[设计意图]

本环节选取的情境均是中国对外能源合作项目,这些能源合作项目均是利用当地资源优势,开发建设新能源及配套工程,对当地经济社会发展、生态环境建设发挥了重要作用。任务设计的意图:一方面是引导学生认识绿色能源建设项目的综合效益,另一方面是培养学生人地协调观。

• 环节三

[情境素材]

《国民经济和社会发展第十四个五年规划和2035年远景目标纲要》摘要:推动共建"一带一路"高质量发展,包括加强发展战略和政策对接、推进基础设施互联互通、深化经贸投资务实合作、架设文明互学互鉴桥梁。

2023年第十四届全国人民代表大会第一次会议《政府工作报告》摘要:推动高质量共建"一带一路"。坚持共商共建共享,遵循市场原则和国际通行规则,实施一批互联互通和产能合作项目,对沿线国家货物进出口额年均增长13.4%,各领域交流合作不断深化。推进西部陆海新通道建设。引导对外投资健康有序发展,加强境外风险防控。新签和升级6个自贸协定,与自贸伙伴货物进出口额占比从26%提升至35%左右。坚定维护多边贸易体制,反对贸易保护主义,稳妥应对经贸摩擦,促进贸易和投资自由化便利化。

2023年国务院发布《共建"一带一路":构建人类命运共同体的重大实践》白皮书摘要:共建"一带一路"对接联合国2030年可持续发展议程,走经济、社会、环境协调发展之路,遵循国际惯例和债务可持续原则,不断完善长期、稳定、可持续、风险可控的投融资体系,积极创新投融资模式、拓宽投融资渠道,形成了稳定、透明、高质量的资金保障体系,确保商业和财政上的可持续性。没有任何一个国家因为参与共建"一带一路"合作而陷入债务危机。

[任务]

1.结合材料,简述中国未来在"一带一路"建设中的重点发展方向。

2.结合材料,简述中国在"一带一路"建设中坚持的主要原则和理念及对区域协同可持续发展的意义。

3.总结中国主导的"一带一路"建设在建设方向、建设领域、制度建设等方面对国际合作的启示。

[评价]

问题	水平1	水平2	水平3
1	结合材料，简述中国未来在"一带一路"建设中的重点发展方向	根据未来建设方向，归纳中国在"一带一路"建设中未来重点建设的领域和相关产业	
2	阅读材料，简述中国在"一带一路"建设中坚持的主要原则和理念	分析中国在"一带一路"建设中坚持的主要原则和理念，对区域协调发展的意义	
3	总结归纳中国"一带一路"建设方向对国际合作的借鉴意义	说出中国"一带一路"建设重点发展领域对国际合作的借鉴意义	阐释中国"一带一路"合作建设对国际合作的借鉴意义

[设计意图]

本环节的情境主要呈现中国政府关于"一带一路"发展方向的重要文件。任务设计的意图主要包括：引导学生认识中国"一带一路"未来建设方向，认识中国建设"一带一路"的坚定决心，同时总结"一带一路"建设模式的特点和发展理念，归纳中国"一带一路"建设模式能促进国际合作的理由。

⯆ 课堂小结

通过本节课的学习，我们首先认识了"一带一路"建设中中国与拉丁美洲高端制造业项目，分析了该项目对中国和拉丁美洲发展的积极作用。其次呈现了中国与乌干达水电建设项目、中国与泰国漂浮电站项目，并分析了此类清洁能源项目的优势及其对乌干达、泰国经济、社会和生态环境的积极影响。最后呈现了中国政府关于"一带一路"发展方向的重要文件，引导学生认识中国"一带一路"未来建设方向和发展理念，认识中国发展建设"一带一路"的坚定决心。

⯆ 板书设计

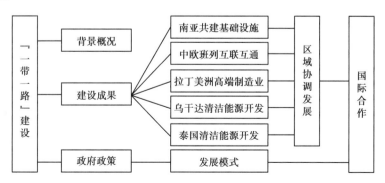

↓ 自主探究

1.查阅资料,举例说明"一带一路"建设中的文化互建项目对区域协调发展的影响。

2.查阅并收集资料,制作关于展示"一带一路"辐射范围、建设理念、建设成果的《"一带一路"宣传海报》,并在校内公开宣传。

【教学反思】

在实际授课过程中及课后,本节课均收到较好评价,主要体现在以下方面:

1.立足真实情境,数据丰富,真实展示了"一带一路"的建设成果,有利于提升学生的爱国意识和国际合作意识。

2.透过真实案例,侧重分析人类活动对区域发展的影响,突出培养学生的人地协调观。

3.实践类活动丰富。本节课的活动设计包括搜集整理其他"一带一路"合作项目、自主探究具有研究性的学习报告、制作"一带一路"宣传海报等,提升地理实践力。

但在实际授课过程中,还有部分教学设计需要调整或优化设计:

1."一带一路"的中外合作成果很多,本节课所选取的情境案例没有涉及发达国家、政治文化建设交流案例,显得案例选择不够全面。

2."一带一路"建设内涵丰富、形式多样,因此本节课对"一带一路"建设模式的总结不够全面,不具有普遍代表性,对促进国际合作的推理分析不够全面不够严谨,需要搜集更多参考文献,归纳整理"一带一路"假设框架。

3.关于"一带一路"建设如何促进国际合作,本节课尚未提出可行性的建议措施,因此内容上还不十分完整。在课后的课程优化中,需完善此部分内容,达成课标要求。

【专家点评】

本节教学设计紧扣课程标准,内容丰富、结构严谨,注重培养学生分析问题、解决问题的能力,注重培养学生的爱国情怀。突出优点表现在以下3个方面:

1."一带一路"建设成果及对区域发展的影响分析,立足于区域地理知识,注重对学生区域认知等学科素养的培养,同时对学生调动储备知识、获取解读信息的能力也有很高的要求。

2.选取"一带一路"建设成果作为教育案例,案例情境丰富真实,直观地体现了人地协调的区域发展思想,同时具有极高的爱国主义教育价值。

3.由"一带一路"建设成果和建设模式,分析提炼"一带一路"建设对国际合作的启示,基本完成课程标准要求。

同时,也提出以下两点建议:

1.部分案例选取不够全面,可以选取更具代表性的案例。

2.可以增设一些学生室外调查类活动方案,一方面让学生直观地感受"一带一路"的巨大建设成就,另一方面也提升了学生的地理实践力。

【参考文献】

[1] 中华人民共和国教育部.普通高中地理课程标准(2017年版)[M].北京:人民教育出版社,2018.

[2] 曹志宏.国家战略中的地理学思想融入课程教学的路径探索:以"一带一路"建设为例[J].地理教学,2024(5):44-47.

5.10 矿产资源与国家安全——以镍矿为例

【课程标准内容要求及解读】

内容要求	选择性必修 3.2 以某种战略性矿产资源为例，分析其分布特点及开发利用现状。		
行为条件	行为动词	概念体系	必备知识和关键能力
以某种战略性矿产资源为例	分析	学科大概念：资源	1.描述分布特点；
		本节核心概念：矿产资源	2.分析开发利用现状； 3.分析利用中存在的问题；
		子概念：能源矿产、金属矿产、非金属矿产	4.提出解决问题的策略

  行为条件为"以某种战略性矿产资源为例"（地理实践力），能源矿产包括石油、天然气、页岩气、煤炭、煤层气、铀；金属矿产包括铁、铬、铜、铝、金、镍、钨、锡、钼、锑、钴、锂、稀土、锆；非金属矿产包括磷、钾盐、晶质石墨、萤石。这些矿产对国家的经济安全、国防安全和战略性新兴产业的发展具有重要意义。从实际情况出发，本节课选取资料相对齐全的镍矿为例进行解读。

  行为动词为"分析"，欲分析战略性矿产资源的利用现状，首先就要重点分析矿产资源的分布、储量、利用的领域、生产与消费的关系，最后阐述保护和合理利用的措施。

  核心概念为"战略性矿产资源的开发利用"，首先要描述该矿产资源的分布特点、数量特点及其利用领域、区域发展对该矿产资源的需求；其次是分析该矿产资源生产与消费的关系；最后阐述研究目的——合理利用该矿产资源的策略和方法。

  在教学过程中教师要注意结合真实情境，利用真实的生产生活案例，甚至是利用该矿产资源生产的物品（器具）增强学生的直观感受。

【核心概念知识地图】

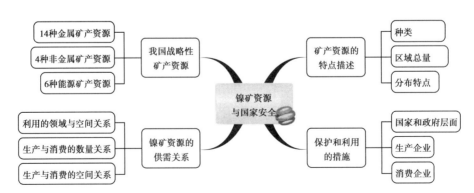

【教材与学情分析】

　　人教版教材以石油、天然气、煤炭等化石燃料为例,分析战略性矿产资源与国家安全的关系。首先分析生产与消费之间的关系以及能源资源的特点,然后分别就煤炭资源与国家安全的关系、石油资源与国家安全之间的关系进行分析和佐证,最后以我国未来能源需求与能源安全为题,引导学生探索解决能源安全的措施和路径。本节课有利于引导学生举一反三去分析现实问题、解释和解决生活中的实际问题,培养学生的综合思维能力。

　　学生虽然了解石油、天然气、煤炭等资源的生产与消费之间的关系,但对于其他矿产资源还未形成一个整体认识,通过学生亲身观察、体会,从认识矿产资源到分析生产与消费的关系,产生认知冲突,想办法解决生产、生活问题,有助于拓展学生对任意一种矿产资源的认识和解读。针对以上问题,我们可以引导学生通过对一种矿产资源的分析来理解所有的战略性矿产资源,在学习过程中不断地培养学生的综合思维能力,逐步提升学生的地理核心素养。

【教学设计思路】

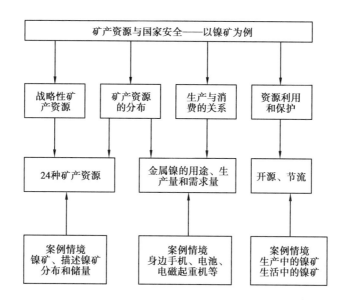

⬩ 学习目标

　　1.观察镍矿标本和镍矿分布图,描述镍矿的矿产特点和分布特征。

　　2.根据镍矿的分布和使用现状,说出镍矿对国家安全的影响。

　　3.结合镍矿的使用价值和利用现状,说出利用和保护镍矿资源的主要措施。

【教学设计方案】

✦ 情境导入

【发现美丽的"孔雀石"】

1958年10月的一天,甘肃省武威地区永昌县群众报送一块被认为是孔雀石的矿石样品,经过工程师陈鑫的指导化验,证明该矿石里含有大量的铜和镍,这块小小的"孔雀石",也为咱们戈壁荒漠带来了沧海桑田的变化。老师拿出这块美丽的"孔雀石",请学生观察并描述这块"孔雀石"。

✦ 教学过程

• 环节一

[情境素材]

一块美丽的"孔雀石"(图1)。

图1 "孔雀石"

[任务]

1.观察这块美丽的"孔雀石",描述其特点。

2.观察镍矿的分布图,描述镍矿的分布特点。

3.运用镍矿的消费资料,说出镍矿的应用领域。

[评价]

问题	水平1	水平2
1	能够观察矿石的个体,简要记录其特点,并正确地与材料匹配	能够观察矿石个体,描述其属性(金属、非金属、能源)
2	能够根据全球、中国镍矿的分布图,描述镍矿的分布特点,是否均匀,哪多哪少	能够清晰地描述镍矿的分布特点,是否均匀,哪多哪少,并能阐述分布特点对区域发展的影响
3	根据镍矿的消费资料,能说出大概的应用领域	根据镍矿的消费资料,能说出具体的应用领域

[设计意图]

本环节的情境是镍矿石、世界镍矿、中国镍矿分布和镍矿的应用领域。通过学生观察现象、描述特点、说明应用领域,为镍矿的重要性作铺垫。同时也让学生学会了描述地理事物的特点和分布特征,根据应用领域的描述,展示镍矿的战略性意义。任务1和任务2旨在提高学生获取地理信息和描述地理事物的能力。任务3旨在引导学生通过应用领域的分析,感受矿产资源的应用需求,从而更好地落实学习目标和课标要求。

• 环节二

[情境素材]

1.2022年我国镍产量和镍需求量比较(单位:万t)

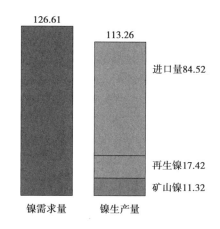

镍需求量　　镍生产量

2.我国近八年金属镍的生产和需求量

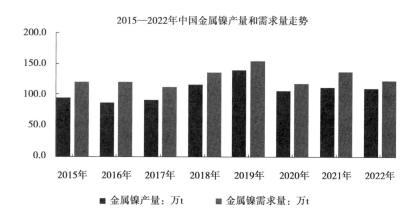

2015—2022年中国金属镍产量和需求量走势

[任务]

1.观察资料,说出镍矿在中国和世界的生产数量。

2.根据中国镍矿的消费量,简述中国镍生产与消费的数量关系。

[评价]

问题	水平1	水平2	水平3
1	分析材料,说出镍矿在中国和世界的生产数量	说出镍矿在中国和世界的生产数量,分析中国镍矿在世界上的地位	
2	分析中国镍矿生产和消费的统计图,读出中国金属镍的生产量和消费量	对比中国金属镍的生产量与消费量的关系,简述中国金属镍的供需矛盾	根据中国镍矿的生产量和消费量的时间变化,简述镍矿的供需变化趋势

[设计意图]

本环节的情境首先是我国2022年金属镍的生产量与消费量的对比关系,特别是镍矿生产中各部分之间的比例关系,更能体现我国金属镍的主要来源。其次是中国2015—2022年金属镍的生产与消费的变化关系,反映了战略性镍矿的供需关系及其变化,为下一环节探索镍矿的合理利用及其保护奠定了基础。

• 环节三

[情境素材]

经过60多年的建设与发展,今天的金川集团已具备镍20万t、铜110万t、钴1.7万t、铂族金属10t、金30t、银600t、硒200t和化工产品600万t的生产能力,镍产量居世界第四位,钴产量居世界第四位,铜产量居国内第四位,铂族金属产量居国内第一位。拥有世界第五座、亚洲第一座镍闪速熔炼炉,世界首座铜合成熔炼炉,世界首座富氧顶吹镍熔炼炉,世界上连续回采面积最大的机械化下向充填采矿法等国际领先的装备和工艺技术。

[任务]

1.根据镍矿生产和消费的数量关系说出我国镍生产与消费存在的问题,从国家、生产企业、消费企业3个角度简述应对措施。

2.结合镍矿的生产产品和镍矿企业的发展方向,简述镍矿生产企业从质量和产业链角度采取的改进措施。

[评价]

问题	水平1	水平2	水平3
1		根据金属镍的生产与消费量的关系,以及金属镍生产中镍资源的来源比例,从开源和节流的角度阐述应对镍矿资源短缺的主要措施	根据责任主体,从国家、生产企业和消费企业3个角度分别表述应对镍矿资源严重不足的主要措施
2	依据镍矿企业生产资料描述镍矿企业的发展变化	描述镍矿生产企业对我国金属镍资源不足所做的工作和努力	归纳总结镍矿企业因国家战略性资源不足而采取的措施和担当

[设计意图]

本环节的情境呈现的是战略性矿产资源的生产与消费量,以及战略性矿产资源生产企业的发展变化资料,进而推导出中国面对镍矿资源不足应该采取的措施,从国家、生产企业和消费企业3个角度提出合理化建议,达到了学习目的,同时也体现了"根据现象—依据理论—寻找策略"的基本分析思路。

✦ 课堂小结

从地理理论的角度来看,学习"战略性矿产资源——以镍矿为例"的本质是资源保护与利用原理,从而总结得出资源保护与利用的一般思路:

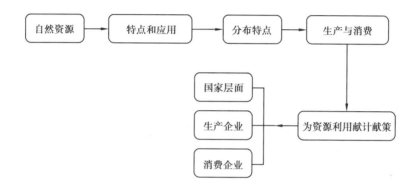

✦ 板书设计

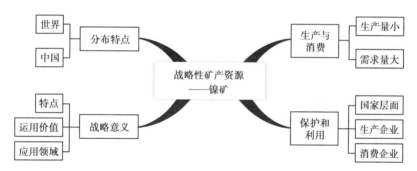

✦ 自主探究

从24种国家战略性矿产资源中任选一种,简述研究目的和所需资料。

【教学反思】

在实际授课过程中,本节课的优势体现在以下3个方面:

1.立足甘肃金昌镍矿生产这一真实情境,趣味性强,学生积极性高;为学生带来了真正的镍矿标本(原生矿和半成品),相较于照本宣科的传统课堂,取材于真实情境的"真问题"培养了学生的"真能力",学生在课堂上主动探究和解决问题,学习效率得到极大提高。

2.活动设计丰富,拿到矿石标本,通过观察现象,描述特点,观察分布图描述分布特点,有利于培养学生的地理实践力。

3.学生利用镍矿作为学习情境,经过学习,能够系统掌握该类问题的解决方法,并在过程中提高地理思维。

但在实际授课过程中,本节课的教学设计还有待改进:

1.教材用的战略性矿产资源是石油,学完本节课后,石油资料有待补充。

2.矿石标本资源仅有几块,很多学生来不及感受,或者感受的时间较短,显得"观察"就像走马观花。

【专家点评】

本节教学设计充分利用周边地区及学校已有的教学资源,体现"一案到底"的教学组织形式,解决真问题,教学故事线以问题链的形式引导学生思维,符合逻辑关系,地理核心素养的培养贯穿整节课,突出优点表现在以下3个方面:

1.本节课以课程标准为教学设计的起点,解读课程标准的内容要求,分析教材和学情,确定规范的学习目标,体现基于标准的教学要求。

2.在课堂上为学生带来真实的镍矿标本,体现了基于真实情境的教学要求,提高了学生的兴趣和爱好,也提高了学生的学习效率。

3.通过镍矿的分布、应用、生产与消费以及应用现状,逐步引导得出战略性矿产资源的保护和合理利用的措施,体现地理事物发展和思维的一般步骤,提高学生的地理思维培养效率。

同时,也提出以下3点建议:

1.将教材中的石油分布、现状用评价样题的方式给与学生。

2.在教学过程中重视学生地理思维和语言表述的规范化培养。

3.矿产标本可更加丰富一些,建议利用地理实验室和地理标本资源库。

【参考文献】

[1] 金明杰.镍原料与其衍生产品的理化性质分析[J].能源与节能,2023 (7):12-18,24.

[2] 刘明宝,印万忠.中国硫化镍矿和红土镍矿资源现状及利用技术研究[J].有色金属工程,2011,1(5):25-28.

5.11　全球气候变化与环境安全——从低碳走向合作

【课程标准内容要求及解读】

内容要求		选择性必修3.5　分析碳排放对环境的影响，说明碳减排国际合作的重要性。	
行为条件	行为动词	概念体系	必备知识和关键能力
运用碳循环和温室效应原理	运用、分析、说明	**学科大概念**：人类活动与环境安全	1.调动温室效应和碳循环基础知识的能力； 2.结合数据和情境案例，获取和解读地理信息的能力； 3.运用综合思维、综合分析复杂问题成因的能力，解决新问题的实践能力
		本节核心概念：碳排放与全球气候变化、国际合作	
		子概念：碳循环、温室效应、全球气候变暖、环境响应、固碳、碳汇、绿色发展	

　　行为条件为"运用碳循环和温室效应原理"，本节课以碳循环和温室效应原理为依据，以全球气候变化出现的极端高温数据及引发的连锁反应为基础，以人地协调观为主线，以单元共性教学目标环境安全为最终落脚点，突出地理学科开展国家安全教育的独特优势，渗透地理学科素养教育。

　　行为动词为"运用、分析"，学科大概念是"人类活动与环境安全"，以学科大概念为核心，以"运用原理、分析影响"为学习路径，以落实人地协调观为主线，具体内容包括气候变化、环境安全、区域绿色可持续发展，建构以碳循环和温室效应为基础的理论分析体系，综合分析气候变化数据和国际合作应对措施，立足于真实情境，强化区域认知，培养综合分析能力，借鉴国际合作案例，提升解决现实复杂问题的能力。

【核心概念知识地图】

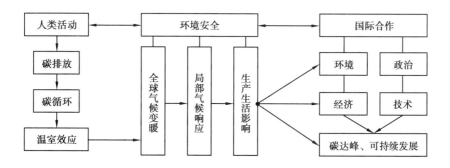

【教材与学情分析】

本节课以"人类活动与环境安全"为学科大概念,运用碳排放和温室效应原理,建构"碳排放—温室效应—气候变暖"的逻辑关系。通过整理、分析气候资料,立足真实情境,分析区域环境对气候变暖的响应;收集、分析气候关联事件,简述气候变化对环境的影响;关注身边和国际气候变化的应对措施,阐述应对气候变化全球合作的重要性。

根据课程标准"运用碳循环和温室效应原理,分析碳排放对环境的影响,说明碳减排国际合作的重要性",首先确定本节课的学习重点是碳排放对区域环境的影响,碳减排国际合作的重要性,人类活动对环境安全、国家安全的影响,落脚于环境安全、国家安全;其次教师要明确学生应掌握的重要地理概念、原理、过程与方法,学生应在本节课思考的主要问题以及应达到的预期学习效果。最后基于课堂教学,教师应确立符合地理学科核心素养的预期结果设计或课堂评价。

全球气候变化、全球变暖和环境安全问题在前期教材已有讲述,如本节理论基础"温室效应"原理在地理1和选必1都有涉及,学生已经掌握了温室效应原理,并能通过该原理推导出碳排放对气候变化的影响,但是关于区域环境对全球气候变暖的响应,以及气候变暖对身边生产生活的影响则缺乏足够的认识,同时对国内外关于应对气候变化的举措,特别是有关气候变化的国家战略,还缺乏全面科学的认识。

【教学设计思路】

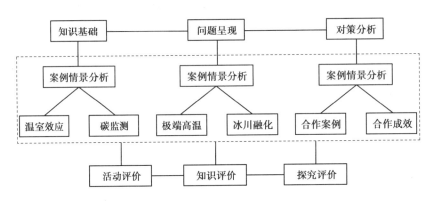

【教学设计方案】

♦ 学习目标

1.结合实际案例情境,说明温室效应的一般原理。

2.结合实际案例情境,说明局部环境变化对全球气候变暖的响应和对生产生活的影响。

3.结合案例,评价国内外实施碳减排、增碳汇和碳中和的举措。

第一课时

✤ 情境导入

视频展示所在城市近两年夏季极端高温天气的新闻报道及相关部门所作的应急处置。引导学生关注高温天气出现的频率与气候变暖的关系,以及对人类生产生活的影响,同时激发学生对本节课的学习兴趣。

✤ 教学过程

• 环节一

[情景素材]

温室大棚是一种具有显著保温性能的框架覆膜结构,常用于种植反季节蔬菜或水果。一般蔬菜大棚多使用竹结构或钢结构的骨架,骨架上覆一层或多层保温塑料膜,由此形成一个封闭透明的温室空间。外膜可以很好地阻止内部蔬菜生长所产生的二氧化碳的流失,使棚内具有良好的保温效果,冬季常在棚内焚烧秸秆释放烟雾,或人工加热等形式预防低温冻害。

世界气象组织发布的公报指出,2022年全球大气主要温室气体浓度,继续突破有仪器观测以来的历史记录,全球二氧化碳浓度比工业化前平均水平高出50%,这是首次超过50%。2022年全球年均大气二氧化碳浓度增量是 2.3×10^{-6},略低于过去10年平均绝对增量 2.5×10^{-6},其增长率略低于前一年和前十年的平均值。《2022年中国温室气体公报》指出,2022年中国陆地区域年均大气二氧化碳浓度增量明显低于过去10年(2013—2022年)平均绝对增量。

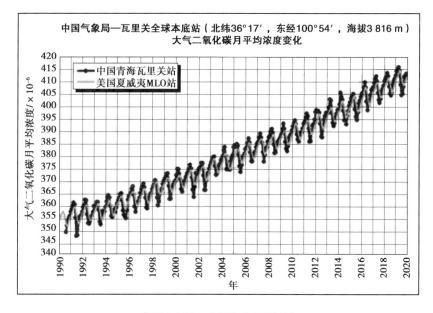

【图片来源:中国气象局网站】

　　我国是较早开展大气本底观测业务的国家之一。自1994年以来,作为世界气象组织/全球大气观测(WMO/GAW)32个全球大气本底站之一的瓦里关全球大气本底站(以下简称"瓦里关本底站"),通过多年观测数据,绘制出建该以来近30年的二氧化碳浓度变化曲线——即"瓦里关曲线",成为证明全球温室气体浓度持续上升的有力证据,填补了欧亚大陆腹地没有大气本底观测站的空白,推动了国际社会在气候变化问题上形成共识,对减少温室气体排放具有重要意义。经过国内外专家的对比分析,瓦里关本底站观测到的二氧化碳浓度变化,与相距数千公里之遥的美国夏威夷冒纳罗亚全球大气本底站观测结果几乎一致。

〔任务〕

1.实地走访调查周边温室大棚,调查记录生产中常用的防低温冻害措施,并说明基本原理。

2.根据相关统计数据,描述中国与世界二氧化碳浓度变化的异同点。

3.结合区位特征和观察数据,简述瓦里关本底站二氧化碳观测的意义。

〔评价〕

问题	水平1	水平2	水平3
1	通过走访调查,能认识大棚预防低温冻害、减少灾害损失的主要措施	结合所学知识,能分析解释大棚内部常见保温防冻害措施的主要原因	通过真实情景,能够运用综合思维,认识人类对自然环境要素的改造利用
2	能准确全面描述中国与世界二氧化碳浓度变化的相同点和不同点	掌握描述地理数据的时空序列分布特征的一般方法	能够通过数据分析,直观地认识全球气候变化的整体性和差异性特征
3	能够据图描述瓦里关本底站大气二氧化碳月平均浓度变化	能够通过瓦里关本底站建设及监测二氧化碳浓度,认识其对我国参与全球气候变化的意义	通过分析瓦里关本底站建设背景及数据意义,对中国参与应对全球环境问题,进一步提升认识高度,强化爱国情怀

〔设计意图〕

　　本环节的情境选取,包括温室效应原理在农业生产中的应用。首先通过呈现瓦里关本底站观测到的二氧化碳浓度变化曲线,一方面证实全球二氧化碳浓度的增加,另一方面也体现了中国为应对全球气候变化所作的努力。任务设计的意图:引导学生运用二氧化碳的保温原理,分析其在大棚内预防冻害的主要原因。其次通过比较世界和中国二氧化碳浓度的变化,提升学生对全球环境整体性的认识。同时,通过分析瓦里关大气本底观测站建设的重大意义,全面认识中国为应对全球气候变化所作的努力,提升学生的家国情怀。

·环节二

[情境素材]

2022年是我国高温日数自1961年以来最多的一年,2022年7月有92个国家气象站日最高气温持平或突破历史极值,2022年高温事件综合强度为1961年以来第6强,仅次于2013年、2017年、2003年、1966年和2019年。2023年6—8月平均高温日数为1961年以来历史同期第二多(第一多为2022年)。352个国家气象站日最高气温达到极端事件监测标准,分别有64个和236个国家气象站日最高气温突破历史极值和月极值,有317个国家站最高气温最大值达到或超过40℃,全国80余个国家气象站最高气温突破历史极值。

极端高温在欧洲、东亚、北美等多地蔓延,最高气温屡破历史极值。2022年6月全球地表温度大于40℃和50℃的面积分别占全球总面积的16.8%和4.2%。与去年同期相比,全球地表温度偏高0~5℃的地区占44.5%。2022年据哥白尼气候变化服务局统计,欧洲还经历了有气象记录以来最热的夏天。平均气温高于1991年至2000年参考阶段1.4℃,欧洲的气温大约在以全球平均增速两倍的水平上升。与此同时,创纪录的高温从美国大平原扩散到密西西比河谷和东南部,美国中部和东部大部分州有超过1.25亿人处于高温警报之下,超过了美国人口的1/3。日本群马县伊势崎市的气温达到40.2℃,为日本有气象记录以来6月最高气温。

[任务]

1.简述中国和世界近几年极端高温天气的时空分布特征。

2.推测中国和世界近几年极端高温天气多发的可能原因。

3.分析极端高温天气多发对经济社会产生的不利影响。

[评价]

问题	水平1	水平2	水平3
1	能全面准确地描述地理要素的时空分布特征	通过观测全球极端高温天气特征,激发对环境变化的危机意识和环保意识	
2	能结合温室效应原理,气温和二氧化碳浓度变化的相关性,探究极端高温形成的主要原因	能综合其他因素,多角度分析影响局部气温升高的主要原因	既能分析全球范围极端高温出现的主要原因,同时还能分析其他相关因素
3	能够分析高温天气对生产生活的常见影响	通过分析高温天气对真实生活生产的不利影响,培养对生活生产的观察意识和探究意识	通过分析高温天气对真实生活生产的不利影响,培养对全球环境问题的环保意识

[设计意图]

本环节的情境是通过展示统计数据,直观真实地呈现中国和世界气候变化的普遍性和严重性。通过描述中国和世界近几年极端高温天气的时空分布特征,认识全球气候变化的整体性特征,为加强国际合作应对全球气候变暖提供科学依据。通过直观呈现全球气候变化的严重性,激发学生的环境危机意识和环保意识,以此引导学生自觉养成低碳生活习惯,人人参与环境保护。

• 环节三

[情境素材]

美国有线电视新闻网 2023 年报道,南极格陵兰冰盖和南极冰盖正在加速融化,冰盖融化量 30 年来增加了 6 倍。美国国家航空航天局发布的数据显示,北极海冰正在以每 10 年缩小 13.1% 的速度缩减,自 1979 年以来,北极海冰的覆盖范围已缩小了 40%,创下 1979 年观测纪录以来的新低,照此消融速度,北极海冰可能在 2035 年完全消失。德新社报道欧洲阿尔卑斯山脉去年融化的冰川超过以往任何记录,利兹大学研究结果表明,现在喜马拉雅冰川的冰层流失速度至少比过去几个世纪的平均速度高 10 倍。

2019 年 9 月联合国政府间气候变化专门委员会(Intergovernmental Panel on Climate Change,IPCC)发布的《气候变化中的海洋和冰冻圈特别报告》称,海平面将持续上升几个世纪。20 世纪全球海平面上升了约 15 cm,而当前上升速度是其两倍多,达到每年约 3.6 mm,且在不断加速。科学家预计到 2100 年,即使温室气体排放量大幅减少,将全球变暖限制在远低于 2 ℃ 的范围内,海平面的上升幅度仍可达 30~60 cm。如果温室气体排放量继续大幅增加,海平面上升可能会达 60~110 cm。

[任务]

1.简述世界范围内冰川消融的总体特征。

2.分析影响海平面上升的可能原因。

3.分析海平面上升对经济社会发展的不利影响。

[评价]

问题	水平1	水平2	水平3
1	根据冰川消融数据,能全面准确地分析冰川消融的规模和速度	通过认识冰川消融现状,觉醒对环境变化的危机意识和环保意识	
2	结合冰川融化特征,分析影响海平面上升的可能原因	运用综合分析思维,分析影响海平面上升的其他原因	
3	分析海平面上升对经济社会发展的不利影响	通过分析海平面上升对地理环境的多方面影响,培养综合思维分析能力	通过分析海平面上升的原因和不利影响,培养对全球环境问题的环保意识

[设计意图]

本环节的情境是选取权威机构或科学家对全球冰川融化的分析数据,呈现冰川融化的真实性和严重性。通过分析冰川的消融特征和消融原因,提升学生对碳排放、全球气候变暖的认识高度,提升学生的环保意识。同时,通过分析冰川消融对地理环境的多方面影响,培养学生的综合思维分析能力,提升地理学科核心素养。

✦ 课堂小结

通过本节课的学习,我们研究了全球二氧化碳浓度变化与全球极端高温天气、全球冰川消融之间的相关性。运用二氧化碳的保温作用原理,我们分析了全球二氧化碳浓度变化与全球极端高温天气、全球冰川消融之间的内在因果关系。同时,我们还多角度地分析了极端高温天气和冰川融化的主要成因和最重要成因,认识了极端高温天气和冰川融化对地理环境产生的不利影响,增强了环境保护意识。

✦ 板书设计

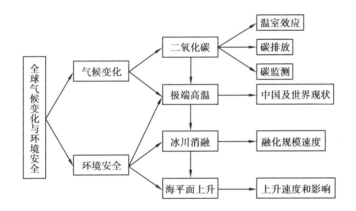

✦ 自主探究

1.分别查找一组发达国家和发展中国家的全球大气本底站二氧化碳浓度观测数据,对比发达国家和发展中国家二氧化碳浓度值差异,为全球合作应对气候变化进行合理分工,提供数据支撑。

2.查找、整理所在城市近年来极端高温天气数据,并收集有关职能部门为应对极端高温天气所采取的措施。

第二课时

✦ 情境导入

介绍《巴黎协定》的发展沿革和部分条款,引导学生对感兴趣的条款进行自由评论。

✦ 教学过程

• 环节一

[情境素材]

《巴黎协定》是继《联合国气候变化框架公约》和《京都议定书》之后,人类应对气候变化的第三个具有里程碑意义的国际法律文件,主要包括目标、减缓、适应、损失损害、资金、技术、能力建设、透明度、全球盘点等29项条款内容。《巴黎协定》规定欧洲、美国等发达国家继续率先减排并开展绝对量化减排,并为发展中国家提供资金支持;中国、印度等发展中国家应该根据自身情况提高减排目标,逐步实现绝对减排或者限排目标;最不发达的国家和小岛国发展中国家可编制和通报反映它们特殊情况的关于温室气体排放发展的计划。

中国《2030年前碳达峰行动方案》明确指出,"十四五"期间,产业结构和能源结构调整优化取得明显进展,重点行业能源利用效率大幅提升,煤炭消费增长得到严格控制,新型电力系统加快构建,绿色低碳技术研发和推广应用取得新进展,绿色生产生活方式得到普遍推行。"十五五"期间,产业结构调整取得重大进展,清洁低碳安全高效的能源体系初步建立,非化石能源消费比重进一步提高,煤炭消费逐步减少,绿色低碳技术取得关键突破,绿色生活方式成为公众自觉选择,绿色低碳循环发展政策体系基本健全。到2030年,非化石能源消费比重达到25%左右,单位国内生产总值二氧化碳排放比2005年下降65%以上,顺利实现2030年前碳达峰目标。

[任务]

1.阅读材料,简述《巴黎协定》体现的可持续发展的原则。

2.阅读材料,简述我国为实现碳达峰目标采取的措施和未来发展方向。

[评价]

问题	水平1	水平2	水平3
1	结合材料说出《巴黎协定》体现国际合作的原则	能够通过《巴黎协定》的历史沿革,说出该文件的意义及体现的可持续发展的原则	
2	说出我国为实现碳达峰的主要举措	结合碳循环的原理,说出碳减排与未来产业、能源、生活方式之间的关系	能够说出中国《2030年前碳达峰行动方案》的意义

[设计意图]

本环节的情境是呈现应对全球气候变化的纲领性文件《巴黎协定》,目的是让学生认识应对全球气候变化,国际合作应坚持的主要原则。同时,呈现中国《2030年前碳达峰行动方案》,体现中国为应对全球环境问题所作的努力。任务设计的意图主要是让学生认识到应对全球气候变化的复杂性、共同性和差异性；同时引导学生认识我国为应对全球气候变化所做的努力，体现大国担当和责任。

- **环节二**

［情境素材］

白鹤滩水电站位于四川省宁南县和云南省巧家县交界的金沙江河道上，是实施"西电东送"的国家重大工程，是当今世界在建规模最大、技术难度最高的水电工程，全面建成投产后将成为仅次于三峡工程的世界第二大水电站。电站总装机容量1 600万kW，每年平均发电量约$624.43×10^8$ kW·h，能满足约7 500万人一年的生活用电需求，可替代标准煤约1 968万t，减排二氧化碳约5 200万t。

近年来，我国加快建设"蓝色粮仓"，大力发展现代海洋牧场。2023年位于福建省莆田市秀屿区南日岛水域的"国能共享号"风电牧场即将投产，是全球首个漂浮式风渔融合项目，实现了海上风电向深远海发展，同时推动海洋渔业向蔚蓝深海挺进，实现深远海浮式风电与养殖一体化。项目投产后，该平台每年发电量可达$1 600×10^4$ kW·h，相当于6 000多户普通家庭一年的用电量。当风光发电过剩时，还可通过海底电缆并网外送。

［任务］

1. 阅读材料并结合所学知识，归纳水电、风电与火电的比较优势。
2. 分析白鹤滩水电站对改善西部地区生态环境和应对全球气候变化的积极作用。
3. 搜集资料，简述海上风电养殖牧场在应对全球气候变化方面的积极作用。

［评价］

问题	水平1	水平2	水平3
1	能归纳总结水电、风电的比较优势	能分析我国发展水电、风电对改善区域生态环境的积极作用	能分析我国发展水电、风电对促进区域经济社会发展的积极作用
2	能分析白鹤滩水电站对改善西部地区生态环境的积极作用	能分析白鹤滩水电站对促进东西部经济社会发展的积极作用	能分析西电东送对改善我国生态环境的积极作用
3	能分析发展海上风电对应对全球气候的积极作用	分析海上养殖牧场对海洋固碳的积极作用	能分析推广海上风电养殖牧场模式面对的主要问题

［设计意图］

本环节的情境首先选取白鹤滩水电站，任务设计旨在引导学生从生态、经济和社会发展方面分析水电开发对区域发展的积极作用，同时认识"西电东送"对促进东西部协调发展的积极作用。接着选取海上风电养殖牧场，旨在引导学生分析发展海上风电对延缓全球气候变化的积极作用，分析海上养殖牧场对海洋固碳的积极作用，同时认识我国为应对全球气候变化所取得的巨大成就，提升学生爱国情怀。

• **环节三**

[情境素材]

2023年6月，我国首个百万吨级海上碳封存示范工程——恩平15-1油田碳封存示范工程在珠江口海域正式投用，这填补了我国海上二氧化碳封存技术的空白。所谓二氧化碳封存回注，就是通过工程技术手段，把捕集到的二氧化碳直接注入至地下800~3 500 m深的陆上或海底咸水层，是国际公认的有效促进碳减排的重要措施。

研究表明，海藻的"绿色潜能"在能源转型和气候行动等方面能发挥重要作用，在绿色技术、可持续原料、气候效益等方面潜力巨大。挪威正在研究海藻碳解决方案，即利用海藻捕捉和储存碳的新方法将海藻转化为一种"生物煤"，用以改善土壤孔隙度、保水能力，从而提高农业产量，还可以取代普通煤炭和其他高排放能源，同时拥有强大的碳吸收能力。

[任务]

1.结合材料，简述海底固碳工程的综合效益。

2.结合材料，简述海藻固碳的生态意义。

3.分析海藻固碳未来前景广阔的原因。

[评价]

问题	水平1	水平2	水平3
1	结合材料简述海底固碳在减缓全球气候变化方面的积极作用	结合材料，分析海底固碳在开发利用海洋资源方面的积极作用	分析海底固碳可能面临的风险挑战
2	运用碳循环原理，简述海藻固碳的原理	多角度分析海藻固碳的生态意义	运用综合思维，分析海藻固碳未来前景广阔的原因

[设计意图]

本环节的情境主要展示目前国内外先进的固碳技术或理念，旨在引导学生学会分析论证先进固碳技术或理念的合理性和可行性，能够运用地理环境整体性和碳循环原理，论证探索未来更科学、更多样、更有效的固碳理论和固碳技术，提升地理实践力。

✦ **课堂小结**

通过本节课的学习，我们认识了国际社会为应对全球气候变化开展了政治合作、清洁能源开发探索、海洋固碳技术探索等研究，一方面丰富学生关于如何减缓全球气候变化问题的分析思路，另一方面激发学生对解决全球气候变化的兴趣和信心。

✦ 板书设计

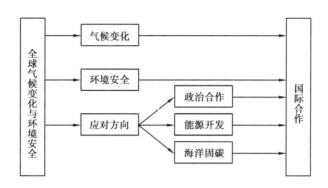

✦ 自主探究

1.查阅资料,收集国内外其他先进的固碳技术或固碳成果。

2.结合生活情境,撰写关于中学生积极践行低碳生活方式的倡议书,并在校内公开张贴。

【教学反思】

在实际授课过程中,本节课的优势体现在以下3个方面:

1.立足真实情境,数据和内容丰富,说服力强,有利于培养学生严谨的推理能力。情境真实、数据丰富,有利于提升学生的环境危机意识和环保意识。

2.通过呈现最新的国际合作成果和固碳成果,体现全球合作应对全球环境问题的复杂性、必要性和实效性。

3.实践类活动丰富,有利于培养学生地理实践力。

本节课设计由学生参与搜集资料、实地观察、设计方案等活动,有利于提升学生探究新问题的能力,提升地理实践力。

本节课的教学设计有待优化改进的地方如下:

1.全球气候变化的影响是多方面的,案例选取和气温数据呈现得不够全面和具体,因此推理过程不十分严谨。

2.应对全球气候变化国际合作的领域是多方面的,本节课呈现的案例情境不够全面,不能完全代表目前国际合作的真实水平。

3.课堂活动未直接设计结合自身的生活情境,调研设计低碳生活的活动方案,而将此活动安排到自主探究中,课堂环节设计不十分完整。

因此,在今后的课程设计优化中,可以补充具有代表性的全球气候变化数据,可以补充活动环节,体现应对全球气候变化首先应从全球合作开始,最后落脚到全民参与。

【专家点评】

本节教学设计目标明确、可操作性强,内容丰富、结构严谨,紧扣环境安全热点,注重培养学生分析问题、解决问题的能力。突出优点表现在以下3个方面:

1.选取真实和典型的案例情境,素材丰富新颖、数据翔实,注重培养学生调动储备知识、获取解读信息的能力。

2.大部分任务设计科学合理、颇具可操作性,注重提升学生的区域认识和综合思维等学科核心素养。

3.真实情境呈现环境安全问题和国际合作方向,培养学生解决实际问题的能力。

同时,提出以下两点建议:

1.部分任务设计过于抽象,可以设计得更加具体和全面。

2.学生的课堂活动形式可以再丰富一些,增加学生生活层面上应对全球气候变化的实践措施。

【参考文献】

[1] 中华人民共和国教育部.普通高中地理课程标准(2017年版)[M].北京:人民教育出版社,2018.

[2] 李振波,陈接新.核心素养导向下的逆向教学设计实践——以"碳排放与国际减排合作"为例[J].地理教育,2024(1):26-29,33.

5.12　自然保护区——黄河湿地国家级自然保护区

【课程标准内容要求及解读】

内容要求	选择性必修 3.6　结合实例，说明设立自然保护区对生态安全的意义。		
行为条件	行为动词	概念体系	必备知识和关键能力
结合实例	说明	学科大概念：人地关系	1.说出自然保护区的定义和保护对象；
		本节核心概念：自然保护区、生态安全	2.绘图说明自然保护区的结构；
		子概念：核心区、缓冲区、实验区、生态系统、生物多样性、科普宣传	3.说明自然保护区的作用与意义

　　行为条件为"结合实例"（地理实践力），世界上有许多不同类型、不同级别的特色鲜明的自然保护区，在教学中应选择学生较为熟悉的典型的自然保护区为案例，运用视频、图片等资料让学生对自然保护区有直观认识，同时还要挖掘案例深度，用实际案例展示自然保护区的重要意义。

　　行为动词为"说明"，要求学生能够结合案例从自然环境和人类活动等角度阐述自然保护区在生态安全方面发挥的作用（综合思维）。

　　核心概念为"自然保护区"与"生态安全"，首先应结合具体案例了解自然保护区设立的区域背景（区域认知）；其次应结合自然保护区的具体功能，引导学生总结自然保护区的作用，并认识自然保护区的重要价值（人地协调观）。

　　在教学过程中，教师要结合自然保护区的真实情境，用真实情境中的鲜活案例展示自然保护区的前世今生与重大作用，帮助学生归纳总结得出结论，潜移默化地形成尊重自然、保护自然的意识。

【核心概念知识地图】

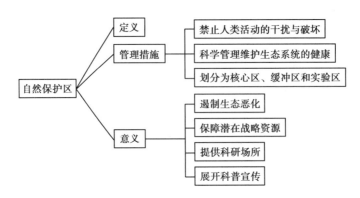

【教材与学情分析】

本节内容位于人教版新教材高中地理选择性必修三第三章第三节。教材从资源安全影响国家安全、环境安全影响国家安全两个方面论述资源、环境与国家安全的关系,本节主要阐述了环境安全问题对国家安全的影响,是第一章第三节"环境问题及其危害"的深化,也是第四章"保障国家安全的资源、环境战略与行动"的基础。

本节课承接第三章第一节"环境安全对国家安全的影响",在学生初步认识环境问题对国家安全的危害以及应对方式的基础上,利用环境问题中的生态退化问题向学生展示环境安全问题对国家安全的影响,并以应对生态退化问题的措施特别是自然保护加深学生对应对环境安全问题的措施的认识,与前后两节内容呈并列关系。

教材首先介绍了自然保护区的保护对象和保护措施,然后结合示意图介绍了自然保护区的结构并强调不同部分的保护措施存在差异。在展示我国主要自然保护区的基础上,指出自然保护区的重要作用与意义。教材列举了不同类型自然保护区的典型案例,并详细介绍了丰林国家级自然保护区的保护对象、保护措施和重要作用。

学生在日常生活和前置课程中已经探讨了部分生态退化问题,通过选择性必修三前面章节的学习对人地关系问题也有了一定的认识。在"绿水青山就是金山银山"等理念广泛深入人心的基础上,学生对一些典型生态退化问题有了一定的兴趣和基本了解,具备了基本的人地关系价值观念。

但是,学生可能对生态安全与国家安全之间的联系理解不够深入,难以认识到治理生态问题与国家安全的重要联系,对抽象的国家安全概念可能兴趣不高,不同学生对生态退化问题的关心程度也不一致。因此,教师需要展示真实情境中自然保护区发挥作用的真实案例,让学生直观地感受到建设自然保护区的必要性和紧迫性,引导学生认识到采取合理的保护措施对治理生态退化问题的重要性。

【教学设计思路】

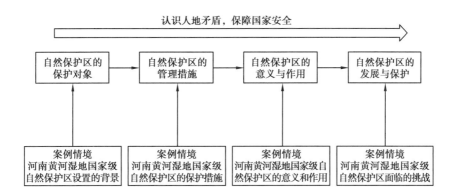

【教学设计方案】

✦ 学习目标

1. 结合案例,分析设立自然保护区的主要原因。

2. 结合案例,说明自然保护区的结构和管理措施。

3. 结合案例,评价自然保护区的作用与意义,并针对自然保护区存在的问题提出建议。

✦ 情境导入

河南黄河湿地国家级自然保护区位于河南省西北部,是中国重要的湿地生态系统之一,具有较高的生态、科研和观赏价值。为什么要设立河南黄河湿地国家级自然保护区?河南黄河湿地国家级自然保护区内有哪些特殊的管理措施?河南黄河湿地国家级自然保护区取得了哪些效益又面临哪些挑战?让我们通过今天的学习获得答案。

✦ 教学过程

• 环节一

[情境素材]

河南黄河湿地位于河南省西北部,横跨三门峡、洛阳、郑州、开封、济源、焦作、新乡、濮阳8市。河南黄河湿地内生物多样性丰富,有国家一级保护动物10种、国家二级保护动物31种。每年有大量候鸟在河南黄河湿地路过、停留或越冬,但近年来河南黄河湿地受到人类活动的影响和威胁越来越大。

[任务]

1. 搜集资料,描述河南黄河湿地国家级自然保护区的地理位置。

2.搜集资料,列举河南黄河湿地国家级自然保护区的保护对象。

3.结合所学知识,说明人类活动对河南黄河湿地生态系统造成的影响。

4.说明设立河南黄河湿地国家级自然保护区的原因。

［评价］

问题	水平1	水平2	水平3	水平4
1	能够从经纬度、行政区等角度描述河南黄河湿地国家级自然保护区的地理位置	能够从河南黄河湿地国家级自然保护区与其他地理事物所处空间位置的关系角度描述河南黄河湿地国家级自然保护区的地理位置		
2	能够结合资料列举河南黄河湿地国家级自然保护区的保护对象			
3	能够结合所学知识,说出一条人类活动对河南黄河湿地生态系统造成的影响	能够结合所学知识,说出若干人类活动对河南黄河湿地生态系统造成的影响	能够结合自然地理环境的整体性等知识,较为综合地说明人类活动对河南黄河湿地生态系统造成的影响	能够结合自然地理环境的整体性等知识,从自然要素、时空变化、区际联系等方面综合说明人类活动对河南黄河湿地生态系统造成的影响
4	能够结合前置任务,说出一条设立河南黄河湿地国家级自然保护区的原因	能够结合前置任务,说出若干设立河南黄河湿地国家级自然保护区的原因	能够结合前置任务,从人地关系的角度出发,较为综合地说明设立河南黄河湿地国家级自然保护区的原因	能够结合前置任务,从人地关系、可持续发展、区域协调发展等角度出发,综合说明设立河南黄河湿地国家级自然保护区的原因

［设计意图］

本环节的情境是河南黄河湿地国家级自然保护区的基本情况。河南黄河湿地国家级自然保护区面积辽阔、生态保护价值较高、区内人地关系复杂,能够代表自然保护区设立的一般原因,且与河南省学生心理距离较近,有助于提高学生的学习兴趣。任务1旨在引导学生对河南黄河湿地国家级自然保护区的背景生成基本认知,任务2和任务3旨在引导学生分别从保护对象和人类活动的角度了解河南黄河湿地区域的人地矛盾,对建立自然保护区的原因形成初步认识,任务4旨在对设立河南黄河湿地国家级自然保护区的原因进行总结,提高学生的综合思维能力并落实人地协调观的培养。

● 环节二

[情境素材]

在河南黄河湿地国家级自然保护区成立后,河南黄河湿地就分段设立了专门的管理机构负责各区段的日常管理和监督工作,严格执行国家和地方关于湿地保护的法律法规,对非法捕猎、破坏湿地等行为进行处罚。河南黄河湿地国家级自然保护区被划分为不同功能区进行差异化管理,科研人员展开长期监测等科研活动,并尝试对受损的湿地生态系统进行恢复,采取了退耕还湿、植被恢复、水质净化等一系列措施。

[任务]

1.搜集资料,总结河南黄河湿地国家级自然保护区的保护措施有哪些。

2.阅读教材并查找资料,简述河南黄河湿地国家级自然保护区的内部结构。

[评价]

问题	水平1	水平2	水平3	水平4
1	能够结合资料列举河南黄河湿地国家级自然保护区的主要保护措施	能够结合资料从不同角度说明河南黄河湿地国家级自然保护区的保护对象		
2	能够结合资料说出河南黄河湿地国家级自然保护区的主要空间结构	能够结合资料说明河南黄河湿地国家级自然保护区的主要空间结构及特点		

[设计意图]

本环节的情境是河南黄河湿地国家级自然保护区成立后所采取的一些保护措施。该情境直观地展示了自然保护区空间结构和所采取的各项保护措施,有利于学生深入理解自然保护区的作用和意义。任务设计旨在引导学生结合真实情境归纳总结自然保护区是如何开展保护的,为学习自然保护区对生态安全的意义作铺垫。

● 环节三

[情境素材]

河南黄河湿地国家级自然保护区建立以来,区域内的珍稀濒危物种得到了有效保护,露天采矿等不合理的人类活动得到了遏制,生态系统恢复初见成效。但河南黄河湿地国家级自然保护区仍然存在诸多问题:周边地区人口增长和经济发展对自然生态系统造成了极大的压力和干扰;不合理的人类活动仍然在持续导致湿地面积不断减少和生态功能退化;保护区的管理和保护工作缺乏资金和技术支持;自然保护区相关法律法规执行和监管并不到位;气候变化给湿地保护带来新的挑战。

[任务]

1.阅读教材并搜集资料,总结河南黄河湿地国家级自然保护区取得的效益。

2.针对资料所提出的河南黄河湿地国家级自然保护区当前面临的问题,提出你的合理化建议。

［评价］

问题	水平1	水平2	水平3	水平4
1	能够通过阅读教材和搜集资料，说出一条河南黄河湿地国家级自然保护区取得的效益	能够通过阅读教材和搜集资料，说出若干河南黄河湿地国家级自然保护区取得的效益	能够通过阅读教材和搜集资料，从自然、经济、社会等角度较为综合地说明河南黄河湿地国家级自然保护区取得的效益	能够通过阅读教材和搜集资料，从人地关系、可持续发展、区域协调发展等角度综合说明河南黄河湿地国家级自然保护区取得的效益
2	结合所学知识，对河南黄河湿地国家级自然保护区当前面临的问题提出简单的建议	结合所学知识，对河南黄河湿地国家级自然保护区当前面临的问题提出多样化的建议	结合所学知识，从经济、法律、社会等不同层面对河南黄河湿地国家级自然保护区当前面临的问题提出多样化的建议	结合所学知识，基于对人地协调的认识，从经济、法律、社会等不同层面对河南黄河湿地国家级自然保护区当前面临的问题提出多样化的建议

［设计意图］

本环节的情境是河南黄河湿地国家级自然保护区所取得的效益与当前面临的挑战。河南黄河湿地国家级自然保护区的保护对象脆弱性强，同时受人类活动影响强度较大，人地矛盾较为突出，具有很强的代表性。本环节任务设计旨在引导学生结合所学知识综合分析河南黄河湿地国家级自然保护区的作用与问题，从而加深对设立自然保护区的作用和意义的认识。同时，在真实情境下的人地矛盾中培养学生的综合思维，进而培养人地协调观念。

✦ 课堂小结

通过本节课的学习，我们意识到为什么要设置自然保护区，自然保护区有哪些保护措施。讨论了自然保护区的作用与意义，认识到了自然保护区所面临的挑战。只有尊重自然，人类社会才能得到更好的发展。

板书设计

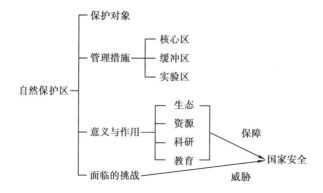

自主探究

1.选择一个你感兴趣的自然保护区,搜集其主要保护对象、主要保护措施、保护区取得的成效及当前面临的问题等信息,制作专题手抄报、报告或视频。

2.前往河南黄河湿地国家级自然保护区,开展观鸟、保护状况考察等活动,采取拍照、绘画等方式进行记录,展开交流活动。

3.结合所学知识并搜集资料,写一份关于自然保护区立法的提案。

【教学反思】

在实际授课过程中,本节课的优点体现在以下3个方面:

1."一境到底"。本节教学设计以河南黄河湿地国家级自然保护区这一案例贯穿整节课,教学紧凑连贯的同时为学生提供了一个基于真实情境探究问题的舞台。

2.活动设计层次分明。本节教学设计通过不同层次的问题设计,鼓励学生从简单到复杂逐步深入理解自然保护区的相关知识,同时设计了多水平的评价,有助于教师了解学生的学习效果,有助于提升学生的综合思维能力。

3.突出人地协调观的培养。本节教学设计强调了人地关系的重要性,让学生在真实情境中认识复杂的人地矛盾,有助于引导学生形成正确的人地协调观。

本节课的教学设计还有待改进的地方:

1.教材内容利用程度较低。本节教学设计"一境到底",对教材信息的解读不足,对教材提供的案例利用较低。

2.学生活动不够丰富。本节教学设计虽然设计了许多教学活动,但师生在课堂上的互动形式较为单一,在今后的教学设计中,可以考虑采取更加生动、丰富的方式开展课堂活动。

【专家点评】

本节教学设计充分体现了地理课堂的基本理念,学习对生活有用的地理,学习对终身发展有用的地理。在教学过程中,老师对教材进行整合,引入河南黄河湿地国家级自然保护区这一真实案例进行情境设置,运用所学原理解决实际问题,把着眼点放在引导学生观察、思考现实生活和解决实际问题上来,改变了地理学习的方式,激发了学生学习地理的兴趣。

整节课信息量大,环节紧凑,不拘泥于教材顺序,讲练结合。教师在教学过程中循循善诱,引导学生学习,讨论交流并总结归纳课堂相关知识点,激发学生的学习兴趣,也培养了学生的自学能力。

教学细节处理专业,关注学生深层思维的培养,注重学生图文信息提取能力的培养。引导学生收集资料、实地调研、素材制作,大幅度地提高了学生的课堂参与度,提升了学生的地理实践力,同时强化了学生的人地协调观,加深了学生对家乡文化的了解与热爱。

【参考文献】

[1] 张京生.基于生境提升的河南黄河湿地国家级自然保护区规划设计[D].河南农业大学,2022.

[2] 张京生,郜梦妍,张煜森.河南黄河湿地国家级自然保护区人类干扰对生境质量的影响及空间优化策略[J].水土保持通报,2022,42(5):140-150.

[3] 李双权,邱士可,杜军,等.河南黄河湿地自然保护区生态状况变化研究[J].河南科学,2022,40(3):498-503.

[4] 汪万森,卓卫华,阴三军.河南黄河湿地现状与保护对策[J].河南林业科技,2001,21(2):1-3,24.

5.13　污染物跨境转移影响国家安全——核废水排海之殇

【课程标准内容要求及解读】

内容要求		选择性必修 3.7　结合实例，说明污染物跨境转移对环境安全的影响。		
行为条件	行为动词	概念体系		必备知识和关键能力
结合实例	说明	**学科大概念：人地关系** **本节核心概念：**污染物跨境转移、环境安全 **子概念：**污染物跨境传输、废弃物跨境转移、含有毒有害物质的产品贸易、应对、协商谈判		1. 说出污染物跨境转移的类型； 2. 说明污染物跨境转移造成的后果； 3. 结合具体案例给出污染物跨境转移的应对措施

　　行为条件为"结合实例"(地理实践力)，在生产力发展和经济全球化日益加深的现代社会，污染物跨境转移事件频发，且造成重大影响。在教学过程中应选择学生较为关注的重大污染物跨境转移事件作为案例，运用图表、视频等资料让学生对污染物跨境转移事件和影响有直观认识，同时要通过实际案例展示合理的应对措施对解决污染物跨境转移事件的重要意义。

　　行为动词为"说明"，要求学生能够结合案例从自然环境和人类社会等角度指出污染物跨境转移造成的危害，并提出综合治理措施(综合思维)。

　　核心概念为"污染物跨国转移"与"环境安全"，首先应结合具体案例引导学生了解污染物跨境转移事件发生的区域背景(区域认知)；其次应结合具体案例引导学生总结污染物跨境转移事件造成的危害；最后在了解真实案例中人类做法的基础上，引导学生提出合理的应对污染物跨境转移事件的有效措施，并认识到人类的不合理活动会造成难以弥补的后果(人地协调观)。

　　在教学过程中，教师要结合污染物跨境转移事件的真实情境，避免灌输结论甚至背记课文的教学方式，用真实情境中的鲜活案例展示污染物跨境转移事件的巨大危害，引导学生在真实情境中提出自己的治理措施，从而唤醒保护自然的意识。

【核心概念知识地图】

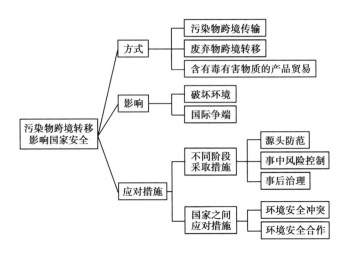

【教材与学情分析】

本节为人教版新教材高中地理选择性必修三第三章第二节。教材从资源安全影响国家安全和环境安全影响国家安全两个方面论述资源、环境与国家安全的关系,本章主要阐述了环境安全问题对国家安全的影响,是第一章第三节"环境问题及其危害"的深化,也是第四章"保障国家安全的资源、环境战略与行动"的基础。

本节课承接第三章第一节"环境安全对国家安全的影响",在学生初步认识环境问题对国家安全的危害以及应对方式的基础上,利用环境问题中的环境污染问题特别是污染物跨国传输问题深化学生对环境安全与国家安全的认识,与后两节内容呈并列关系。

教材分为"污染物跨国转移影响国家安全"和"跨国污染问题的应对"两个部分,首先介绍了污染物跨国转移的几种方式并阐述了污染物跨国转移对国家安全造成的危害;然后从源头防范、事中风险控制、事后治理3个方面阐述了污染物跨国转移的应对措施并强调合作的重要性。教材提供了大量污染物跨国转移事件的真实案例,例如莱茵河跨境污染事件、"洋垃圾"、松花江跨境污染事件等,设计了多种多样的活动,通过多样化的案例让学生认识到污染物跨国转移的危害及应对措施。

学生在地理必修课程中已经学习了环境污染的概念,通过选择性必修三前面章节的学习对环境问题也有了一定的认识。同时学生对于一些重大跨国环境污染问题本身就有一定的兴趣和基本了解,对重大跨国环境污染问题特别是涉及我国跨国环境污染问题的危害以及应对措施很感兴趣。学生通过前面的学习已经具备了基本的人地关系价值观念。

但是,学生可能对环境污染与国家安全之间的联系理解不够深入,难以将环境污染的具体案例与国家安全的宏观概念联系起来,对抽象的国家安全概念可能兴趣不高,不同学生对环境安全问题的关心程度也不一致。因此,教师需要展示真实情境中污染物跨国转移事件的真实案例,让学生直观地感受到污染物跨境转移事件对国家安全的危害,引导学生在真实情境中认识到采取合理的治理措施对治理污染物跨境转移问题的重要性。

【教学设计思路】

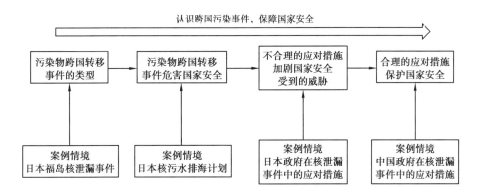

【教学设计方案】

🞥 学习目标

1.结合案例,分析污染物跨国转移事件对国家安全造成的危害。

2.结合案例,指出污染物跨国转移事件的合理应对措施。

🞥 情境导入

2011年3月11日,日本东北太平洋地区发生里氏9.0级地震,继而发生海啸,该地震导致福岛第一核电站、福岛第二核电站受到严重影响,发生放射性物质泄漏事件。2021年,日本政府正式决定将核污水排入大海。日本福岛核泄漏事件及核污水排海对日本及周边国家的国家安全有何影响? 日本在放射性物质泄漏事件的应对中出现了哪些问题?

🞥 教学过程

• 环节一

[情境素材]

当地时间2011年3月11日,日本发生了9.0级大地震,地震引发了海啸,海啸浪高超过福岛第一核电站的厂址标高14 m。地震引起的第一波海啸浪潮在地震发生后46 min抵达福岛第一核电站。海啸冲破了福岛第一核电站的防御设施,海啸及其夹带的大量废物对福岛第一核电站的基础设施造成重大破坏,最终机组在堆芯余热的作用下迅速升温,锆金属包壳在高温下与水作用产生了大量氢气,随后引发了一系列爆炸,大量的碘-131、铯-134 与铯-137 被释放至自然环境中。此后,日本的放射性物质以多种方式对其他国家造成危害。

[任务]

1.结合所学知识,推测日本福岛核泄漏事件对自然环境造成的危害。

2.阅读教材,指出日本福岛核泄漏事件中污染物跨国转移的可能方式。

[评价]

问题	水平1	水平2	水平3	水平4
1	能够从自然环境中某一要素的角度说明放射性物质造成的破坏	能够从自然环境中多个要素的角度说明放射性物质造成的破坏	能够从自然地理环境的整体性原理出发,说明放射性物质在自然地理环境中转移的方式及造成的破坏	能够从自然地理环境的整体性原理出发,说明放射性物质在自然地理环境中转移的方式及危害的时空发展过程
2	能够结合材料说出一种日本福岛核泄漏事件中污染物跨国转移的可能方式	能够结合材料和生活经验,说出多种日本福岛核泄漏事件中污染物跨国转移的可能方式		

[设计意图]

本环节的情境是日本福岛核泄漏事件,是学生较为熟悉、对国际社会产生重大影响的一次污染物跨国转移事件,较为全面地体现了人类排放的污染物对自然环境的影响和污染物的转移过程。任务1旨在引导学生通过自然地理环境的整体性原理分析人类污染物的排放对自然地理环境造成的影响,从而培养综合思维与人地协调观。任务2旨在引导学生通过实际案例认识到污染物跨国转移可能存在多种形式,为后续探究影响与应对措施做铺垫。

• 环节二

[情境素材]

2021年4月9日,日本政府基本决定将福岛第一核电站核污水排入大海。2023年8月24日,日本福岛第一核电站启动核污染水排海。许多学者指出核污染水排海不仅会对日本自身造成难以估量的危害,更是对整个世界的不负责任。日本核污染水排海计划遭到了中国、韩国、朝鲜、菲律宾等许多国家的抗议与反对,日本国内也频繁发生集会、抗议等活动反对核污染水排海计划。

[任务]

1.结合所学知识说明日本核污染水排海会对世界上其他国家造成危害的原因。

2.阅读教材并搜集资料,说明日本核污染水排海会对日本及周边国家的国家安全造成的影响。

[评价]

问题	水平1	水平2	水平3	水平4
1	能够运用洋流的知识说明日本核污染水排海为何会对其他国家造成影响	能够运用洋流、自然地理环境的整体性等知识说明日本核污染水排海对其他国家造成影响的过程		
2	能够从某一方面说明日本或周边国家的安全受到的影响	能够从多个方面说明日本或周边国家的安全受到的影响	能够从多个方面分析日本和周边国家各自的国家安全受到的影响	能够从多个方面分析日本和周边国家各自的国家安全受到的影响及国家安全之间的联系

[设计意图]

本环节的情境是日本核污染水排海的过程及引发的争议。该情境是学生较为关注同时在国际社会产生重大影响的一次污染物跨国转移事件,集中体现了污染物跨国转移事件对国家安全的影响。任务1旨在引导学生运用所学知识,认识到污染物跨国转移事件会对广泛区域的自然地理环境造成危害。任务2旨在引导学生总结教材与所学知识,全面总结污染物跨国转移事件对国家安全造成的影响,并认识到人类命运休戚与共,进而培养人类命运共同体意识。

• 环节三

[情境素材]

日本福岛核泄漏事件之所以成为举世瞩目的严重污染物跨国转移事件,与日本政府应对措施不力有直接关系。首先是缺乏应急预案,当地震和海啸袭击发生后,没有迅速组织救援力量,导致大量污染物扩散;其次是逃避责任,日本政府在应对过程中往往会选择成本较低而非效果较好的措施,任由污染物扩散;再次是日本政府一意孤行,在处置过程中罔顾其他国家意见,只满足自身利益;最后是隐瞒信息,日本政府在应对福岛核泄漏事件中常常隐瞒事故处置状况等关键信息,同时大力鼓吹"核泄漏不会产生巨大影响"等论调搪塞民众和国际社会。与之形成鲜明对比的是,2005年我国在松花江跨境污染事件中采取了强有力的措施,维护了相关国家的国家安全。

[任务]

1.阅读教材并搜集资料,总结2005年松花江污染事件中我国所采取的措施。

2.对比中日对污染物跨国转移事件的处理方式,用思维导图的方式总结污染物跨国转移事件的合理应对措施。

[评价]

问题	水平1	水平2	水平3	水平4
1	能够全面总结松花江污染事件中我国所采取的措施	能够分类归纳松花江污染事件中我国所采取的措施		
2	能够通过对比，列举若干污染物跨国转移事件的合理应对措施	能够通过对比，按照事件不同阶段构建污染物跨国转移事件的合理应对措施的思维导图	通过对比，能够针对国家安全所受到威胁的各个方面，按照事件不同阶段构建污染物跨国转移事件的合理应对措施的思维导图	通过对比，面向不同类型的地区，能够针对国家安全所受到威胁的各个方面，按照事件不同阶段构建污染物跨国转移事件的合理应对措施的思维导图

[设计意图]

本环节的情境是中日两国政府在污染物跨国转移事件中应对措施的鲜明对比,这种对比有助于学生更好地理解和把握应对污染物跨国转移事件的合理措施,同时加强了教材案例与现实生活的联系。任务1和任务2旨在引导学生在总结我国政府采取的应对措施并与日本政府进行对比的基础上,直观地认识到不同的应对措施对国家安全产生截然不同的影响,深化对中国负责任大国形象的认识。

✦ 课堂小结

通过本节课的学习,我们了解了为什么一个国家造成的环境污染会对其他国家的国家安全造成威胁,深刻地意识到应该采取怎样的措施应对污染物跨国转移事件以保护国家安全。在高度全球化的今天,人类命运休戚与共,让我们树立人类命运共同体意识,争做具有全球视野的新青年。

✦ 板书设计

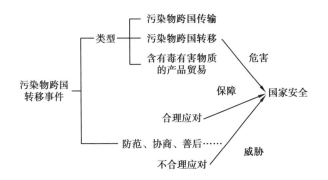

⬇ 自主探究

1.结合所学知识并搜集资料,以手抄报、论文、视频等形式展示日本核污水排海计划对其他国家影响的过程、范围和可能后果。

2.搜集资料,梳理世界范围内重大污染物跨国转移事件的发展过程和对其他国家的国家安全的影响。

3.结合所学知识并搜集资料,完成"重大污染物跨国转移事件应对措施"研究论文。

【教学反思】

在实际授课过程中,本节课的优点体现在以下3个方面:

1.立足真实情境。本节教学设计通过日本福岛核泄漏事件和核污染水排海的案例,为学生提供了一个真实且引人关注的情境。这种设计有助于提高学生的学习兴趣和参与度。

2.活动设计多样。本节教学设计在教学过程中设计了多样化的活动,例如搜集资料、思维导图制作等,这些活动有助于培养学生的地理实践能力和综合思维能力。

3.突出价值观教育。本节教学设计强调了人地关系的重要性,以及在全球化背景下建设人类命运共同体的重要性,有助于培养学生尊重自然环境、热爱祖国的价值观。

本节课的教学设计待改进的地方有:

1.如何更好地融入教材内容。本节教学设计强调了基于真实情境的探究,但在如何更好地将教材内容与情境相结合方面还有待加强。

2.如何适应学生能力水平。本节教学设计综合性较强,对学生核心素养和能力水平提出了较高要求,对于基础较弱的学生可能存在一定难度。

3.如何提高跨学科整合水平。本节教学设计以地理学科视角强调了环境安全与国家安全的关系,但在地理学科与其他学科(如政治、生物等)融合方面还有待提升。

【专家点评】

本节课依据课程标准,制订教学目标。根据学生的学习需要,利用日本福岛核泄漏事件的真实情境为学生提供开放的教学内容和教学时间,积极引导学生探索,注重对不同学生的创新能力和学习动机、学习兴趣的培养。

教学目标明确,环节完整,所用教学方法和手段都能够紧密围绕教学目标,教学活动的设计突出了学生的主体地位,面向全体学生又突出个性,体现差异性。

真实情境贯穿整节课,教学思路层次分明、脉络清晰,知识主线明确,结合思维导图培养了学生的综合思维能力。

5.14 资源的跨区域调配——以引渤入疆工程为例

【课程标准内容要求及解读】

内容要求	选择性必修2.7　以某区域为例，说明产业转移和资源跨区域调配对区域发展的影响。		
行为条件	行为动词	概念体系	必备知识和关键能力
以某区域为例	说明	**学科大概念**：区际联系　区域协调发展 **本节核心概念**：资源跨区域调配 **子概念**：区域要素、区域差异、区域联系、资源禀赋	1.解释资源调入区、调出区的差异性； 2.分析资源跨区域调配的原因； 3.探究资源跨区域调配对调出区、调入区的意义

　　行为条件为"以某区域为例"（区域认知），资源跨区域调配可选择的区域较多，教学中要注意区域选择应具有代表性，适合学生进行讨论分析，分析问题需要调动相应的区域地理知识和生活经验，教学中要辅以文字、图像等补充，便于学生认知。

　　行为动词为"说明"，学生需要结合多个因素分析资源跨区域调配对区域发展的影响，并且要逻辑清晰表述到位，着重培养学生的综合思维。

　　核心概念为"资源跨区域调配"，首先要明确区域即指资源调入区和调出区，也可能包含沿线区域，所以在分析问题时要明确讨论的区域范围，其次要理解资源调配可能产生的影响，要从调配原因入手，这里就需要理解区域差异性（区域认知）。资源属于地理要素，要使得学生理解要素的流动使得区际联系更加紧密。在分析资源跨区域调配的影响时，要从有利与不利、生态、生产、生活等不同方面进行分析（综合思维、人地协调观）。

　　在教学过程中教师要注重结合真实情境，引导学生调用知识，构建思维模型，进行全面思考后，合理清晰地表达态度。

【核心概念知识地图】

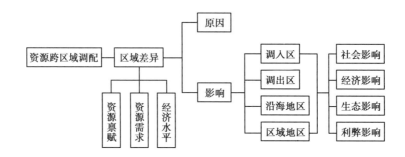

【教材与学情分析】

本节内容位于选择性必修二第四章第二节,任何区域的发展都离不开与外界的沟通联系,即区际联系。本章重点在于学习区域间人、物、信息等的联系,主要是自然资源、产业等的区域联系,促使学生通过学习了解到区际联系能够促进区域之间的资源流通,取长补短,优化配置,使得区域内部可持续发展,区域间协同发展。本节内容与下一节"产业转移"都属于区际联系中的要素流动案例,也为下一节学习奠定基础。

本节在理解教材内容的基础上,选取引渤入疆作为案例,介绍了引渤入疆工程的概况、原因和产生的区域影响,在案例的学习中,让学生合作探究工程设想的原因、工程建设和区域影响,并对该不该实施该工程设想进行讨论,激发学生主动学习的积极性,理解资源分布的不均衡普遍存在,区域的发展应该取长补短,帮助学生树立正确的人地协调观,认识区域可持续发展的重要性。

学生具备一定的区域地理知识,对我国的地理环境、水资源分布有一定的认知,同时借助网络、生活经验等途径也对一些资源跨区域调配的案例比较熟悉。比如,一些学生见过南水北调郑州段,对南水北调具有一定的了解。在学习兴趣方面,学生对于身边的地理现象具有较高的兴趣,所以在本节课的教学中教师需要注意联系实际,激发学生的学习兴趣,但是学生对资源跨区域调配涉及的环境、经济等知识储备相对薄弱,对于资源跨区域调配的原因、影响、线路选择等问题缺乏主动思考,需要教师进行相应环节的设计和引导。在认知特点方面,学生思维活跃,具备较强的合作探究意识,也善于调用所学知识分析实际问题,但对于较为复杂的社会经济问题,思维上可能存在片面性,综合思维不够,还需要进一步引导。

【教学设计思路】

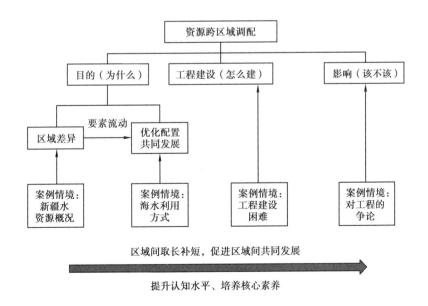

【教学设计方案】

✦ 学习目标

1. 运用专题地图，说明西北地区水资源短缺的地理背景。
2. 运用水循环的原理分析区域水资源短缺的原因。
3. 运用专题地图，结合相关资料，分析引渤入疆工程可能面临的困难。
4. 结合相关资料，说明引渤入疆对于南疆地区发展的影响。

✦ 情境导入

播放视频"引渤入疆工程"。视频中介绍了引渤入疆工程的基本线路、引水方式、预计为新疆及沿线地区带来的影响等内容，可以快速地让学生了解该工程的大致情况。引渤入疆和学生们熟悉的淡水资源跨区域调配不同，会自然引发学生产生以下4个疑问：第一，为什么要引渤入疆？第二，引海水能不能缓解淡水短缺问题？第三，引渤入疆后会对新疆及沿线地区产生何种影响？第四，该不该引渤入疆？从而导入本节课的学习。

✦ 教学过程

• 环节一

[情境素材]

素材1：可自行查询新疆地区地形图，新疆地区年均干燥指数分布图（反映了某地某时干旱程度，数值越小表示该地区越干旱）。

素材2：2020年南疆人口1 254.32万人，占新疆总人口的48.52%，比2010年增加208.03万人。南疆也是我国重要的商品棉生产基地。

[任务]

1. 结合材料和所学知识，分析南疆地区缺水的原因。
2. 结合所学知识，思考缓解淡水资源短缺问题的措施。
3. 列举引渤入疆的海水可以应用的领域。
4. 运用水循环原理说明引渤入疆的海水能增加当地淡水资源的原因。

[评价]

问题	水平1	水平2	水平3	水平4
1	能够简单、大概地说出个别原因	能够较为具体的分析原因，条理较为清晰	能够详细地从自然原因、社会经济原因分析，论述有条理	

续表

问题	水平 1	水平 2	水平 3	水平 4
2	能够简单说出个别措施	能够从开源、节流两个角度说出措施	能够结合实际，从开源、节流两个角度提出较为全面的措施	
3	仅能够简单说出海水运用的场景	能够较为全面地从生活、生产等方面提出海水运用的场景	能够从生活、生产方面提出应用场景，并可以推断出当前的海水利用还是间接利用方式为主	可结合新疆目前的社会经济发展水平条件，推断人工淡化调来的海水可行性小，主要以自然淡化方式为主
4	能够简单、说出个别原因	能够从水循环环节分析原因，论述清晰、有条理		

[设计意图]

本环节的情境通过图文资料展示了新疆地区干旱缺水自然地理环境特点,有助于引导学生通过读图观察,思考水资源跨区域调配的原因。

任务 1 旨在通过探索南疆地区的缺水原因,使学生明确引渤入疆工程的目的。任务 2 引导学生探讨缓解水资源短缺的措施,通过讨论学生发现引海水入疆从理论上是可行的。任务 3 通过对海水利用前景的讨论,激发学生结合新疆地区社会经济发展条件,引发对于引海水缓解淡水短缺问题的思考,可以比较容易得出结论:引来的海水人工淡化不合适。任务 4 探讨海水如何能够自然转化成淡水,进而解决情境导入中第一、二个疑问。

• 环节二

[情境素材]

素材 1:引渤入疆工程线路图,中国东部沿海 2 月海水温度分布等值线。

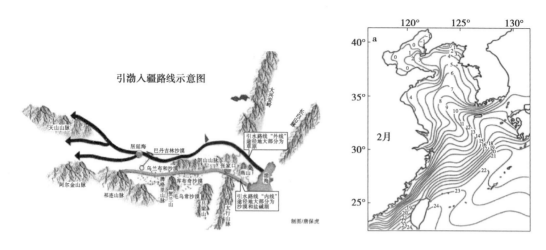

引渤入疆路线示意图

素材2：《两江环保》2017年报道：在河北、天津等地发现超大规模的工业污水渗坑，这批渗坑面积大、存续时间长，或已经对当地的地表水和地下水安全造成严重的威胁。

从渤海调水到新疆，要从我国的第一阶梯调水到第二阶梯后再自流入疆，海拔跨度近千米，如果按年调水1 000亿立方米计算，将海水提升1 000米高度，约需耗电3 000亿度，相当于三峡电站约3年的发电量。

若直接引用海水，引渤入疆方案中设计需要采用玻璃钢管这种耐腐蚀、全封闭式运输方式，需要定期检修是否渗漏，会增加后期维护成本。

［任务］

结合材料，分析调水工程可能面临的困难。

［评价］

问题	水平1	水平2	水平3	水平4
1	能够简单描述出调水工程面临的一种或者两种困难	能够结合材料，从施工难度、维护成本、水源地选择3个方面说出工程面临的困难	能够从施工难度、维护成本、水源地选择3个方面说出工程困难，并且能够分析原因，但表述欠严谨	能够从施工难度、维护成本、水源地选择3个方面说出工程困难，并且能够分析原因，表达规范、逻辑完整，甚至能调用知识说出其他方面的工程困难

［设计意图］

本环节的情境从水源地选择、施工难度、维护成本3个方面，从自然地理特点和社会经济条件两个角度描述引渤入疆工程可能面临的困难。任务设计旨在强化学生对于调水工程的全面认识，对学生的区域认知进行强化、培育其综合思维的形成，同时为后续工程合理性的讨论进行铺垫。

• 环节三

[情境素材]

盐是重要的化工原料,发展盐化工业附加值更高,可广泛用于化工、纺织、玻璃等工业部门,也可用于日常生活。若充分利用沙漠中丰富的太阳能资源,每 3 m³海水可晒制 69~93 kg 盐,同时蒸发出大约 2.9 t 优质水汽,其中有 2/5 的水汽将直接变成雨水回落到当地(沙漠),滋润植被。

干涸的罗布泊湖底在太阳暴晒下,盐类物质风化成微小颗粒,在同等风速下,起尘量是沙尘的 16.7 倍。在西风带的作用下,罗布泊地区的沙尘或盐尘吹到亚洲东部甚至更远的太平洋地区,导致沙(盐)尘天气。

除罗布泊外,工程沿线将出现多个人造海,人造海不仅是盐产地,而且也是一种新型"农田",可用于养殖盐藻、卤虫、轮虫、螺旋藻、某些耐盐鱼种和鸟禽等新形态农产品。西北内陆地区具有丰富的历史文化遗迹,也有独特的沙漠景色。盐场可转产发展种植业、养殖业和旅游业。

2020 年,新疆流动人口为 805.14 万人,与 2010 年相比增加 406.11 万人。对南疆四地州少数民族群众就业意愿调查结果显示,南疆城乡富余劳动力自愿外出就业意愿强烈。大量劳动力外流会造成一系列社会、经济问题,近年来,当地政府也在积极建立吸引劳动力和人才回流的相关措施和政策。

[任务]

结合材料,分析引渤入疆的海水对南疆地区带来的影响。

[评价]

问题	水平1	水平2	水平3	水平4
1	能简单大概地说出个别影响	能说出 2~3 个方面的影响,但是不够具体	能够较为全面地从生态、社会、经济 3 个方面说出影响,但只是有利或者不利方面的影响	能够全面、详细地,从有利和不利两个方面说出生态、社会、经济 3 个方面的影响

[设计意图]

本环节的情境主要是引渤入疆工程对资源调入区和调出区发展的影响,也包括对沿线区域的影响。引导学生从有利和不利两个方面进行分析,有利方面主要体现在生态、经济、社会方面的效益,不利方面更多从生态方面进行思考,进而解决疑问三"引渤入疆后会对新疆及沿线地区产生何种影响?"本情境的设计需要学生调用相关背景知识,对学生的区域认知能力有一定要求,同时培养学生的综合思维。

• 环节四

[情境素材]

引渤入疆工程由于设想宏大,在提出之时就引起了极大的轰动与争议,全力支持者有之,反对者也大有人在,甚至有人认为是"天方夜谭"。

[任务]

你是否赞同修建引渤入疆工程？结合所学,表述自己的观点并阐明理由。

[评价]

问题	水平1	水平2	水平3	水平4
1	能够表达自己的观点,但无法说出具体理由或只能简单描述理由	能够表达自己的观点,但支持观点的理论不充分	能够表达自己的观点,支持观点的论据正确且充分	能够表达自己的观点,支持观点的论据正确且充分,能够进行合理的思维发散并给出理由

[设计意图]

调水工程的可行性一直是一个开放的问题,需要进行多方面的分析论证,引渤入疆工程还只是个设想,本环节的设计引入分组讨论的形式,结合前几个环节学生积累的知识和思维方法,进行合作探究,最终学生表达自己的意见。教师全程参与观察,讨论结束后进行总结和点评。本环节的重点不是工程是否真的可行,而在于学生分析问题的依据正确,表达条理清晰,主要目的是培养学生综合思维、区域认知和人地协调观。

♣ 课堂小结

我们的课堂讨论暂时告一段落,但思考的延伸是无穷尽的。引渤入疆工程面临的困难短时间内可能难以解决,也可能会有更好的方式进行替代,我们要用发展的眼光看待问题。一个区域的发展道路上一定存在各种各样的问题,但要在问题解决的基础上逐步探索区域的发展之道。

♣ 板书设计

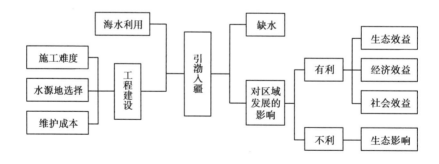

♣ 自主探究

1.结合藏水入疆材料,运用所学知识,分析该不该引藏水入疆。

2.环渤海地区靠海却水资源短缺,海冰是可以利用的淡水资源之一。思考能否采用简单技术淡化海冰,缓解环渤海地区淡水短缺问题。将观点形成200字的小论文并进行展示。

【教学反思】

在实际授课过程中,本节课的优势有:

1.情境选取立足区域发展,开拓学生思维。我国内陆地区缺水问题突出,已经成为制约区域发展的重要因素,利用海水缓解内陆地区的淡水短缺的设想自提出以来就争论不断,本情境的选取不为讨论工程的可行性,只在于通过问题的分析和讨论开拓学生思维,引发学生对于区域发展的思考,较好地培养了学生的区域认知能力和人地协调观,认识区域可持续发展的重要性。

2.活动设计注重自主学习,培养学生综合思维。本节课主要利用自主学习和合作探究方式,让学生通过查阅资料、分析讨论,得出相应结论。这样既能够培养学生的独立思考能力,又能够提高他们的团队协作能力。同时,教师适时地进行引导和评价,确保学生能够掌握相关知识。

然而,在教学过程中,发现了一些值得继续探索之处:

1.如何更好地培养学生的地理实践力?由于课堂时间和环节的限制,本节课对于学生的地理实践力方面的核心素养培养仍显不足,接下来仍需要尝试更多的方式进行探索。

2.情境的选取和教材的内容如何更好地结合?选择性必修部分的内容有大量的真实案例情境,如何在保证情境连贯性的情况下融合教材内容和知识,在本节课的设计中,在自主探究部分加入了选择性必修二藏水入疆的部分和必修一海冰淡化的部分,是一种尝试和探索,如何避免脱离教材,帮助学生更好地理解学习内容,是接下来需要探索思考的部分。

【专家点评】

本节教学设计目标明确,内容翔实,基于真实地理情境进行问题解决,达到了较好的效果。

突出优点表现在以下4个方面:

1.教学设计服务于核心概念,原理明确,体现了对学生地理学科的核心素养的培养。

2.采用真实情境,有效激发学生的学习兴趣,使地理知识的学习从抽象的课本走向具体的现实。

3.地理原理应用明确到位,问题构建较为完整,引导学生进行全面而深刻的思考,问题分析较为全面。

4.落脚于人类与自然和谐相处理念,体现人与自然相互影响的人地协调观。

同时,也提出以下为3点建议:

1.工程设想具有高度复杂性,需要考虑社会经济生态等多方面的因素,有可能超出学生的认知水平,教师还需要对材料进行简化,对问题设计进行提炼,以期在有限的课堂时间内达到预定的教学效果。

2.学生的课堂活动形式可以再丰富一些，可以增加学生课中、课后的实践活动，提升地理实践力。

3.可以再搜集资料扩展其他资源的跨区域调配或者其他国家的工程，进行比较分析，培养学生的综合思维。

【参考文献】

[1] 李金玲,徐明毅.对"东水西送"工程可行性及方案探讨[J].水土保持,2019,7(2)：33-41.

[2] 霍有光.实施陆海统筹引渤入疆 恢复罗布泊生态环境建设工程的探讨[J].西部学刊,2014(1)：5-9.